WIZARD

40兆円の男たち

神になった天才マネジャーたちの素顔と投資法

Ray Dalio
Pierre LaGrange & Tim Wong
John Paulson
Marc Lasry and Sonia Gardner
David Tepper
William A. Ackman
Daniel Loeb
James Chanos
Boaz Weinstein

The Alpha Masters

Unlocking the Genius of the World's Top Hedge Funds

by Maneet Ahuja

マニート・アフジャ[著]
長尾慎太郎[監修]
スペンサー倫亜[訳]

Pan Rolling

監修者まえがき

本書は、ＣＮＢＣのプロデューサーであるマニート・アフジャがヘッジファンドについて著した〝The Alpha Masters : Unlocking the Genius of the World's Top Hedge Funds〟の邦訳である。金融業界での実務経験を持たない彼女がこのような特異な分野を対象に選んだ勇気にまず驚くが、にもかかわらず、専門家の手による類書と比較しても本書はまったく遜色がないいやそれどころか、本書はリーマンショックの災禍をくぐり抜けたファンドにフォーカスすることで、この世界で起こっている変化を鮮明に際立たせることに成功している。

つまり、一九九〇年代までに多く見られた、制度由来のゆがみやアノマリー、データ・マイニングなどを利用し、リスクバジェットを果敢に使って高い収益を狙うファンドとは異なり、ここで主に取り上げられているファンドの多くは有価証券、あるいはその発行体の本質的な価値と市場価格との乖離をリスクコントロールをしながら、丁寧かつ忍耐強く衝く戦略を取っている。そして、彼らの成功に必要だったのは、一般に考えられているような経済学の学位や金融関連の情報などではなくて、法律、会計、経営、統計、心理といった分野の知識や経験、そして自律的な精神である。現在、一般的なビジネスの世界では、科学的探究のパラダイムとしてデータ集約型科学を用いた問題解決やイノベーション探求への試みが活発だが、ヘッジファンドの世界はその段階をとっくに通過し、ナレッジ・マネジメントやネットワーク資本を差別化のエンジンとして利用する段階に進んでしまったようだ。

また、本書のマネジャーたちが経営に心を砕いていることも大変興味深い。実際、ヘッジファンドを事業体として存続させることができる能力は、資産運用の能力と同等かそれ以上に重要である。多くのファンドは、パフォーマンスが悪いからではなく、企業経営が稚拙であるがゆえに破綻する。期待リターンの非対称的な分布を見抜き、それが具現化するときまで投資を継続するためには、リソースの有効な活用だけではなく、短期的なパフォーマンスの変化に左右されない体制を維持することが不可欠であり、またそれこそが彼らが顧客に提供できる主要な価値でもある。

最後になったが以下の方々に感謝したい。翻訳者のスペンサー倫亜氏は分かりやすい翻訳を実現していただいた。阿部達郎氏にはいつもながら丁寧な編集・校正を行っていただいた。また本書が発行される機会を得たのはパンローリング社社長の後藤康徳氏のおかげである。

二〇一五年一月

長尾慎太郎

神――アルファの達人――に

「昔、アイザック・ニュートンは運動の三法則という素晴らしい発見をした。しかし、その天才ぶりは投資には発揮されず、南海泡沫事件では大金を失った。これについてニュートンは後に、『私は星の動きを計算することならできるが、人間の狂気を計算することはできない』と説明している。ニュートンがこの損失によって精神的ダメージを受けることがなければ、『運動量が増えれば増えるほど投資家のリターンは減る』という第四の法則が発見されていたかもしれない」

――ウォーレン・バフェット

40兆円の男たち　目次

まえがき――ヘッジファンドの世界の神秘を暴く

モハメド・A・エラリアン（PIMCOの最高経営責任者兼最高投資責任者）

ヘッジファンドの世界が謎めいていることは動かぬ事実である。

投資の世界では、ヘッジファンドのことを「スマートマネー」と呼んだりする。ヘッジファンドは高い報酬によって、選りすぐりの優秀な人材を集める。非常に裕福な億万長者を幾人も生み出し、百万長者ならば数百人、数千人という規模で生み出した。一般人が持つヘッジファンドのイメージはそのようなものだろう。また昨今では、フィクションやノンフィクションにかかわらず、作家が好んで取り上げる題材にもなっている。

注目を集めるヘッジファンドのマネジャーたちであるが、それと同時に、彼らは恐れられ、また一部の間では忌み嫌われているのも事実である。ヘッジファンドのことを、徹底的な儲け主義で無鉄砲な投資を繰り返し、国際金融制度の安定性を揺るがす危険因子と考える者もいる。国が経済危機に陥ると、規制当局や政治家たちは、ヘッジファンドこそが不正に利益を獲得して秩序を乱した諸悪の根源であり、そのために国全体が犠牲になったと怒りの矛先をヘッジファンドに向けることすらある（一九九〇年代後半のアジアや現在のヨーロッパがその良い例である）。

しかし、ヘッジファンド業界が今ここに存在している理由を問われれば、ヘッジファンドを敬う者も嫌う者も口をそろえて、それはファンドを運用するマネジャーが頭の回転が速く、機敏で、そして見事なまでの投資の腕前を持っているからだと答えるであろう。ところが最近では、そのようなヘッジファンドの地位が危うくなってきている。①ヘッジファンドの数が急激に増えたこと、②平均リターンが全体的に落ち込んだこと、③投資にまつわる環境が以前よりも複雑になってかじ取りが難しくなったこと――などがその理由である。また、ヘッジファンドに投資していた投資家が流動性の枯渇によって、投資資金を現金化できずにアカウントがロックされてしまうという事態が起こった。これも、理由のひとつであろう。

現在、ヘッジファンドについては賛否両論がある。ヘッジファンドは順応性が高く、すぐに動かせる大量の資金を持っているため、マーケットが効率化され、その過程で公共の利益に一致する形で顧客に対して平均以上の利益をもたらすという意見。その一方で、時には道徳的、倫理的、そして法的にも疑問が残るようなやり方で、一般大衆を犠牲にしながら個人的な利益を追求し、できもしない口約束ばかりで過分な利益を手に入れている投資手段という意見もある。

この手の話を始めると議論が白熱しすぎてしまい、その結果、とても単純だが極めて重要な二つの事実を忘れがちになる。つまり、たとえどれほど複雑に見えても、ヘッジファンド業界は二つの決定的な要素――ひとつの投資手段としての存在、そしてその投資手段を運営しようと自ら名乗り出た投資マネジャーたちの存在――によって成り立っているということだ。

投資手段

ヘッジファンドを構成する二つの要素の一つである投資手段については、かなり理解が深まってきている。ヘッジファンドによって特化するセクターや投資スタイルは異なるが、相関性を持つ共通点が四つある。

●第一は、マーケットのベンチマークや特定のスタイルをしのぐ成績を目指すのではなく、利益目標を絶対値で掲げているという点である。これによって、世界の株式市場や商品、そしてＦＸや債券などのマーケットの様相にかかわらず大きな利益を出すことが可能になるとヘッジファンドは主張している。

●第二は、いろいろな種類の投資手段や投資商品にアクセスできるという点である。なかでも、マーケットや業界や企業に対して、買いと売りの両方から仕掛けることができる点が最も重要である。素早く、そしてコスト面でも効率良くファンド全体の方向性を変えることができるため、投資家の資金をマーケットの不意の変動リスクから守る――つまり、「ヘッジ」する――ことができるというヘッジファンドの主張である。

●第三は、レバレッジを使って運用する投資資金のイクスポージャーを大きく増やすことができるという点である。どれほど自信があるかによって投資の規模を増やしたり減らしたりすることができるため、相当な柔軟性があるという主張である。

●第四は、ほとんどのヘッジファンドに共通する管理報酬と成功報酬の体系である。これは一般的に「二の二〇」と呼ばれている（投資家は成績に関係なくまず二％の管理報酬を支払い、ある一定の水準を超えたらさらに利益の二〇％の成功報酬を支払うというものだが、最近では報酬引き下げに対する大きな圧力がある）。

投資マネジャー

ヘッジファンドを構成するもうひとつの要素についてはあまり知られていない。著者のマニート・アフジャが本書のなかで力強く、そして効果的に暴いていくのがこのもうひとつの要素についてである。

成功を収めているヘッジファンドマネジャーの魅惑的ながらもいまだに謎に包まれた世界を探る旅に読者を誘ってくれるところが、本書の面白さなのである。読者は読み進めるうちに興味をそそられたり、あるいは驚かされたりしながらふと立ち止まり、各マネジャーの経歴や哲学、投資スタイル、個性的な性格、そして仕事術などについて知ることができる。

業務の改善や物議を醸すようなリストラ、あるいは資産の解体などを通して企業が隠し持っている価値を導き出すことを目的とするアクティビストとしてのある投資家の世界を、著者は本書を通して教えてくれる。また、執拗なほど細かいことにこだわりながら、複雑かつあいまいな商品の根本を見つけだそうとする皮肉屋で常にうたぐり深い性格の空売り投資家の世界も見せてくれる。

また、マクロファンドについても紹介している。マクロファンドは、一九九〇年代にジョージ・ソロスがイギリスの為替政策に果敢に挑み、そして勝利したことで有名になった。こういったヘッジファンドのマネジャーたちは世界を思いのままに操りながら、トレードの絶対的な価値と相対的な価値を見いだしているのである。

さらに、マクロ経済はどうでもよいがミクロ経済には愛と情熱をささげるというバリュー型の投資家もいる。手っ取り早くひと山稼ごうとしている投資家たちにとって、この世界には、高い価値を持つ単一の機会があふれているのである。

また、本書には「特別な機会」を探しているマネジャーも登場する。思いがけず劇的な破綻を遂げた企業や国に価値を見いだすディストレス投資専門のトレーダーである。無価値で絶望的に思えるものでも、彼らは価値を回復させることができる魅力的なチャンスと見るのである。

本書は魅惑と驚きであふれている。読者は興味深い人間ドラマも垣間見ることができるだろう。

洞察に満ちた本書を通して著者は、成功しているヘッジファンドマネジャーのほとんどが、そこに到達するまでの道のりで途方もない困難と壁に直面していたことを伝えている。創業当初に投資家集めで苦労したマネジャーもいれば、軌道に乗るまでに何年もかかったマネジャーもいる。

せっかく大きくひと山当てたのに、それが目の前で崩れていったマネジャーや、さらにひどい場合だと、そんな様子をマスコミに取り上げられて注目を浴びてしまったマネジャーもいる。思いがけず大きな成功を収めてしまい、精神的な平安を保つために常に葛藤しなければならなくなったマネジャーもいる。しかし、どのマネジャーも口をそろえて言う——非常に過酷で競争率の高い環境のなかで苦しみ、頭角を現すことができないでいるときに、ある幸運の瞬間が訪れて、その他大勢から抜けだすことができたのだ、と。

著者は独自の方法で効果的に、そして巧みに読者を素晴らしい旅へと導いてくれる。

著者はCNBCのヘッジファンド専門家であり、そしてCNBCで高い評価を受けている人気の投資情報番組『スクオーク・ボックス』のプロデューサーでもある。つまり、表に出ることの少ないヘッジファンドマネジャーたちの人生を知ることのできる数少ない人物なのである。著者のようにヘッジファンドマネジャーを追い続け、そして彼らについて調査し、分析し、そして対話を重ねながらやりとりすることができる人間はほとんどいない。好奇心と分別の両方を兼ね備えている著者だからこそ、称賛の念を抱きながらも現実的に物事を見る、そして業界分析をしながらも人間的側面を忘れない、というバランスを保つことができたのであろう。

人物像を超えて

本書で紹介されているのは、劇的な成功を収めて多くの人の興味を引いた人たちである。才能ある人物たちの一人一人が何を基準に行動しているかということを、著者は分かりやすく教えてくれる。

それだけでも本書は大きな目的を達成していると言える。しかし、それにとどまらない。読者は、最も有名で成功しているヘッジファンドマネジャーの性格や、それが（良くも悪くも）彼らの投資判断にどのように影響したかを学べるだけでなく、なかなかできなかった「比較」まですることができるのだ。これにより、読者は興味深い仮説をいくつも導き出すことができる。

著者の分析によると、ヘッジファンドの世界には、成功するための単純な方程式というものは存在しない。成功するヘッジファンドを作る唯一絶対の方法などないのである。ある特定の指標を組み合わせればよいとか、どの本を読めばよいとか、どの専門家の分析を理解すればよいとか、そういうたぐいの法則は存在しないのである。

また、成功したマネジャーの学歴や幼少時代の経済水準を見ると、実に多様であることが分かる。大学を出てすぐにこの世界に飛び込んだマネジャーもいれば、大企業からスピンオフして創業に至ったマネジャーもいる。投資の世界で学んだ知識を応用したマネジャー、異なる分野の専門知識や規律を（投資の世界に当てはめて）応用したマネジャーもいる。

性格も実にさまざまで、内向的だったり外交的だったり、個人の見解を強引に押し通すタイプ、反対に他人の見解を巧みに受け入れるタイプ、さらにマスコミ嫌いから、これでもかというほど広報活動に積極的なタイプなど、十人十色である。

動機もそれぞれである。たいていはお金が一番の動機だが、それに加えて大きな自信を持っていたり、世界をより良い場所にしたいという熱意が裏にあったりと、いくつかの動機が混在していることが多い。

ヘッジファンドマネジャーのこのような違いは魅力的であるが、それと同時に重要な共通点があることも著者は分かりやすく示している。

成功しているヘッジファンドマネジャーには、共通して強い目的意識があり、自らの投資マネジメント能力に対しても彼らは大きな自信を持っている。斬新で常に知識を吸収しようとしている点も、皆が同じである。そして他人とは違うことをしなければいけないこと、しかしそれが知的で、そして持続可能な形でなければならないことも理解している。また、「何に」投資するかだけではなく、「なぜ」、そして「どのように」投資をするかという問題について時間をかけて考えている。

優れたマネジャーは、大衆から離れたところに身を置くという不快感や最初はマイナスで始まることの多い逆張りトレードをする不快感に、見事なまでに対応できる。その事実を、本書は繰り返し示している。なかでも特に重要な共通点は、自らの過ちから比較的速く学び、途中で軌道修正する能力に長けているということである。

結論

本書を読めば、謎めいたヘッジファンドの世界への理解が深まるだろう。成功しているヘッジファンドマネジャーのまねをするのは簡単なことではなく、彼らがいかに特別な種族であるかが分かるはずである。しかも、ヘッジファンドの数は増え続けているので、ヘッジファンドマネジャーとして成功するのは難しくなっている。

読者は本書を通じて、現実と虚構の違いを理解することだろう。利益を得られるという約束や高額の報酬を取るからといって、それが必ずしもほかよりも優れた投資成績につながるわけではない。そういった世界において、これは特に重要な要素である。大規模な企業再編や、以前ではあり得なかったようなことが起こるという現実、そしてマーケットの構造自体が変化していく現在の社会では、現実と虚構の違いを見極める能力はさらに重要度を増すに違いない。最後になるが、本書は明確な答えのない疑問について考えるための良い教本となるだろう。

不確実性の増す今のような投資業界においても、ヘッジファンドの手法は本当に彼らの主張するように「マーケットニュートラル」なのか？　一部のヘッジファンドが成功したからという理由で残りのヘッジファンドも高い報酬を取っていいのか？　国家債務危機が継続するなかで、規制当局はヘッジファンドを無力化するような、効果の見えづらい規制をかける必要性を感じるだろうか？

これらはすべて重大な疑問である。しかし今の時点では、まだ答えは出ていない。

序文

私が初めて職に就いたのは一七歳のときだった。シティグループのグローバル・コーポレート&インベストメント・バンキング部門の本部が、ニューヨークのダウンタウンのなかでも粋なトライベッカのグリニッチストリート三八八番地というところにオフィスを構えていた。二〇〇二年秋、私はそこのエリート部門であるフィナンシャル・インスティテューションズ・グループの信用リスク部門で、インターンとして働き始めた。そこはＡＩＧやワシントン・ミューチュアルを初めとする数多くの主要銀行やブローカーディーラー、そして保険会社など、有名で収益性の高いシティバンクの顧客を担当している部門だった。

私は昔から数学が得意だった。しかし、この職場は私には場違いだった。まるで映画『ウォール街』のなかにいるようで、現実味がなかったのだ。私が育ったウエストチェスター郊外はマクドナルドすらなく、人口よりシカの数のほうが多いような田舎町だったので、その違いは比べものにならなかった。建物の四二階へと案内されて会議室に入ると、マンハッタンのミッドタウンがずっと見渡せる景色が窓越しに広がっていた。私はそのとき察した——ここで働く人たちは世界に大きな影響を与えており、今そこに足を踏み入れ、そして、そこにいることのできる自分は幸運であるということを。

何千という顧客や外部企業のために、この部門ではどのようにして信用リスクを識別し、そして損失を少なくしているかという話を、私はうっとりしながら聞いていた。シティバンクが企業と密接に働きながら、合併や買収の助言をしているなんて、聞いているだけでワクワクした。カール・アイカーンはきっとこういうことをしているに違いない、そう思った。シティグループの貸借対照表（バランスシート）はけた外れの規模で、シティグループよりも権威あるウォール街の投資銀行ですら小さな存在に見えるほどだった。そのため何かしらの取引があるときには、シティグループはいつでもコンソーシアムに仲間入りすることを（時には主幹事としても）許されていた。その日、私は一学期間ずっと継続できるインターン契約を取り付けて建物を出た。そして、身なりの良い素晴らしい仲間と一緒に働ける、まさに自分にとっての天職を見つけたと確信していた。

結局、私は「シリーズ7」と呼ばれる証券資格を取得し、学校に通いながら三年半もシティグループで働いた。その後は、メリルリンチのグローバル・リサーチ&エコノミクス部門に少しの間勤めてから、ウォール・ストリート・ジャーナル紙に転職した。ちょうどそのころは、金融制度に生じた最初の亀裂がだんだんと明るみに出始めていたときだったが、その問題がどこまで広がるかは、その時点ではまだ分かっていなかった。約一年後の二〇〇七年後半、同紙で働き金融関連の情報を常に分刻みで追っていた私は、昔を懐かしく感じていた。仕事自体はおおむねうまくいっていたのだが、何の変哲もない普通の銀行業務とは違う、さらに高度な経験を求めていた。そこでウォール街へと舞い戻り、「ヘッジファンド」と呼ばれるいくつもの小さな組織で面接を受けることにした。そのヘッジファンドのひとつが、かの有名な投資家ジョージ・ソロスによって設立されたものだった。

あるとき、ソロス率いるクオンタム・ファンドで小売り関係か医療関係の企業を分析するアナリスト職に空きがあるということで、面接を受ける機会を得た。面接官だった二〇代半ばから後半と思われる二人の若いリサーチアナリストが私に投げかけた質問は、アニュアルレポート（年次報告書）に書かれた数字から、さまざまな業界で買いか空売りを仕掛ける機会を突き止めることができるかということだった。ほかにも簡単な質問にいくつか答えたものの、私が空売り――つまり株価がさらに下落することを見越したうえで株を借りてマーケットの現行価格で売ること――についてほとんど何も知らないことは、すぐに面接官に見透かされてしまった。私自身、まさか空売りの世界のど真ん中に身を置くことになるなど、そのときは夢にも思っていなかった。

クオンタム・ファンドで面接を受けたのと時を同じくして、ＣＮＢＣから面接を受けに来ないかという内容の思いがけないメールを受け取った。私は、父が売買している株についてよく二人で話しながら一緒にＣＮＢＣの番組を見て育ったので、ビジネスニュースを扱うテレビ局がどのようなものか当然のことながら気になり、胸が高鳴った。ＣＮＢＣのニュースデスクはまるで別世界だった。私は突然、ニュースがリアルタイムで秒刻みに流れている世界に足を踏み入れたのだ。熱気と活気、そしてまぶしいほどの照明――そのすべてが私をとりこにした。それまでの数年間、決算書や融資関係書類や与信契約書、そして取引のプレゼン資料ばかり読みふけっていたので、テレビ局のセットのなかで語られるキャスターの言葉を理解するのは何ら問題なかった。マスコミやテレビ局について正式に学んだことはなかったが、ウォール街での経験を買われて投資情報番組『スクオーク・ボックス』のプロデューサーの仕事を得ることができたのだ。

ヘッジュケーション――ヘッジファンドについて学ぶ

二〇〇八年二月、私がCNBCで働き始めて間もないころ、世界で深刻な問題が起こっていることを世間がやっと認識し始めた――不良債権と化したローンが原因で国全体の金融システムがまひしてしまったのだ。「ストラクチャード・インベストメント・ビークル（SIV）」や「信用デリバティブ」という言葉とともに、「サブプライム住宅ローン」という言葉が頻繁にニュースで聞かれるようになっていった。

同年四月ごろ、ヘッジファンドマネジャーのデビッド・アインホーンが、自らが空売りをしていたアライド・キャピタルとの六年間にも及ぶ戦いについて語った書籍『黒の株券――ペテン師に占領されるウォール街』（パンローリング）を発表するということで、にわかにアインホーンに注目が集まっていた。そんなとき、アインホーンがその翌月に『スクオーク・ボックス』の番組のなかで著書について話をしてくれることになった。番組の準備を始めた私は、まだ発売前だったその本の見本を取り寄せて読み、覚えておきたい個所や番組で話を聞きたい部分にさまざまな色の付せん紙を貼って印を付けていった。アインホーンの徹底的な調査ぶりと信念の強さを知った私は大きな刺激を受けた。自分のことを金融オタクだと思っていたが、私など氏の足元にも及ばなかった。

五月初めにアインホーンが番組のゲストとして出演したとき、私は自分の持っていた本にサインをお願いした。すると氏は、「この本をボロボロになるまで読み込んでくれたあなたは私のヒーローだ！」と書いてくれた。ボロボロになったのも無理はない。私は氏の物語に大いに共感したのだから。

その後、私はアインホーンと一緒に空売りに関する番組を作る計画を練り始めた――その番組のゲスト陣には、エール大学の教授やアインホーンの仲間のヘッジファンドマネジャーたちや友人たち、そしてパーシング・スクエア・キャピタル・マネジメントのウィリアム・アックマンらが名を連ねていた。それだけではない。ＳＡＣキャピタルの元ポートフォリオマネジャーで、二〇〇六年に開催されたワールド・シリーズ・オブ・ポーカーというポーカーの世界大会で一八位だったニール・クリスを迎えて、番組の最後にポーカーの試合までした。クリスはアインホーンと渡り合えるほどのポーカープレーヤーだったからである。この番組はウォール街で大反響を呼び、ＣＮＢＣには番組終了から何日もたっても、アイホーンらのような賢い投資家をこれからも継続して迎えていくことがとても重要だ、という意見が視聴者からのメールや電話で届き続けた。

その後、私は、ほかのヘッジファンドにはどんな賢い投資家がいるのか、そして彼らはどのような戦略を持っていて、どういった英断を下してきたのかを調べ始めた。それは簡単なことではなかった。ほとんどのヘッジファンドマネジャーは、投資家に対して認可外のマーケティングをしているのではとＳＥＣ（米証券取引委員会）に追求されることを恐れて、マスコミを敬遠していた。

つまり、目立つまいとするのがヘッジファンド業界であり、マスコミに対して口を開くようなマネジャーは珍しかった。ジュリアン・ロバートソンが優秀な「タイガーカブス」と呼ばれるグループを育てたこと、ジョージ・ソロスが一九九二年に一〇〇億ドル相当のポンドを売って「イングランド銀行に勝った男」という異名を取ったこと、マイケル・スタインハルトが優れたトレードの手腕だけでなく気性の激しさでも知られていること――そういったすでに引退した伝説的なヘッジファンドマネジャーのことは、世界中のだれもが知っていた。

しかし、そのような伝説的人物のあとを継いだ投資家や、マーケットに何らかの足跡を残した投資家たちについてはどうだろうか。彼らが最近使った戦略は、以前の戦略とどのように違うのか。テクノロジーやトレードが進化していくなかで、ポートフォリオのマネジメントはどのように進化したのか。とても気になる疑問だ。この答えを探るために、初のスクープを追う新米ジャーナリストならばだれもが通る困難な道を私も歩む必要があった――それは学識者、研究者、業界紙、雑誌など、自分の手が届く業界のあらゆる専門家に接触を試みることだった。ヘッジファンドは進歩的で刺激的で複雑なトレードを自由に行っていた。ヘッジファンドについて知れば知るほど、私はさらに興味をかき立てられた。

それから三年間は、現在のヘッジファンド業界の中心人物たちと直接会う機会を少しずつ増やしていった。対談が実現するまでには一年以上（なかには二年）かかることがほとんどで、それも匿名だったり秘密裏に行われたりだった。私が本当にポートフォリオの構築やリスクや国別の調整済みで、ベンチマークを上回るリターンであるアルファを生み出す方法などについて知りたがっていることにマネジャーたちが気がつくと、彼らも次第に多くの情報を提供してくれるようになった。さらに、ジュリアン・ロバートソンやマイケル・スタインハルトやカール・アイカーンなどから、『スクオーク・ボックス』についてお褒めの言葉をいただくようになった。それ以外にも、私はいろいろな投資家から継続して聞き取り調査を行い、彼らがヘッジファンド内で見たり、聞いたり、不安に思っていることを自分の肌で感じ取ろうとした。

このヘッジファンドの次世代リーダーたちについて調べ続けているうちに、あることに気がついた。それは、長期間にわたり常にマーケット全体を上回る成績を残し続けている投資家、つまり「アルファの達人」たちは、ヘッジファンドという共通点を持っていながらも、それぞれが極めてユニークな存在であるということだった。彼らが持っている戦略や世界観は、互いにまるで異なっていたのだ。彼らに共通する点があるとすれば、それはほかの投資家には見えないものが見えるということだ。二〇〇一年に起きたエンロンやワールドコム、そしてタイコのような大がかりな不正行為について最初に投資家に警告を発したのが、ジェームズ・チェイノスのような空売り投資家だった。チェイノスは七〇億ドルの資産を持つ世界最大の空売り専門のヘッジファンドであるキニコス・アソシエイツのトップである。六〇億ドルの資産を持つポールソン・アンド・カンパニーを率いるジョン・ポールソンは、二〇〇六～〇八年にかけて起こったサブプライム住宅市場の下落を見越した投機売買を行い、一五〇億ドルもの利益を得ている。

本書の動機

私の目標は野心あふれる現役投資家の話を伝えることである。素晴らしいトレードの構造やしっかりとした構想を得るための分析方法、そして自律心を持ってして信念を貫くために必要な自己意識とはどのようなものか――そういったことを理解したい読者のために、本書を執筆した。幸運にも、私は先に述べたマネジャーたちのオフィスを訪れて、彼らの話を聞くことができた。二年間で持った数百時間という対話時間は前代未聞である。

本書のための対談を受けてくれた投資家は全員、率直に話をしてくれたうえにその内容を公表することも許してくれた。それだけではなく、投資以外の話もたくさん聞かせてくれた。時にストレスを感じたり、反省したり、あるいは正真正銘の天才ぶりをうかがわせたりする彼らをこの目で見ることができたのは、とても光栄なことだった。

出張に同行させてくれた投資家や、出張の思い出を鮮明に語って聞かせてくれた投資家もいた。意外にも彼らを人間として見る機会に恵まれて、彼らの成功と失敗を共有できたことは、何よりも貴重である。そのような面白い経験をすることができたのは特別であった。この経験を通して感じたことを読者に正確に伝えることが、私の切なる希望であり願いである。

「ヘッジファンド」という誤った呼称

本書のためにいろいろと調べていくうちに、もうひとつの重要な疑問に直面した――ヘッジファンドとは一体何なのか。その質問を世界最大級のヘッジファンドで一二〇〇億ドルもの資産を運用しているブリッジウォーター・アソシエイツの創業者であるレイ・ダリオ（執筆時現在六二歳）に投げかけてみた。

「ヘッジファンドなんていう言葉は意味不明さ！」。コネチカット州のウエストポートにある森と池に囲まれたガラス張りのオフィスで、ダリオは椅子に腰掛けて半ば冗談混じりに叫んだ。

「私が何と呼ばれようと、どのようにカテゴライズされようと、私たちの成り立ちを考えれば、それらはこの仕事の本質をとらえていない」と皮肉を込めて言う。そして、「私は買いもすれば売りもする。だからといって、私がヘッジファンドになるだろうか?」と言葉の不自然さについて指摘した。

「それは違うだろう。私は自分のことを金融エンジニアだと思っている。初めは商品取引から始めたのでね。それが先物取引になり、それがまた進化してスワップ取引やデリバティブ(金融派生商品)になっていった。私は人とは違う道を歩いてきたんだ。私は進化していったんだよ」

ヘッジファンドという言葉の定義にこのような要素が含まれているとは言いがたい。根本的に、ヘッジファンドという言葉は世界で最も洗練された多くの投資家たちを報酬体系だけで区切ってまとめたものである。ダリオは私に言った――「おそらく、あなたの本に登場するほかのマネジャーと私には何の共通点もないだろう。あるとすれば、それぞれが独自のことをしている優れた投資家集団だという事実だけではないかな」。

二〇一一年のあいまいな信号

本書の取材のためにマネジャーたちに会っていた時期というのは、ちょうどマーケットが混乱していて、マネジャーたちも必死にその状況を切り抜けようとしているときだった。一九二九年の大恐慌以来、最悪のリセッション（景気後退）から抜け出したばかりで、その深刻な危機による悪影響がまだ残っており、ヨーロッパで急速に広がる債務危機の恐怖に米国マーケットも縮小していた。そのため、マネジャーの多くが二〇一一年前半は防衛的になり、第3～4四半期になってようやくマーケットに少しずつ舞い戻り始めたという状況だったのだ。

金融危機後の米国市場にとって、二〇一一年は最も騒然とした年だった。世界各地で起こる大規模な経済先行不安の大きな圧力を受け、国の信用格付けも「AAA」から格下げされるという史上初の事態に陥った。さらに、ヨーロッパでは債務問題が膨らみ続けていた。しかし、そのような不安定な状況でも、S&P五〇〇は年初来比で〇・一ポイント以内の差で引け、そしてダウは五・五％の上昇で引けるなど、マーケットは年初めからほとんど変わらずその年を終えた。

ヘッジファンドの業績はそれぞれで、データプロバイダーのヘッジファンド・リサーチによると、年初来比で五・一三％減だった。年間下落の大きさは、一九九〇年以来三番目にとどまったのだ。

このような騒然とした時期にマネジャーたちと会うのは困難を極めたが、彼らの考えを聞く良い機会でもあった。マネジャーたちは深く椅子に腰掛けて、自分の答えについてじっくりと考えるしかなかった。それまでの年と比べて二〇一一年は誤算が多かったことを多くのマネジャーが認め、間違った思い込みや失敗について言及したのだ。

たしかにこの年のパフォーマンスは精彩を欠くものだったが、業界資産は年間を通して増え続け、年末までには危機前の水準と同じ二兆ドル規模にまで増えた。ドイツ銀行が二〇一一年一二月に行ったオルタナティブ投資に関する調査によると、二〇一二年の純流入額の予測は一四〇〇億ドルで、二〇一二年末までには、業界資産は史上最高の二兆二六〇〇億ドルに上るとしていた。それまでは、ヘッジファンドの資金源は裕福な個人投資家たちであったが、このころには機関投資家が業界資産の三分の二を占めるだろうことがドイツ銀行の調べで分かっている。

それでも、この数字は弱いと注目を集めた。ヘッジファンドというものはアルファ――期待されているリスクを上回る利益――を生み出すはずではないのか、という疑問の声が上がったのだ。

しかし、世界で最も歴史のあるファンド・オブ・ヘッジファンズのLHCインベストメンツNVが行った調査によると、ファンドマネジャーたちは、ファンド創設時から二〇一一年六月三〇日までの間に五五七〇億ドルもの純利益を投資家にもたらしている。さらに、そのうちの三二四〇ドル（つまり五二・八％）の利益が株式市場で得たものだということも分かっている。

このマネジャーたちはいくつもの戦略を応用しながら、世間一般に公表されている情報を見て、ほとんどの投資家が見つけることのできなかった何かをその同じデータから見つけだしたわけだが、私にはその方法がどうしても分からなかった。

そのようなことが可能だった理由のひとつに、個々の信念の強さがあるに違いない。本書で紹介するマネジャーたちは皆、土壇場に追い込まれ、窮地に立たされるという経験をしている。それでも一歩も引かずに何回も窮地を乗り越えてきた。その持ち前の頑固さからマスコミに毛嫌いされることもあるが、彼らは自分が信じる真実についてだれにも負けない信念と確固たる自信を持ち、それをうまく利用しているのだ。

本書はそういったマネジャーたちのようになる方法を示す説明書ではない。むしろ、彼らの投資人生やこれまでの道のり、そしてそれがどのように成功につながったかを紹介するものである。最初から投資ゲームの仕組みを知ったうえでこの世界に入ったマネジャーもいれば、経験を積みながら独自のゲームルールを作っていったマネジャーもいる。しかし、それぞれの投資法に核となる自分の人格を吹き込んでいるという点では、全員が共通している。このことから、彼らのまねをするのが成功への道ではないということが分かるだろう。単に、成功する戦略を独自の方法で使う必要があるだけなのだ。読者の皆さんもトレーダーとして何度も打撃を受け、損失を被ることになるだろう。しかし、調査を怠らず、自分らしいトレードを行っていれば、必ず窮地を脱することができるに違いない。

人間は本質的に自らをさらけ出すものである（だれにでもというわけでも、常にというわけでもないが、いつしか自らをさらけ出す性質を持っている）。本書には、金儲けに成功した投資家たちの半生がつづられている。彼らは大物投資家である――つまり、世界中のほとんどの投資家を上回る優れた戦略を手に、秘密裏に成功したロックスターなのである。

だから私は彼らを「アルファの達人」と呼ぶ。彼らの語る内容が、私にとって興味深かったように、読者にも興味深いものであることを願う。

二〇一二年四月

マニート・アフジャ

免責事項

本書に含まれる内容はいかなる管轄区域においても、そしていかなる個人や団体に対しても提案や勧誘を行う性質のものではない。本書に記されている情報は、本書のなかで説明されているどのファンドに関しても（これをまとめて「ファンド」と称する）完全ではなく、ファンドに投資するにあたり関連する重要な情報開示やリスク要因を含むがこれに限定されず、さらに予告なく変更されることがある。本書に古くなった情報あるいは誤った情報が含まれるような場合でも、著者および関係者はそのような古いあるいは誤った情報を更新したり正す義務を負わない。ファンドで所有権を売る提案はそれぞれのファンドの私募ファンド約款（各ＰＰＭと称する）によってのみ行われるもので、本書に含まれた情報によってではない。本書に書かれた説明や条件が、それぞれのファンドのＰＰＭ、パートナーシップ契約書あるいは覚書、および（当てはまる場合は）約款、あるいはそれ同様のほかの書類の説明や条件と矛盾していたり反対であった場合には、本書がＰＰＭ、パートナーシップ契約書あるいは覚書、および（当てはまる場合は）約款、あるいはそれ同様の書類に準ずるものとする。

これらのファンドの所有権は米ＳＥＣ（証券取引委員会）、あるいはほかのいかなる管轄下にあるいかなる州の証券規制当局によっても認可されたものではなく、また否認されたものでもなく、またSECあるいは同様の証券規制当局がこの書類の正確性あるいは適正を判断したものでもない。それに反する表現はいかなるものでも犯罪行為である。この所有権は一九三三年連邦証券法、またはその（連邦証券法の）改正法、またはいかなる州の証券法あるいはほかのいかなる管轄区域における証券法のもとにも登録されておらず、また、そのような登録を予期するものではない。この所有権は、証券法の第四節（二）および・またはその条件下にある規制Dによって提供されている適用除外のもと、および提供がなされる管轄区域内の法律における同様の趣旨のそのほかの適用除外のもと、アメリカ合衆国内にて提供および販売される。所有権は、証券法の規制Sによって提供される適用除外のもと、アメリカ合衆国外で提供および販売される。ファンドは一九四〇年投資会社法、およびその（投資会社法の）改正法のもとで投資会社として登録されることはない。そのため、投資家には投資会社法の保護は与えられない。この所有権のための公開市場は存在せず、また将来的にもそのような市場が発展する見通しはない。この所有権は、パートナーシップ契約書のもとで許可された場合を除いては、売られたり譲渡されたりしてはならず、証券法のもとで登録されているか、あるいはそのような登録の条件下において適用除外されている。

いかなるファンドの過去の業績も、将来の結果を保証するものではない。ファンドが掲げる投資目標が必ずしも達成されるという保証は何もない。あるいは本書に記されたものと同様の結果を達成したり、またはいかなる利益を得たり、あるいは損失を避けることができる可能性があるものでもない。ファンドが行う投資はさまざまなリスクがある（それらリスクについては各ファンドのＰＰＭにて説明されている）。ファンドに投資をする行為に適しているのは、そのような投資にまつわるリスクを完全に理解している、適正のある投資家のみである。本書に含まれる情報は、ある特定の投資目的あるいはこの情報を受け取る可能性のある特定の人物の財政状況などを考慮していない。投資家は投資判断を下す前にアドバイザーとともに各ファンドのＰＰＭを徹底的に精査するべきである。本書で登場したファンドのマネジャーおよびその関係者はだれも投資アドバイザーとして行動しておらず、さらにいかなる形でも各ファンドに投資する判断を下すことを投資家に推奨しているものではない。本書には、（連邦証券法の免責条項を頼みに発せられた）将来を予測する発言が含まれるが、そのような発言も、またそれ以外の発言も、ポートフォリオマネジャーが現在のマーケットの状況およびファンドの投資機会の潜在的可能性について各ファンドに対する考えを述べたものである。本書における発言は本書の刊行日付けで存在した考え方を元に発せられたものである。そのような考え方は数多くの要因――例えば各ファンドのポートフォリオマネジャーがさらなる分析を行った結果であったり、経済やマーケットや政治、およびそのほかの投資機会に影響を与える可能性のある条件の変化――などで予告なく変わる可能性がある。そのような考え方が正しいこと、あるいは時の経過を経て正しいと証明されたりすることを保証するものではまったくない。

　本書に掲載された第三者の提供による情報の正確性や完全性について、明示または黙示を問わず、いかなる説明や保証も行わない。本書に含まれる情報は予告なくいつでも変わる可能性があり、この情報が提供される人物や会社に対してその情報を更新する責任は一切負わない。本書に登場したファンドの各マネジャーは、本書で示された情報やデータの間違いや脱落に対する責任を明白に否認するとともに、提供された情報を使用、あるいは誤用、あるいは信用したことで発生した損失や損害について、それが損失か利益か、あるいはほかの損害かにかかわらず、また直接的に生じたものか結果的に生じたものかにかかわらず、あるいはそれ以外の場合においても、明白に否認する。本書に含まれる情報およびデータは、暗黙、明白、法定にかかわらず、いかなる種類の保証を与えるものでは一切ない。

第1章　レイ・ダリオ
――グローバルマクロの達人

The Global Macro Maven -- Ray Dalio, Bridgewater Associates

「何よりも大事なのは自分の意志で考えるということ。①自分が何を求めているのか、②何が真実なのか、③それについて何をするべきか――を判断するためだ。これを研ぎ澄まされた頭でよく考えて、自分が求めているものを手に入れてほしい」――レイ・ダリオ著『プリンシプルズ（Principles）』の冒頭より

2011年にアイスランドを旅行したレイ・ダリオ（左）（ブリッジウォーター・アソシエイツ提供）

レイモンド・ダリオ——通称レイ・ダリオ——が書いた有名な『プリンシプルズ』と題された文章がある。このなかで、ダリオは従業員たちに次のように語っている——「人生の大変な経験からのほうが、楽な経験よりもはるかに学ぶことが多い。その経験についてじっくりと考える時間を必ずとることが重要だ。それを怠ると、貴重な機会を無駄にしてしまう。痛みを感じ、そして反省して初めて、進歩できるということを忘れてはならない」。

このように、六二歳（本書の執筆時）のダリオは多くの格言や教訓や知恵、および実践的なマネジメントに関する助言の言葉を持っており、それらを何度も繰り返し強調して語る。ダリオが設立したグローバルマクロファンドのブリッジウォーター・アソシエイツは世界最大のヘッジファンドで、一二〇〇億ドルもの資金を運用している。そして、特に大きな影響力を持つ年金基金や中央銀行、さらに世界各国を相手に助言を与えたりポートフォリオの運用を行っている。ロンドンに拠点を置く調査会社のプレキンが行った研究では、公的年金基金の間で最も人気の高いヘッジファンドにブリッジウォーターが選ばれていることが分かっている。

ダリオについて少し調べてみると分かるのは、過去一〇年間の最も難しいマーケットにおいてもファンド史上最高の利益をたたき出しているなど、ブリッジウォーターが成功話であふれていることである。そこからダリオの人生、およびマネジメントに対する哲学を多く垣間見ることができる。例えば、ダリオは四〇年以上も超越瞑想というものを実践している。ダリオ自身も、それが人生に「唯一最大の影響を与えた」と語っている。

　また、ダリオが最も大切にしている格言が、容赦ない「真実の追求」や、「自身の進化」への飢えであることも学ぶことができる。これらの目標に向かう断固とした集中力があったからこそ、業績や顧客満足度を向上させる結果につながったことは疑う余地もないが、従業員の反応は賛否両論で、ダリオのアプローチは必要以上に手厳しいと言う者もなかにはいる。しかし、ダリオはそれに悪びれる様子はない。『プリンシプルズ』のなかでも、「私は『ハイパーリアリスト』になったのだ」と堂々と語っている。

　また、ダリオの大局的で革新的な考え方が投資の世界に重要な変化をもたらしたことも知られている。実際に、業界誌ａｉＣＩＯの二〇一一年一二月号で、「レイ・ダリオは投資界のスティーブ・ジョブズか？」という内容の特集記事が組まれ、二人のリーダーの動機やアプローチ、そして各業界に与えた影響などを比較した結果、その類似点が浮き彫りにされた。ジョブズと同じように、ダリオは人生とは自らの大胆なビジョンを現実化する旅であると感じている。ダリオの革新ぶりは業界で認められ、ダリオは二度の生涯功績賞を受賞し、ブリッジウォーターにも数十の優秀賞が与えられた。

　ダリオが実践する瞑想は、「リラクゼーションと最高に幸せな経験の融合」である。「まるでオーガズムのようだと思うかもしれないが、実際はそうではない。最高に幸せな、というのは、単にとても良い気分と体調でリラックスできている状態という意味だ。それは普段とは異なる精神状態に入っていくことであって、意識のある状態とも、無意識の状態とも違う。単に眠っている状態とも違う。例えば、一本のピンが突然落ちたら、それがあなたの体の中で反響して驚いてしまう、そんな状態だ」

自分なりの瞑想技術を習得するにはかなりの時間がかかったが、わずか二〇分の瞑想が何時間分の睡眠不足を補うことができることにやがて気がついた、とダリオは言う。また、物事に対する考え方も変わり始めて、以前よりも集中したり、創造的になることができた。瞑想のおかげでダリオの頭は研ぎ澄まされた状態になり、困難に直面しても、「まるで忍者のように落ち着いて思慮深く」対処できるようになったという。「集中しているときというのは、感情に縛られていない状態だ。明瞭に考え、物事を正しい位置関係で整理することができ、そして良い視点で考えることができるのだ」

達人の素質

ブリッジウォーターの青いポロシャツとベージュ色のズボンを身にまとい、コネチカット州ウエストポートにあるモダンなオフィスで椅子に腰掛けているダリオの姿は、とても居心地良さそうで、そして心穏やかに見える。しかし穏やかな精神と立ち振る舞いを身につけたことで、人生の目標である自立的思考ができなくなってしまったわけではない。父親はジャズミュージシャンで母親は専業主婦という両親の元で育ったダリオは、人の言いなりになったり、教えられたことを暗記したりするのが嫌いだった。反対に、自分が欲しいものを追い求めて、どうすればそれを手に入れることができるかを自らの頭で考えることが好きだった。両親もそれを許して自由にさせてくれた。そのため、人よりも良い教育を受けてきたとダリオ自身も感じている。こうして、楽な経験よりも大変な経験から学んだことでダリオの手腕は磨かれ、それが今とても役立っているのだ。失敗したときに、その失敗から学び成長する方法を教えるのではなく失敗したことを罰するというやり方は、従来の教育の問題点だとダリオは考える。

ダリオは一二歳のときに、ニューヨーク州マンハセット市の自宅近くにあったリンクス・ゴルフ・クラブで小遣い稼ぎにキャディーを始めた。そのときはまだ、自分が会社を設立することになるなど夢にも思っていなかった。稼ぎはゴルフバッグ一つ当たり六ドルで、常連の多くがウォール街の投資家だった。一九六一年当時、どこに行っても株の話ばかり耳にしていたと、ダリオは言う。「散髪に行けば理容師が株のことを話していた」と思い出しながら語る。「靴磨きに行けば店の主人が株について話していた。自分にできるかどうかは分からなかったが、とても面白そうだと感じた」。ダリオはウォール・ストリート・ジャーナル紙をくまなく読んでは、自分が定めた基準を満たす銘柄を探し始めた。五ドル以下の株で、社名を耳にしたことがあり、もっと買いたければ買うことができる――というのがその基準だった。そして見つけたのがノースイースト航空だった。この株はダリオが買った直後に三倍にも値上がりした。「新聞にたくさんの企業名があるのを見て、そのなかから上昇するのを一つ選ぶだけなんだから簡単に違いないと思ったさ。逆にあのとき損失を出していたら、別の分野に進んでいたかもしれない」とダリオは言う。最初に買った株で大勝利を収めたので、投資を続ける気になったのだ。それからはフォーチュン誌を読み、企業のアニュアルレポート（年次報告書）を請求し始めた。「請求したアニュアルレポートがすべて届くと、それを何時間もかけて研究した」。研究しているうちに、いくつも疑問がわいてきた。「私は疑問に導かれた」とダリオは言う。「疑問を通じて人は学ぶ。教えられて学ぶのではない」。一九六七〜六八年の弱気市場では、独学で空売りを学び、そして高校生になるころにはすでに数千ドルの価値を持つ株式ポートフォリオを築いていた。

一九六七年、ダリオはニューヨーク州ブルックビルにあるロングアイランド大学のC・W・ポスト校にギリギリの成績で入学した。高校時代とは打って変わり、大学時代のダリオは大きく成長した。金融に関する授業を選択し、学ぶことの楽しさを知った。自分が興味のあることを学ぶ機会にようやく恵まれ、初めて押しつけられた勉強ではなく自分が楽しむための勉強をしたのだ。また、大学一年生のときには瞑想も覚えた。成績優秀だったダリオは大学卒業後、ハーバード・ビジネス・スクールへの入学を許可された。「集中して広い心の状態を持つことで、すべてがうまくいくようになった。成績も上がった。何もかもが簡単になったんだ」とほほ笑みながらダリオは語った。

危機を乗り越えて大人に

一九七一年夏、ダリオはハーバード・ビジネス・スクールに入学する前に、ＮＹＳＥ（ニューヨーク証券取引所）のトレーディングフロアで事務の仕事をした。この夏に、国際通貨体制のブレトン・ウッズ体制が崩壊し、ダリオに強烈な印象を残した。

「あれほど劇的な経済事件はあまりない」とダリオは言う。「かなりの大事件だったが、あのときちょうど私はＮＹＳＥのフロアでその震源地のど真ん中にいたんだ。身震いがしたよ」。事件が起きた日曜日の夜、ニクソン大統領の演説が全国放映されたのをダリオはよく覚えている。「大統領は政治について話しているようだったが、その内容をよく聞くとアメリカが債務不履行に陥ったということだった。それがきっかけで、私はお金とは一体何だろうと考えるようになったんだ。金との交換が保証されていないドルという通貨は一体何なんだ、とね」

通貨危機がほかのすべてのマーケットの動きに影響を与える。それを認識したダリオは通貨市場の研究に没頭した。そして今は友人でダリオのアドバイザーでもある当時の財務省財務次官、ポール・ボルカーに注目したのだ。ダリオは、ボルカーの公式声明をすべて読み、そしてそれらを現実と比べた。「すると、政府がウソをついている、あるいはそこまでいかなくとも、ある方向に物事を進めようとしている事実が見えてきた。哲学的な疑問が頭に浮かんできたよ。私はだれを信じるべきなのか？　本当のところは何が起こっているのか？　こういった疑問すべてが私をグローバルマクロに引き寄せていった。通貨市場はそれ以降ずっと、私の人生にとって重要なものになったんだ」

ダリオはビジネススクールに入るとすぐ、そこになじんだ。学問の最高峰まで上り詰め、世界でもトップクラスの学生と肩を並べて学ぶのだと感じた。ケーススタディから学ぶハーバードの手法は学生に自らの考え方で進めていく自由を与えてくれる。ダリオはそれに興奮した。ダリオが昔から嫌っていた、従来の記憶に頼った教授法は、ほとんどなかった。ようやく理想の環境を見つけたのだ。「基本的に、学生に与えられるのはある事例の説明とその状況だけ。何が重要かを決めるのは生徒次第だった。問題提起もなければ、こうしなさいという指示が出ることもなかった。真実は何かという議論をしたがっていた私は、異なる観点を持つ頭脳明晰な仲間たちと、質の高い議論や話し合いをする場を得た。左脳に頼った学びではなく、経験から学ぶ右脳を使った学び――これには本当にワクワクした」

のちにダリオはこの学びの手法をブリッジウォーター創業時にも採用し、真実と卓越性の探究を会社でも奨励することになる。

ビジネススクールの二年目が始まる前の一九七二年の夏、ダリオは商品取引についてもっと学びたいと思い立ち、メリルリンチの商品取引部門のディレクターに会って、試しに仕事をくれと説得し、機会を得た。商品取引に必要とされる証拠金は安く、しかも当時はまだそれほど知られていなかったので、成功して儲けることができるだろうと考えたのだ。しかし、実際はうまくいかなかった。「ほとんど利益は出なかったよ」と、メリルリンチで助手をして過ごしたその夏のことを思い出しながらダリオは語る。「だが仕事を心底気に入ったことは覚えている。あれは最高だった。あのころも、お金は実用品としてしか考えていなかったからね。ワンルームのアパートで簡易ベッドに寝ることができれば、それで十分だった。自分がやりたいことができる自由さえあれば、それでよかったのさ」

幸運にも、ハーバードでの二年目が始まった時期に、ちょうどインフレーションが大きな高まりを見せていた。一九七一年に金融制度が崩壊したことで商品の価格が高騰し、一九七三年には最初のオイルショックが起こった。インフレに歯止めをかけるためにＦＲＢ（連邦準備制度理事会）が金融政策を厳しくしたことで、当時としては大恐慌以来最悪の弱気市場が訪れた。すると突如、それまではやっていなかった商品先物取引が急速に伸び、証券会社は新たな取引部門を作ることに躍起になった。前の夏にメリルリンチの商品部門に在籍して部長の下で働いたことで商品取引の経験があったうえに、ハーバードでＭＢＡ（経営学修士）も修得したので、中規模のブローカーですぐに商品部門の部長としての仕事を得て、新しい部門を立ち上げる任務を与えられた。その証券会社が店じまいすると、次にサンフォード・ワイル率いるシェアソン・ヘイデン・ストーンへと移った。

シェアソンでのダリオの仕事は機関投資家向けのヘッジビジネスで、つまり事業リスクをどのように回避するかという助言をクライアントにすることだった。しかし、それも長くは続かなかった。一九七四年の大みそかの日に、酔って上司と口論をした直後にクビになってしまったのだ。ダリオは自立することを決心した。二六歳のことだった。

ブリッジウォーター設立

明るい話題もあった。ダリオはクビになった翌日の一九七五年元日に、マンハッタンの東六四丁目にある二部屋のアパートを仕事場にした。一二歳のころからマーケットでトレードをし、環境をだんだんと整えながらトレードを続けていこうと思っていたダリオにとって、すべての条件がそろったのだ。すでにハーバード時代の級友数人と「ブリッジウォーター」という名前で組合を共同設立していた。商品の現物を輸入する事業に合うような、差し当たりのない名前を、ということで決まった社名だった。この輸入事業は軌道に乗らなかったが、このとき彼らが選んだ「つまらない」名前は、しばらく存続することになったのだ。

ダリオは未知の領域に飛び込むことをけっして恐れていなかった。「自分のエゴが立ちはばかって、未知の領域になかなか踏み込むことができない人が多い。スキーの滑り方を学ぶのと同じようなものだ。転ぶと一瞬だけ痛みを感じるが、そうすることでしか滑り方は学べない」。ダリオは入手できるアニュアルレポートをすべて熟読した。そのときまで、損益計算書や貸借対照表（バランスシート）やキャッシュフロー計算書がそこに含まれていることなど知りもしなかった。それらを見ているうちに、いくつもの疑問が浮かんできた。「そしてその疑問が私の道を開いてくれたんだ」とダリオは言う。

ブリッジウォーターを設立したのは投資家を誘い込むためではなかった。為替や商品市場の研究を続けながら、エクスポージャーの管理をしたり、研究報告を書いたり、真実と卓越性を探究し続けようと考えていたのだ。新しい事業については冷静で割り切った考え方を持っていたという。「独立したことに対する不安は何もなかった」とダリオは語る。「家賃を払うことはできたし、好きなことをする自由な時間もあった。その自立性が好きだった。もしもうまくいかなかったら、そのときにまた仕事を探せばいいと思っていたんだ。もしもうまくいけば、文句なしだ」

また、自分が圧力に耐えられる性格であることも知っていた。「素晴らしい投資家や、優秀な投資家、成功している投資家は、みんな攻撃的であると同時に防衛的でもあると思う。お金を賭けるだけの大胆さを持ちながらも、警戒心を持てるくらいの恐怖心も必要だ。だからといって、恐怖心にさいなまれているようではいけない」

ダリオは、さまざまな商品や金利や為替に投資している機関投資家にビジネスチャンスを見いだした。為替、金利、そして商品についてならよく理解していた。「私にお金を支払って助言を求める機関投資家のクライアントが、シェアソンにはたくさんいた。商品はあまりにも不安定だから、だれかに方向性を示してもらう必要があったんだ」。そこで、ダリオは企業や機関投資家のヘッジトレーダーたちを対象としたコンサルティングやエクスポージャー管理を始め、「デイリー・オブザベーションズ」と名付けたクライアント宛ての手紙のなかで自分の考えや観測についてまとめるようになった。「派生的な経歴を持っていたからこそ私は商品をトレードした。それがいろいろな先物に変わり、スワップやデリバティブへと進化していった。私がどんどん進化したということだ。独特の方法で物事を分類することができたからこそだろう」

世界銀行を相手に勝利

間もなく、質の高いマクロリサーチをすることでダリオの評判は高まった。ダリオの「デイリー・オブザベーションズ」は、ブリッジウォーターのクライアントが重要な指針として読むだけでなく、一九八〇年前半以降は読者層を広げていった。企業のアニュアルレポートに肩を並べるほどの影響力とまではいかずとも、少なくとも人気では勝っていた。そして世界中の企業の幹部や政治家や中央銀行家たちの必読文献になっていた。

そんな読者のなかにマクドナルドがあった。ファストフードの大企業であるマクドナルドがチキンナゲットを開発したとき、実はダリオの「デイリー・オブザベーションズ」を読み、鶏肉の価格をヘッジする方法を教えてほしいとダリオの元へ助けを求めに来ていたそうだ。「マクドナルドが私のところへやってきて言ったんだ。『見てくれ、こんなにエクスポージャーがある。どうすればチキンナゲットの価格を常に変えずにすむだろうか？』ってね。だから助言をしたのさ」。ナビスコも同様に、為替金利と商品のリスクを管理する必要に迫られていた。「ナビスコは私に権限を与えてくれた」とダリオは言う。「だから私が『管理』という言葉を使うと、ナビスコは、私が生み出した利益の一部を手数料に上乗せしてくれたんだ」

最近では、ダリオの「デイリー・オブザベーションズ」を読んだ政治家やクライアントが何度も話し合いに訪れた。そのやりとりが発生した時期や、ダリオが取引している銀行がどこかなどは伏せたうえで、ダリオは言う――「われわれが建てようとしているポジションがどれかとか、その理由までは公表したくない。自分の考えは『デイリー・オブザベーションズ』で公開している」。

一九八五年、ブリッジウォーターは企業のコンサルタント会社から資金運用会社へと成長した。「デイリー・オブザベーションズ」を何年も信心深く読んでいた世界銀行の職員たちが、五〇〇〇万ドルの国債を集めた試験ポートフォリオを運用してみないか、とダリオに持ちかけたのだ。ブリッジウォーターはそれから数年間、マネジャーの常套手段であるベンチマークポートフォリオを作ってその口座を管理した。つまり、中立的なポジションである。しかしその後、ベンチマークから離れたポジションを建て始める。なぜならポートフォリオにはアルファ（ベンチマークを上回る運用を目指す）とベータ（ベンチマークと同程度の成果を目指す）があるからだ。下落リスクから身を守りアルファの生成を促進するためには、ポジションをベンチマークに近づけようとする従来の資産管理のやり方から、ベンチマークから離れてさまざまなアルファポジションを建てるようなアクティブ運用へと変えたい。ポートフォリオマネジャーであるダリオがそうすることを、世界銀行が認める必要があった。「私は常に、分散化されたアルファを望んでいた。だから、もっとたくさんの選択肢をくれ、と世界銀行に頼んだんだ。分散化が難しい国債のみの口座を私に運用させる理由などない、と説得してね」

ブリッジウォーターはFX市場でも同じような戦略をとった。クライアントが保有している外国株のエクスポージャーに基づいて「ヘッジポートフォリオ」を管理し、その後、すべてのFX市場でそのヘッジポートフォリオに変更を加えるのだ。例えば、あるアメリカのクライアントがヨーロッパ株のポートフォリオを持っていて、ユーロ対ドルの為替リスクをヘッジするためにブリッジウォーターを雇う。さらに付加価値を出すために、ブリッジウォーターは世界中のすべての通貨ペアを売買する。完全に分散化され、システマティックなバイアスもない（買いにも売りにも偏っていない）状態を作り出すことで、ブリッジウォーターは特定のマーケット環境に左右されないという、継続的な価値を付加することができる、そうダリオは感じたのだ。

ダリオの改革への渇望と、真実と卓越性にかける情熱に導かれて、ブリッジウォーターは前進した。個人投資家を避け、機関投資家と働くことをダリオは好んだ。その理由について、「思慮深く、そして質の高いコミュニケーションができる相手と取引がしたいから」と説明する。

盲目的にブリッジウォーターを信頼するのではなく、活発な議論を交わした結果、マネジャーに運用の自由を与えてくれるようなクライアントがよいのだ。「だれかに『愚かなクライアントは持つな』と言われたことがある。だから、三億ドルや五億ドルをくれて、しかも賢いクライアントを相手に資金を管理すればいいと思うようになったんだ」

一九九一年、ブリッジウォーターは旗艦ファンド「ピュア・アルファ」を戦略として打ち立てた。ピュア・アルファでは世界中の債券市場、FX、株式、商品、そしてエマージングマーケットの負債などをトレードした。そして常に、六〇～一〇〇のそれらのポジションを、クライアントが選んだベンチマークと組み合わせていた。長年のクライアントであるコダックの年金基金の場合、ピュア・アルファに長期債券とインフレ連動債から成るパッシブ運用のポートフォリオを組み合わせた。最も高いリスクリターン率を出せるのがその組み合わせだった。「今では革新的と呼ばれることだが、当時にしてみれば常軌を逸していた」とダリオは語る。しかしこうすることで、クライアントは常にベータを指定することができたのだ。

「これが現在の資金運用方法だ」とダリオは言う。「クライアントが株の口座を持ちたいと言ってきたら、まずS&P五〇〇のようなベンチマークを設定してもらう。われわれはそのベンチマークを複製するか、あるいはそのベンチマークと同等になるように先物を買う。クライアントがピュア・アルファに資金を送り込んだら、それでベンチマークと組み合わせた投資をする。つまり簡単に言うと、ピュア・アルファとは、クライアントが選んだレバレッジに応じて決められた、一二％か一八％のボラティリティという条件のもとで、われわれが最高のアルファの組み合わせを選ぶ、というものだ」

ダリオはそれを、二列ある中国料理のメニューになぞらえる。左の列からベータを選び、右の列からアルファを選ぶ。「クライアントは四〇ほどの異なるベンチマークから選ぶことができる。さらにアルファの辛みを変えることもできる。六％のボラティリティがいいのなら、一二％のファンドに半分の資金を入れるだけだ。一八％のボラティリティがよければ、一八％のファンドに一〇〇％の資金を入れる。一・八％のボラティリティがよければ、一八％のファンドに一〇％の資金を入れる。われわれが管理するすべての口座で、最高のアルファの組み合わせが提供されている」とダリオは言う。

一～二年後、すべて予測どおりに良い成績を上げていることが分かると、アルファとベータを分離してそれをひとつのファンドで運用するという考え方に投資家は理解を示し始める。「実際に必要だったからそうしたまでさ」とダリオは言う。「驚いたことに、世界がそれをヘッジファンドと呼んだんだ」

倒産――つらい経験から学ぶ

ブリッジウォーターは困難に直面することもあった。しかしそれは、ダリオと仲間たちにとって良い学びの機会となった。ダリオが最もつらいと感じたのは、一九七〇年代初めに個人口座でポークベリーをトレードしていたときだった。商品先物のなかには値幅制限があり、ポークベリーの場合はストップ安に達すると、その日のトレードは終わりになる。あるとき、このポークベリーが一週間も下落し続けるという大変なことが起こった。毎日、ストップ安に達してしまうので、ダリオはそのポジションを手仕舞うことができなかった。そしてダリオは「ほとんどの資産」を失ってしまったのだ。

「あれは本当にひどかった」とダリオは言いながら、人生では楽しい経験よりもつらい経験からのほうが学ぶことが多い、と繰り返し語る。

ブリッジウォーターはソブリン債券市場でも失敗して損失を被っている。一九九四年にＦＲＢが予想外の引き締めを行ったあと、市場が値下がりしたからだ。ブリッジウォーターは世界中のさまざまな債券市場で買いトレードをしていたが、ＦＲＢが引き締めを行ったとき、それらの債券が相関性が高まり損失につながった。最終的に、その年のファンドのリターンは二％だったが、実際にはそれよりもはるかに価値のあるものを手に入れた――それは将来にわたり使うことのできる、より良い手段と戦術だった。

「いろいろな国で同じポジションを持っていれば、それぞれの国を相対的に見ることができる。するとデュレーションがニュートラルなスプレッドでのトレードが可能になる」とダリオは言う。「こうすることによって、事実上、われわれと広いマーケットとの相関関係がなくなる。

それがシステマティックに保証されるのだ。つまり、さらに大きな分散化をするためにポジションをバランス良く構築する方法を発見したわけだ。この発見はそれ以降、われわれがトレードしたすべてのマーケットで役に立った」

二〇〇六年、ブリッジウォーターは世界中の債券と為替を組み合わせた従来型の口座管理をやめた。これによって、アルファとベータの分離がまた一歩進んだ。一九九〇年に、クライアントのためにアルファとベータを分離する試みを始めて以来、それが資金を管理する最善の方法であるとブリッジウォーターは結論づけていた。積極的な管理（アルファ）でリターンを増やし、そこから防衛的に持っているポートフォリオ（ベータ）のリターンを差し引くことで、クライアントは希望どおりのリスク目標を指定することができ、それぞれに最適なポートフォリオを作ることができるのだ。ブリッジウォーターはその最初のアルファ最適化戦略を「ピュア・アルファ」と呼び、これがファンドを通して行う投資すべてで欠かせない手順となっていた。

そのような流れのなかで、二〇〇六年の年末が近づいたころ、ブリッジウォーターはクライアントに手紙を出した。そして、アルファ生成の戦略には資産区分をまたいで自由に動かせないという「制約」の多さがあることを指摘した。そして、今後はピュア・アルファを債券か為替口座と一緒に使うようになると発表し、一二カ月以内に口座移行を希望しないクライアントは解約されると伝えた。かつては、従来型のグローバル債券および為替の世界最大のマネジャーであったブリッジウォーターだが、現在ではアクティブ運用の口座でピュア・アルファだけを使っている。これをリスクが高いと考える人もいるが、ダリオは、この方法のほうが資金を管理したりクライアントと企業の成績不振のリスクを減らすのに良いという考え方を貫いている。

ダリオは気がついた。ダリオがマーケットと無相関でいられる方法を探しているときに、ほかの企業はマーケットとの相関性を強め続けていたのだ。そこで二〇〇三年、ブリッジウォーターは投資家宛てに書いた手紙のなかで、ヘッジファンド全体の九〇％以上が株式市場と相関関係を持っており、マネジャー同士も互いに多かれ少なかれ相関性を持っていることを指摘した。「大事なのは、多くのヘッジファンドがその戦略やリターンのなかに、たくさんのベータ（市場全体に関連するシステマティックリスク）を埋め込んでいる点だ。投資家は、自分が投資しているヘッジファンドが持つこれらのシステマティックリスクの意味を考える必要がある」

二〇〇八年に起きた金融危機で、ダリオのこの賢明な忠告が現実のものとなった。この年、ヘッジファンドの九割が損失を出し、クライアントに対して下落時の防衛手段や絶対収益を提供することができずに終わった。

コネチカット州ウエストポートにあるブリッジウォーターのオフィス（ブリッジウォーター・アソシエイツ提供）

危機を計算する

光差し込むある春の日の午後のことだった。まるで静養所のような雰囲気のオフィスでダリオが、「クライシス・インディケーター（危機指標）と呼んでいるあるものを見せたいと思っているんだ」と言った。著名な建築家のブルース・キャンベル・グラハムによって設計されたこのオフィスは三つのビルからなっており、そのほとんどがガラスとミッドセンチュリー風の自然石で覆われている。一九九〇年にウエストポートに移転してきたブリッジウォーターの新社屋となったこのビルは、まるでその社風と組織階層を反映しているかのようにほとんど平らで、空間は隅々まで整理整頓されていた。社員の車は入口の向かい側にある林の木と木の間に停められ、木の枝からは明かりが下げられている。かつては大きな湖に囲まれた自然保護区だったそうで、ビルの中のダリオの個室は落ち着いた雰囲気に包まれている。しかしその穏やかな仕事環境とは相反するかのように、ブリッジウォーターの従業員は危機対策に熱心だった。

歴史から学ぶことで普遍的な投資や管理の原則を生み出すのが、ダリオのやり方だ。例えば、債務やオイル危機などの出来事に対して、世界中の異なる国々や文化や人々がそれぞれどのように反応するかを分析し、そして異なる結果が生まれた原因となる変数は何だったのかを導き出す。ブリッジウォーターはそのすべての変数を取り除くことで、ビジネスを行うための普遍的法則を得る。「自分が経験したことだけでは大きな問題を抱えることになる。私は大恐慌についても学んだ。ワイマール共和政についても学んだ。つまり、自分の身に起こらなかった重要な出来事を勉強したんだ」

このようにして、ブリッジウォーターは「クライシス・インディケーター」などのアイデアを少しずつ生み出していった。クライシス・インディケーターとは、主要なマーケットがそれぞれマーケット全体のリスクとどれほどの相関性があるかを見るための指標である。ブリッジウォーターが創業以来、株主資本の三～四倍の資産しか持たず、常に業界標準よりもそのレバレッジを低く保つことができたのも、この指標によるところがある。リーマン・ブラザーズは対照的で、二〇〇八年に崩壊する前のレバレッジは四〇倍以上であった。レバレッジの使用を制限していることが、ブリッジウォーターが三〇年以上も生き残った大きな理由のひとつである、とダリオは考えている。「レバレッジを使うということは、ロシアンルーレットをしているのと同じだ。いつかは必ず頭に銃弾を食らうことになる」

ダリオはさらに、「ある一定期間に起こるリスクの程度によって、特定のマーケットが受ける影響の中身や規模が変わる」と説明する。例えば、経済状況が悪化したときや債務不履行のリスクが高いときなどは、財務省長期証券（Tボンド）のベータが良くなり、証券のベータが悪くなる。各商品ごとにベータの種類もさまざまである。「アルゼンチン株や、特定の新興国の通貨などを検討してもいい。どれにしても、世界のリスク環境の変化を見て、それに合わせて調節できるベータがある。だから、われわれはポートフォリオを組み立てるときにそういったことに注意を払うのだ。常に更新されているコンピューターシステムのようなものさ」

金融危機を予測する

ダリオはずっと経済を注意して見守りながら、ファンドを進化させてきた。だからこそ、二〇〇六年にひとつの結論を導き出すことができたのだろう——その結論とは、アメリカ経済が破産寸前の危機的状況にあるということだった。債務の返済額が収入を上回り、政府は紙幣を大量に増刷して固定資産を買わざるを得ない状況になりつつある、とダリオは推測したのだ。

そこで防衛措置として、日本の「失われた一〇年」や一九八〇年代に中南米で起きた債務危機などについて研究した。そこから得た結果を基に、ブリッジウォーターのトレーダーたちは最も影響が少ないと思われるもの――財務省長期証券と金と円――に投資資金をつぎ込んだのだ。

「Dプロセス」と呼ばれたブリッジウォーターのこの（レバレッジ解消や金融危機に関する）研究が最初に大きく役に立ったのが、二〇〇八年春のことだった。クレジット対デフォルトのスプレッドが社内のリスク基準を超えたことを受けて、ブリッジウォーターはリーマン・ブラザーズやベアー・スターンズなど複数の投資銀行で建てていたポジションをすべて解消した（ベアー・スターンズが内部崩壊する一週間前のことだった）。その年、ほとんどのファンドは二〇％近くまで下落していたが、ブリッジウォーターはDプロセスの研究のおかげで株式市場の動向に左右されないポジションを持っていた。リスクの高い投資と、より安全な投資というように、リスクの度合いを分離することができたことで、年末には一二％の利益を得る結果につながったのだ。

ブリッジウォーターでは、ベータを独立させることでポートフォリオ内の資産のリスクの度合いを測ることが可能になり、二〇〇八年にはポジションの組み立て方も良い方向に変わった。クライアントが状況をより良く理解できるようにと、ダリオは二〇〇八年の投資家向けアニュアルレポートのなかで、「ア・テンプレート・フォー・アンダースタンディング・ホワッツ・ゴーイング・オン（A Template for Understanding What's Going On）」と題した、二〇ページに及ぶ経済の動きに関する説明文を掲載した。

ブリッジウォーターのモデルには、もうひとつ別の情報も組み込まれている――それは、金融危機が起こる八年前に導入された不況測定基準である。レバレッジの引き下げや不況についていたブリッジウォーターの研究チームは、金利がゼロになり過剰な負債があるときにレバレッジの引き下げが起こることを知っていた。二〇〇八年一月、フィナンシャル・タイムズ紙がダリオに対して行ったインタビューのなかで、ダリオは歴史を基にしたモデルなどのツールに過度に頼ることは危険である、とすでに警告していた。

「投資家に最もありがちな失敗は何か?」と彼は問いかける。「それは過去にうまくいったことがこれからも継続してうまくいくと思い込んで、レバレッジを高めることだ。今はコンピューターがあるので、何が理論上うまくいったかを特定することが簡単だし、金融工学の発達で過剰なほどに最適化した戦略を作ることができる。しかしこれからは、バックテストの結果と現実が合わないような時代に突入し、問題がいくつも持ち上がってくるのではないかと私は考えているんだ。そのような環境のなかで金利がゼロに近かったら、いくら中央銀行が金融政策の緩和をしようとしても、その能力に限りがあることくらい、われわれにも分かる」

ダリオは世界を二種類に分けて考えている――債務超過の先進国と、その債権者であるエマージングマーケットの発展途上国である。さらに細かく分けると、独立した通貨政策を持つ国と、通貨政策と通貨金利がほかの国とリンクしている国とがある。独自の紙幣を刷ることができるアメリカやイギリスのような国のほうが、独立した金融政策を持たずにほかの国と通貨がリンクしているスペインのような国よりも、抱えている問題は少ないとダリオは考える。「債務問題を抱えているのに紙幣を増刷することができない――これでは問題が悪化するだけで最悪の状況だ」

別の視点から考えると、独自の紙幣を増刷できず、しかも独立した金融政策も持たない中国のような債権国家は、輸入インフレに悩まされることになる。債務者は緩和を十分にできず、債権者は規制を十分にできない、とダリオは説明する。そして、今後一〇年ほどの間に、アメリカと中国の間の緊張が高まり、大きな通貨破綻が起こるだろうと予想している。アメリカのような国にとっては、赤字を埋める資金調達がだんだん難しくなる――これらの国に投資をしたいと考える外国投資家が減り始めるからである。すると、ドルが強いというアメリカと中国のような共生関係にはいずれ終わりが来る、という理論だ。

だからダリオは今、エマージングマーケットの通貨に興味を持っているのである。「国がより高いレベルのインフレーションを経験して金融政策を規制していくと、債券市場には悪い影響が現れ、通貨市場には良い影響が現れる」とダリオは言う。そして通貨価値が上昇すると、今度は株式に悪影響が及ぶと言う。通貨高によって世界における企業の競争力が落ち、その国の通貨で計られる企業の資産価格が通貨とともに上昇するためだ。「つまり、大量の債権を持つエマージングマーケットの国々の通貨が特に、大きな黒字で過熱状態になっているということとだ」とダリオは言う。

アルファを引き出す

二〇一〇年三月、オルタナティブ・インベストメント・ニュースの生涯功績賞を受賞したダリオは、授賞式の壇上でヘッジファンド業界の将来について悲観的な予想をした。平均的なヘッジファンドはいまだに株式との関連性を約九割も持っており、それが悲劇なのだと彼は説明した。

「この業界は常にベータに偏りすぎていて、大切な目的からかけ離れている。ポートフォリオからベータをなくせば、ヘッジファンドは機関投資家の資本をいや応なく大量に引き寄せることになるはずだ」とダリオは語った。三〇〇のクライアントを持ち、世界初の制度化されたヘッジファンドであるブリッジウォーターは、巨大な年金基金や基金、中央銀行、そして政府からの資本しか受け入れないことで知られている。

ダリオ曰く、システマティックバイアスがまったくないことが重要だ。ヘッジファンドにとって、悪い環境も良い環境もあるべきではない――つまり、ベータをまったく持つべきではない、ということに尽きると言う。「上昇や下落に関係なく、どのような環境でも平等に機会は存在する」とダリオは言う。「あるべきなのはアルファだけだ。それはヘッジファンドの役割は何かを考えるとき、そしてポートフォリオを分散させるときに重要になる」

二〇一〇年末までに、ブリッジウォーターは資産を一五三億ドル増やし、ダリオ自身も三〇億ドルほど手に入れるなど、過去最高の記録を打ち出した。最も重要なピュア・アルファ・ファンドⅡは四四・八％のリターンを記録し、ブリッジウォーター全体の利益はグーグル、ヤフー、アマゾン、イーベイの二〇一〇年の利益の合計を上回った。二〇一一年にも、同ファンドは二五・四％のリターンを記録し、投資家に対する累積利益は五〇〇億ドルに届こうかというほどで、ほかのどのヘッジファンドよりも高い数値になった。

先に述べたように、一九九〇年、初めてクライアントのためにアルファとベータを分離するという試みを行ったとき、それが資金を運用する最高の方法であることをブリッジウォーターは学んだ。積極的な管理（アルファ）によって価値が付加されたリターンを得て、そこから防衛的に持っているポートフォリオ（ベータ）のリターンを引くことで、クライアントが希望するリスクの目標値を達成するというこの方法ならば、各クライアントに最適のポートフォリオが作成できる。ブリッジウォーターはこの最初のアルファ最適化戦略を「ピュア・アルファ」と呼び、以来この戦略はファンド内のすべての投資において必要不可欠なプロセスとなったわけである。

アルファの普及

アルファを生み出すために、ブリッジウォーターはファンダメンタルかつシステマティックな投資プロセスを採用している。過去に起こった出来事の分析に基づいて、マーケットがどのように動くかを考え、その考えに対するストレステストを行う。そこで使われるデータ系列は一億にも及び、先進国や新興国のデータや、一〇〇年以上さかのぼるデータなども含まれる。そして、その考え方の基準がしっかりしていることが証明されると、すぐさまマーケットの最先端で使われるのである。

ダリオはこのプロセスについて次のように語る。「基本的には、ひとつの概念がいくつもの事例へと拡大していく。異なる見解が一億個あるわけではない」。ひとつの基準が確立されると、ポートフォリオの加工処理が始まる。その基準は一億の事例に適応されることもあれば、たったひとつの事例に適応されることもある。最終的に、このプロセスを経ることで、ブリッジウォーターは市場で何が起きているかをより良く理解することができるようになる。「情報マネジメントのおかげで、コンピューターを使った質の高いファンダメンタル分析をすることができる」とダリオは言う。「大量のサンプルに基づいた、とても質の高い分析だ。この膨大なサンプル量のおかげで、私は相関性の無い投資をすることができるんだ」

これが、投資ポートフォリオを組み立てたり、エンジニアリングするときに役に立つ。「適切なバランスと分散を作り出すのは、投資そのものよりも重要だ。ほとんどの投資家は逆のやり方だがね」とダリオは言う。

持っているデータを加工して、相関性のない投資をできるだけ多く作り出すこと――ダリオはこれが非常に重要だと考えている。そしてポートフォリオのなかで常に、できるだけ高いアルファ、つまりリターンを生み出すことができそうな二つのマーケットのスプレッドを、いろいろと組み合わせを変えながら分析しているのだ。

相関性のない良い投資が一五以上あれば、リスク対リターンの比率が五倍は上昇する。それこそが投資の聖杯なのだとダリオは言う。「もしもこれがうまくできれば、大きな富を築くことができる。夢のような大金をね」

そして簡単な例で説明する。ある投資家が一五の投資をするとき、期待リターンが三％で標準偏差が一〇％、そして各投資に相関性はないと仮定する。まず、三％の期待リターンと一〇％の標準偏差の投資がひとつある。そして次の投資も三％の期待リターンと一〇％の標準偏差の相関性のないものだとする。すると、全体のリスクは約一五％下がるのだと言う。これを一五回行えば、リスクは八〇％下がるが、ポートフォリオの三％の期待リターンに変わりはないと言う。しかし一五の相関性のない投資がまだ終わっていないため、この時点で三％の期待リターンに対するリスクは二％をわずかに超える程度になる。その三％をレバレッジにかければ、わずかなリスクで投資家の利益目標を達成することができるのだ。

どんな年であろうと、投資したうちの六〇～六五％で利益を出すことができれば、そのファンドが利益目標に到達する可能性は非常に高くなる、とダリオは予測している。Ｄプロセスが継続された二〇一〇年は、ダリオの投資のうちの約八割が利益を出した。

ブリッジウォーターは、このような機会は無限にあると見ている。スプレッドのポジションには相関性がないからだ。このとき、最も重要になってくるルールとは、量的な観点からではなく、そのドライバー（動かすもの）で相関性を比べることである。

「本当のことを言うと、この方法で一五銘柄、二〇銘柄と投資する対象を増やしていくと、利益が減り始める」とダリオは言う。「だから、『本当に自分のやっていることを理解しているか？』、あるいは、『この方法が良いと自信を持って言えるか？』という点が大切になってくる。『素晴らしい』ではなく、『良い』と言えるかだ。自分はこの方法が『良い』という自信を持っているかどうか、それが重要なんだ」

ダリオは、最高の資産の組み合わせを作るには、異なるものを混ぜ合わせることだと考えている――通貨、債券、商品、株式などの組み合わせのなかから最高のアルファが生み出されるものを選び出し、それぞれのサイズが適切になるように修正するのが良い方法だと助言する。

ブリッジウォーターが米ドルに集中して投資していたことは一度もない。それが、その良い例だろう。流動性も必要だが、それ以上に、常に分散することを重視した結果だ。ポジションを適切な大きさにしたら、次の目標は、そのポジションにとって最適なベータを生み出すポートフォリオを作り、それがどのように動くか、どのような構成か、そしてどのような価格かを知ることだ。ブリッジウォーターはすべてのポジションでこの作業を行う。常に約一〇〇の相関性のないアルファが、ブリッジウォーターのアルファ用ポートフォリオに収められているのだ。

しかしおそらく、このポートフォリオエンジニアリングの最も重要な実用法は、ブリッジウォーターのピュア・アルファ戦略とは何の関係もない。一九九四年、自分自身のポートフォリオマネジメントについて考えなければならなかったダリオは、全天候型を意味する「オール・ウエザー・ポートフォリオ」を作った。これは、分散投資を最大限に活用するようにデザインされたパッシブ運用のアセットアロケーション（資産配分）だった。「九〇年代半ばに、家族信託を設立するための資金をため始めた。その信託には適切なアセットアロケーションの組み合わせが必要だと考えていた」とダリオは思い出しながら語る。「そこでオール・ウエザー・ポートフォリオを作ったところ、今ではそれが実質上、家族信託の資金のすべての割合を占めるまでになった」

二〇〇一年に株式市場が暴落したあと、オール・ウエザーを使う機関投資家としては最初のクライアントになったのが、ベライゾンの年金基金のＣＩＯ（最高投資責任者）だったブリット・ハリスだった。そして二〇〇四年、ダリオは、アルファとベータを分ける原理を採用する必要性が資産運用業界にあると感じ、「エンジニアリング・ターゲティッド・リターンズ・アンド・リスクス（Engineering Targeted Returns and Risks）」という論説を発表した。そしてそのなかで、ピュア・アルファとオール・ウエザーでダリオが長年使ってきた概念を、ほかの投資家でも使える方法として示したのだ。その手法はポートフォリオ理論の概念に上乗せされるように作られていたため、「ポスト・モダン・ポートフォリオ・セオリー（ＰＭＰＴ）」と呼ばれ、内容はポートフォリオ理論からさらに一歩踏み込んだものだった。

オール・ウエザーについて、ダリオは次のように書いている。「この方法が次第に多く採用されるようになれば、アセットアロケーションにおいて根本を覆すような良い影響が起こるだろう。それは伝統的なポートフォリオ理論が受け入れられていったときと同じくらい、重要な動きになるはずだ」。たしかに、二〇〇八年の金融危機後に行われたストレステストでは、株式市場が底を付けてほとんどの投資家のポートフォリオが四〇％減になっていたが、オール・ウエザーのポートフォリオのほうは一〇％減に満たなかった。習慣的に株式六〇に対して債券四〇だったアセットアロケーションの成績を、オール・ウエザーはわずか半分のリスクで、導入以来ずっと上回っている。

そのような戦略に潜在力を見いだしたほかのマネーマネジャーは、すぐにパッシブ運用のオール・ウエザーの手法を再現しようとした。それが業界で「リスクパリティ」と呼ばれるようになった。そして近年、ＡＱＲ、ファースト・クオドラント、インベスコ、パトナム、ウエリントンなどのマネジャーが、オール・ウエザーをモデルにしたリスクパリティ商品を提供し始めた。二〇一一年に機関投資家を対象に行われたある調査では、八五％がその手法について知っていて、五〇％が自分のポートフォリオにその手法を使っている、あるいは使うことを検討している、という結果が出ている。

つまり、世界中の年金基金に財政危機が迫り、リスクパリティの採用が加速しているということだ。そう考えると、ダリオが開発したオール・ウエザーは投資業界に大きな影響を与えたに違いない。

目的のあるファンド

世界最大のヘッジファンドであるブリッジウォーターの創業者は、支配者というよりも、むしろ上に立つ良き相談者と呼ぶほうがふさわしい。共同ＣＥＯ（最高経営責任者）にはグレッグ・ジェンセンやアイリーン・マレー、元財務次官のデビッド・マコーミックらが名を連ねている。ダリオも四人目の共同ＣＥＯだったが、二〇一一年七月に、顧問としての役割を担うために辞任した。ブリッジウォーターが下す重要な判断には、すべてダリオの考え方や、原理、そしてプロセスが反映されるが、幹部の権力の分散は絶対に必要だとダリオは言う。ダリオは、ＣＩＯの地位もボブ・プリンスやグレッグ・ジェンセンらと分かち合っていた。そして、ブリッジウォーターの成功は自分の功績によるものだけではない、と強調する。

ブリッジウォーターのファンドには、①二〇一一年一二月三一日時点で六〇〇億ドルだった旗艦ヘッジファンドのピュア・アルファ、②四五〇億ドルのオール・ウエザー・リスク・パリティ戦略、③好況で良い成績を残す株式と不況で良い成績を残す名目債、そしてインフレーションの加速と減退で良い成績を残す資産などを均等に分けたポートフォリオ、④二〇一〇年に一〇〇億ドル以上を費やして発足したあと、一五〇億ドルにまで資産を増やし、ファンドで得た利益を新しい商品に再投資するオプションを投資家に与えたピュア・アルファ・メジャー・マーケッツ・ファンド――などがある。旗艦ファンドが損失を出したのはわずか一年のみで、手数料を引いたあとのリターンがマイナスになった年は、創立以来三回しかない。そして一九九一年以降は、一八%の年間平均リターンを誇っている。

ファンドは明確に分けられているが、ブリッジウォーターの構造はかなり複雑である。プロセスに時間をかけることが何よりも重要だと考えられ、何度も堂々巡りを繰り返してようやく最終的な決断が下されることも多い。さらに重要なのが、このプロセス全体で、高いレベルでの個人的見解が求められていることだろう。世界でも最有力のクライアントを魅了しながらブリッジウォーターを発展させようとし続けるダリオだが、実はある点に注目している――今ではヘッジファンド業界の代名詞にすらなっている、ベータからアルファを分離するというこの戦略が、一九九〇年にブリッジウォーターで生まれたという事実である。それだけではない。最初の為替オーバーレイのマネジャーになったのも、今人気のリスクパリティ戦略のアイデアを一五年以上も前に生み出したのも、ブリッジウォーターだ。「ビジネスの観点から、これは売れない、おまえはどうかしている、といろんな人に言われてきた」とダリオは振り返る。「でも私は、売れなくてもかまわない、と答えてきた」

ダリオの発明はすべて、革新的で独創性のある考え方とプロセスを中心にする取り組みのなかで生まれた。プロセスとそれに伴う思考があるおかげで、投資に付き物である、手に負えない感情を抑えることができる。難しい投資判断を迫られたときに感情を介入させないようにする方法は、と聞くと、ダリオはこう答えた。「それには二通りあると思う。経験と瞑想だよ。きちんと手順を踏んで判断を下すことも役に立つ」。ダリオは投資プロセスのなかでそれぞれの判断を下した理由を書き残しておく。そうすれば、トレードを手仕舞ったあとに、理由と結果を比較して学ぶことができるからである。何が正しくて、何が間違っていたかを確かめるというわけだ。

原理を追求する

二〇〇〇年代半ばごろ、成長し続けるブリッジウォーターで、会社の基本的な理念から従業員が外れ始めているのを感じたダリオは、人生やマネジメントや投資に関する約二〇〇のガイドライン、つまり自分の「原理」を書き始めた。最初は、そんな「助言」をするつもりはなかったが、この原理が関係する問題で友人や同僚が困っているところを見て、助けたくなってしまったのだ。

投資で成功する原理はマネジャーとして成功する原理や人生で成功する原理と同じだ、とダリオは言う。「自己主張をしっかりしながらも、同時に心を広く持たなければならない。これはマーケットだけでなく、ほとんどすべてのことに共通する真実である。成長し続けるには、自分の犯した過ちから学ぶ必要がある。そしてその過ちから学ぶことによって現実を学び、そして現実における対処方法を学ぶ——それが原理と呼ばれるものなのだ。いや応なしに何が真実かを知ることは、大きな資産になる。現実を疑ってみたところで何の意味もない」

ダリオの原理は、ブリッジウォーターの隅々に浸透している。従業員は自分自身にも同僚にも、「これは本当か?」と常に問いかけるように推奨されている。新入社員には出社初日を迎える前からこの原理について書かれた文書『プリンシプルズ』が渡される。すべての従業員にこの『プリンシプルズ』があらかじめダウンロードされたｉＰａｄが与えられたこともある。

ダリオは、この原理こそが目標とする場所へ到達する最短の道だと考えている。そして、「自分の失敗や弱点について全面的に正直でいることで大きく成長し、自分の欲しいものに近づけることを私は学んだ」と『プリンシプルズ』のなかで述べている。

ダリオが見たところ、真実を求めるこの過激な文化に新入社員が慣れるまでに、約一八カ月はかかるという。そして、この企業文化は万人が順応できるものではないと公言している。ブリッジウォーターの採用ウエブサイトでは、これから応募を検討している人に対して、応募する前に次のことを自分自身に問いかけてほしいと呼びかけている――自分の長所と短所を発見する意欲があるか、自分が素早く成長するために努力をする意欲があるか、学ぶためにエゴを捨てることができるか、正直になって心を開くように他人に要求すること、そして同時に自分も同じことをする心の準備ができているか。ダリオは『プリンシプルズ』のなかで次のように述べている――「真実を恐れることなど何もない。独自の考えを持ち、何が正しいかをさらに深く理解するためには、自分に正直になるというのは絶対に必要なことなのだ」。これが、ブリッジウォーターに入社する社員全員にダリオが学んでほしいと考えていることである。

世界を観察する目

ダリオは、ブリッジウォーターが投資しているすべての分野を、いつでも注意深く観察している。期限切れが明らかな次の投資対象を探しているのだ。四〇年にわたりトレードと研究を続けてきた商品市場では、需要の根本的な変化が近いうちに起こる可能性があると見ている。何年も前のことだが、もしも中国人全員がハンカチをあと一枚買ったら、世界中の綿がなくなると考えた。それが今、現実になったのではないか、とダリオは心配しているのだ。「今、世界は引き締め期に入ったところではないか。そのために消費が変化してきている」

消費が変わったことで、需要と供給のバランスにも変化が起こった。それが原因で、環境までもが構造的に変わってしまったとダリオは感じている。ダリオによると、商品市場には二つのサイクルがある――需要に影響を与える経済サイクルと、商品の収穫サイクルである。今、世界が引き締め期に入っているのは、人口の多い国の生活水準が上がったことで消費水準も高まったからである。「つまり今後、全体の需要サイクルから考えて、十分な引き締めが行われた結果、新興国の金融政策が緩やかになるだろう」とダリオは語る。「一般的に、天然から採取できる商品に関して言えば、引き締め期が全体的な需要減退期に入る二〇一二年ごろまでは、比較的強気になるだろう」

しかし、金は例外である。ブリッジウォーターは、金が一オンス当たり二〇〇ドルのころから買いのポジションを大量に持っており、そのポジションを手仕舞う予定はない。ダリオは金に対してほかの投資家とは異なる見方をしている。金はトレード可能な商品というよりも、為替のヘッジとして考えている。「金はお金としての役割を果たすことができる。もともとはお金だったのだから。交換して物を得る手段になり得るわけだ。さらに現物を違う場所に移動させることもできる。ほかの商品とは違って、大きな消費要素も存在しない。小さく硬貨のようにスライスすれば、お金のようにだって扱える。だからお金としての役割を果たすことができる」。金の現物に投資をするほうが、金の生産者に投資をするよりも理にかなっている、とダリオは言う。「現物の金を動かすように生産者を動かすことはできない。さらにわれわれ現代人は、お金の代わりになるものが何かないかと模索しているような環境に生きている」

機関投資家にとっては、この「為替」としての金をヘッジ手段として使い分散化を進めたほうが、チャンスに恵まれるはずだとダリオは考える。多くの投資家が持つ高いイクスポージャーの資産は、時価総額加重型であるゆえに最悪の資産である。特に、アメリカを中心に大量の株や債券を所有している。「中央銀行の準備金や機関投資家のポートフォリオのうち、何％が金やエマージングマーケットの為替のような資産に投資されているかを調べてみると、ほんのわずかな割合にすぎないことが見えてくる」。分散化をするだけでもポートフォリオのリターンは改善される、とダリオは考えている。「だから、機関投資家だって効果的なリスクヘッジの手段として金を使えば、ポートフォリオを分散化できると思うんだ。今後、そういう動きが続いていくことになるだろう」

自分のやりたいことをやる

成功している投資家のやり方を追求してまねするのが必ずしも良いとは限らない。そう考えるダリオは、ある建築家の話を例に挙げる。革新的なアイデアや自分自身の考えを持つことがいかに重要かを教えてくれる一例だ。

「家を建てるとき、ある建築家に、私が家に求めるものや、必要な機能などを伝えたんだ。するとと彼は、『そうですね、分かります。私もそのような家を建てたいですから』と言う。『じゃあ、そのように建てた家を見せてもらえますか？』と聞くと、『残念ながら、私のこれまでのお客さまはそういう考えを持っていなかったので、理想とは違う家しか建てたことがないんです』と答えるんだ。そこで私は、『では私とあなたの考えていることが本当に同じかどうか、どうやったら分かるのです？』と聞いた。すると彼は、別の建築家の仕事を集めた本を持ってきて、『これが私たちが今話しているような家ですよ』と言う。私は思ったよ。『だったら、こっちの建築家に電話すればすむことじゃないか』とね。そして結果的に、その本で見た建築家と一緒に家を建てることにしたんだ。その建築家に、『前の建築家はこういう家を建てたかったのに、今までその機会がなかったそうなんだ』と伝えると、『ああ、それは私も同じでした。だから私は手始めに犬小屋を建てたんですよ。本当は家を建てたかったんですがね』と言ったんだ。それがとても面白いと感じた。私だって同じだ。すでに二〇年もの付き合いになるクライアントがいるが、彼らだって最初から大きな規模で革新的なことをやらせてくれたわけではない。小さな規模から始めていったんだ」

自分に誠実であることが特に投資に関しては重要だ、とダリオは強調する。「だれだって（自分自身の考えを持つ）必要性は分かっている。特にわれわれは、ほかの職業の人々よりもそれをよく理解している。なぜならアルファは、価値が付加されてもまだゼロサムだからだ。たいていの職業の場合、価値を付加すればゼロサムではなくなる。医者ならば、足の骨を折ってしまった患者を治すことで、その価値を付加することができる。投資というビジネスの場合、意見を持つことも、そしてその意見が正しいと自信を持つことも、それほど簡単なことではない。私はこれをとても若いときに学んだ。一二歳のときには、もう自分の欲しい物を追求していて、人のやり方をまねしたりはしなかった。また、自信が持てるような意見を持つことはそれほど簡単ではないことも知っている。だから、自分の意見に対して自信過剰になっているときは気をつける必要があるんだ」

ダリオは、何かで大きく成功するには挑戦が必要だと言う。そして、それは必ず達成できると信じているのだ。『プリンシプルズ』には次のように書かれている――「これまで素晴らしい人々にたくさん出会ってきたが、みんな生まれたときから偉大だったわけではないと知った。みんなたくさん失敗し、そして弱点もたくさん持っていた。偉大な人たちが偉大になれたのは、自分の過ちや弱点を見直して、それを回避する方法を考えたからだ。現実に直面しながら最大限のことを学ぼうとしている人は、特にそれが苦しい作業であるときほど、多くのことを学び取る。そして、そのような努力をしない人と比べると、素早く自分の目標を達成していく。そういう人こそが偉大な人物なのだ。私だったら、そういう人を自分の周りに置いておきたい」。

第2章 ピエール・ラグランジュとティム・ウォン――人間対マシン

Man versus Machine -- Pierre Lagrange and Tim Wong, Man Group/AHL

「私はこの仕事をとても気に入っている。ほかの人が見落とした投資を見つけるのが好きなんだ。聡明な人たちと心ゆくまで議論をしたり、自分の意見を述べたり、無名の企業について調べてみたり、あるいはその企業の国に合った最高のマクロ投資の手段を発見することなどが大好きなんだ。大嫌いなのは、『ノー』という答えを聞くことさ」――ピエール・ラグランジュ（2011年5月6日の対談より）

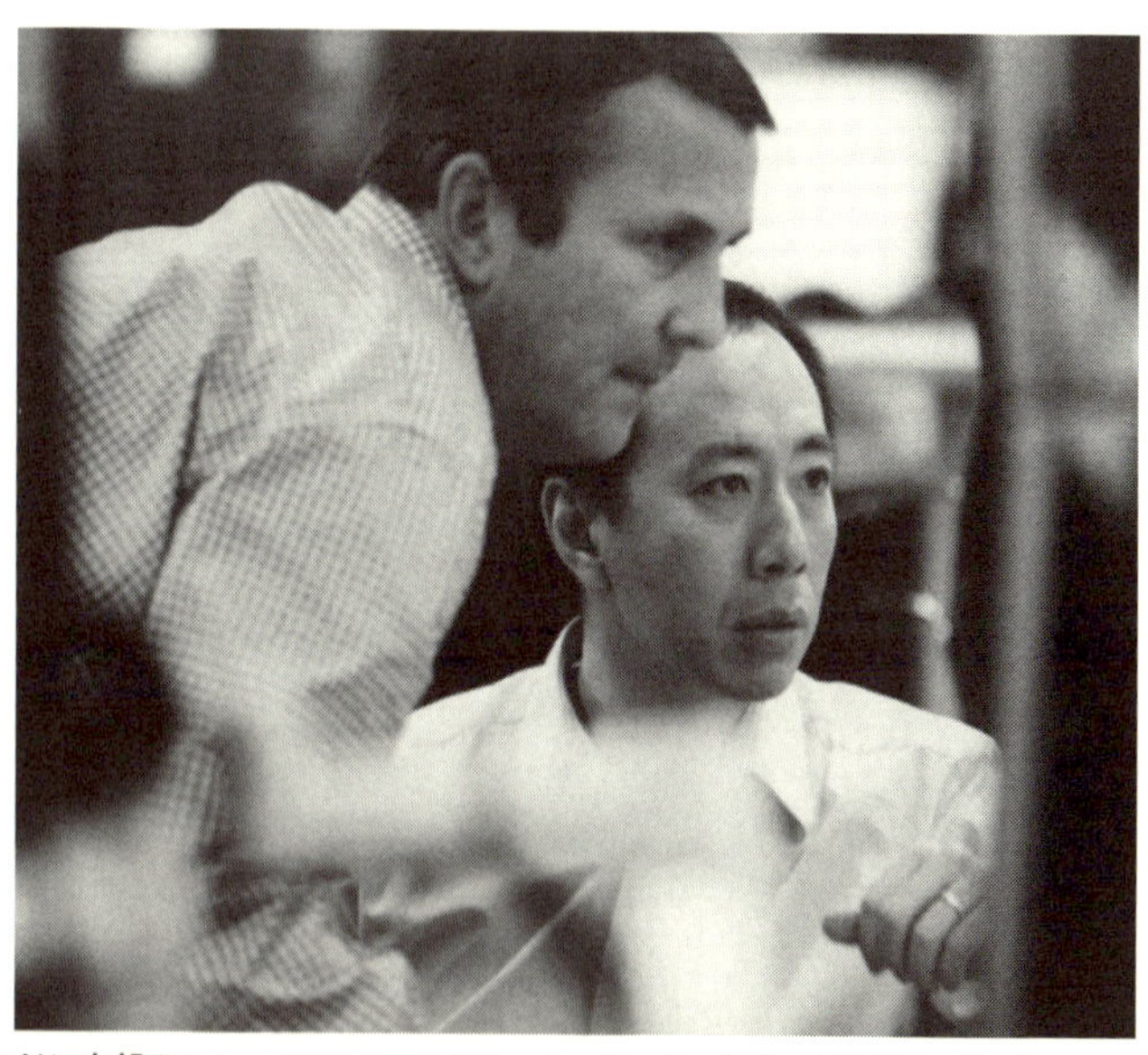

ロンドン本部のトレードフロアでのティム・ウォン（右）（2011年レポート・アンド・アカウントよりマイケル・オーステン提供）

女優のキャサリン・ヘプバーンは、たぐいまれなダンスペアとして知られるフレッド・アステアとジンジャー・ロジャースがスクリーンをなめらかに横切る様子を見て、「アステアがロジャースに品格を与え、ロジャースがアステアに男性的魅力を与えている」と、二人の相性の良さについて語ったそうだ。

二〇一〇年、マン・グループがGLGパートナーズを買収したが、この一大買収のペアはアステアとロジャースに似ていた。六九〇億ドルの資産を持つ世界最大のヘッジファンド組織が出来上がったこのとき、お互いがその会社独自の個性を持ち込んだからである。マン・グループはかなり保守的で、株主は価格の変動を細かく記録する実務的なクオンツを雇って、長期トレンドから忍耐強く利益を得るタイプだった。GLGパートナーズは投資の権威者が多く、合計三〇〇億ドルの資産を持っていて、スターを称賛する社風だった。「品格と男性的魅力」とは少し違うかもしれないが、「強靱さと華やかさ」とか「根気と活気」のあるペアといったところだろう。

一七八三年、マン・グループは樽製造者のジェームズ・マンによって創設され、砂糖の仲介業者として始まった。そして英国王室海軍にラム酒を提供する契約を勝ち取り、最初の大きなビジネスチャンスを得た（この軍の水兵たちは一九七〇年まで毎日一杯のラム酒を伝統的に飲んでおり、マンはその間ずっと契約を維持していた）。長い時を経て、商品全般をトレードするED&F・マンに発展し（ED&F・マンは独立して今でも事業を展開している）、その後、マネージドフューチャーズのトレード業者やファンド・オブ・ファンズの事業を次々に獲得していった。そして、ニューヨークのミント・インベストメント・マネジメントを買収して、ヘッジファンドとの最初の合併を果たし、創業二〇〇周年を祝った。一九八〇年代の後半には、一〇億ドル以上の資産を誇る企業に成長していた。

マンの旗艦ファンドは、二三六億ドルの運用資産を持つＡＨＬである。ＡＨＬはマイケル・アダムとデビッド・ハーディング、そしてマーティン・ルーイックなど、オックスフォード大学やケンブリッジ大学で物理学を研究したアナリストたちによって立ち上げられたが、一九九四年にマンに売り渡された。ＡＨＬは長期トレンドの研究に熱心で一九九六年三月～二〇一〇年九月の間に年率リターン一六・七％を記録した。しかし、二〇一一年にマン・グループのＣＥＯ（最高経営責任者）であるピーター・クラークがインスティテューショナル・インベスター誌に対して答えたように、「顧客は、特にアジアの顧客は、裁量で運用するシングルマネジャーを求めていた」のだ。

一方で、ＧＬＧにはそのようなシングルマネジャーが二〇人以上いた。一九九五年九月、ノーム・ゴッテスマンとピエール・ラグランジュ、そしてジョナサン・グリーンら元ゴールドマン・サックスの個人投資家部門の幹部たち三人が集まり、ＧＬＧが設立されると、すぐさま二〇〇人もの一流ファンドマネジャーが集まった。各マネジャーには独自の戦略を追求する自由が与えられていた。ＧＬＧは著しい成長を遂げて利益を生み出し、数々の栄冠や賞に輝くなど、非常に大きな成功を収めた。しかし、スターの力に頼るＧＬＧのシステムでは、安定性を欠くことが証明された――数年前のことだが、大きな成功を収めていたグレッグ・コフィーが会社を去ると、数十億ドルという規模の流出が起こってしまったのだ。

マンとＧＬＧはニーズと資産の面で互いに利害が一致し、二〇〇八年に合併の交渉を始めた。金融危機の混乱で一度は話し合いが停滞したものの、金融危機の余波に対して新たな切迫感を持った両者は、話し合いを再開した。二〇〇八年にはプラスの収益だったＡＨＬも、二〇〇九年にはマイナス一七％となり、二〇一〇年になってもハイ・ウォーターマーク（基準価額の最高値）を三・七％下回っていた。それがマンの手数料にまで悪影響を及ぼし、二〇一〇年三月に獲得した手数料は前年の三億五八〇〇億ドルから九七〇〇万ドルにまで下落してしまった。さらに、バーナード・マドフによる金融詐欺が破綻したことで、ＲＭＦというマンのファンド・オブ・ファンズ事業が三億六〇〇〇万ドルの損失を出した。同じように、ほかの戦略も大きな損害を被った。

このような損失を受けて、マンのＣＥＯであるピーター・クラークは新たな資産を探し始めた。まず打診したのがＧＬＧで、ＧＬＧのほうも話に興味を示してくれた。ちょうどそのころ、二〇〇八年のマーケットの混乱と人気トレーダーのコフィーの離脱が相まってＧＬＧの株価は暴落し、運用資産額も一七三億ドルにまで下がっていた。さらに、シティグループと五億七〇〇〇万ドルのローン契約をする危機に陥っている、という報道まで流れていた。株価はすぐに持ち直したが、まだその傷跡が癒えないでいるときに、マンのクラークから打診があったのだ。両者にとって、自分の会社が抱えている問題に対処できるだけでなく、魅力的な相乗効果を約束してくれるパートナーが見つかったというわけだ。世界初の一〇〇〇億ドルヘッジファンドになるという魅力的な話に背を向けるのは難しく、やがて買収が発表された。

しかし、縁組には問題が付き物である。このペアの場合、それぞれが独自の慣習や性質、そして特異性を持っていた。一七八三年創業のマン・グループは保守的で組織的な会社で、ロンドンに構える由緒あるシュガー・クエイのビルでシステムに基づいたブラックボックスの運用を行っている。一方で、一九九五年創業のGLGは個人主義で属人的な運用を行い、企業家精神にあふれている。スターを称賛する組織で、服装はジーンズ、そしてしゃれたメイフェアを拠点に事業を展開している。インスティテューショナル・インベスター誌が有名な喜劇にちなんで「おかしな二人」と呼んだのもうなずける。

しかし、この喜劇の主人公のフェリックス・アンガーやオスカー・マディソンには、マンとGLGのペアほどの期待はかけられていなかっただろう。新しく誕生したマン・グループでは、クオンツたちが投資界の権威者たちのために新しいファンドを企画設計しており、資産一〇〇〇億ドルを超える初のヘッジファンドになるのでは、と期待されている。さらに、もしもこのヘッジファンドがアナリストの予測どおりに成長を続け、そして成功している大型ファンドがその規模を利用して新たな資産を引き寄せることができれば、それほど遠くない将来、マン・

グループは二〇〇〇億ドルの大台にまで到達する可能性があるのでは、と観測筋は予測している。

マン・グループ主要幹部となったティム・ウォン（AHLのCEO）とピエール・ラグランジュ（GLGの共同創業者の一人）は、ここに至るまでに異なる経歴をたどってきた。しかし現在はヨーロッパで最大の、そして最も複雑化したヘッジファンドを運営するために、手を取り合って協力している。

エンジニアのティム・ウォン

香港で育ち、金融分野の専門教育を受けたわけではないが、家族や近隣の住民の多くが何らかの賭けをしていた、と昔を振り返りながら語るのはティム・ウォンである。「父は株式市場よりも競馬の成績のほうが良かったかもしれない」と笑う。いずれにせよ、トレンドや確率、そしてリスクや勝敗などについて、若いころから知識として持っていたのだろう。頭脳明晰だったウォンはオックスフォード大学でエンジニアリングを学ぶために香港を去ったが、まだ何学科を専攻するかまでは決めていなかった。しかし、学部生時代にどんどん金融の世界に引き込まれていく。

卒業が近づいたころ、ウォンは新聞に掲載されていたひとつの採用広告を目にした。「たしか、縦横各四センチ弱くらいの小さい広告だった。企業名は伏せてあり、『ダイナミックな事業に興味があり、科学知識を持っていて、市場価値が好きな人はぜひ応募を』と書いてあったんだ。ほかにも広告はあったと思うが、私の目にとまったのはそれだった。応募してみると、その会社はＡＨＬだった。面接に行ってからは、もう後戻りすることはなかったね」

株式市場で働いた経験もなければ株式市場ついて教育を受けたこともない。そんなウォンだが二〇〇一年にＡＨＬのＣＥＯになってもひるむことはなかった。「ＡＨＬはシステムを使うことがすべてだった。システムについてなら勉強していたし、よく知っていた。プログラムを書く方法も知っていたし、データの分析方法やモデルの構築方法も知っていた。それ以外の知らないことは、学べばよかった。実は、金融業界に入る最高の道だったんだ」。ウォンは今、エンジニアリングを勉強しておいて良かったと感じていると言う。「学校では作り方は何も教えてくれない。でも、考え方は教えてくれる」とクスクス笑いながら語る。

ＡＨＬに入って最初の数年間は、実践的な経験を積んだ。データやトレードシグナルをマーケットにより素早く（数分ごとという、当時としてはとても速いスピードで）伝達することができるプログラムを書くなどした。ウォンはこの初期の経験から二つのことを学んだと強調する。

第一はチームワークだ。「私たちはとても団結力が強く、アイデアを共有したり、お互いを助け合ったりしていた。人数はそれほど多くなく、おそらく各チーム一〇人ほどだったと思う。

会社全体で三〇チームもなかっただろう。だが互いによく助け合っていた。そのような社風は今でも残っている。みんな、いつでも手を差し伸べる準備ができている」

「理由は分からないが、どういうわけか恐怖心をまったく持っていなかった」。それが第二の学びだったと言う。「やらなければいけないことは必ずやり遂げることができると、全員がなぜだか信じていた。締め切りがあっても問題ない。私たちは極端な楽観主義者だったんだ。だから、仮に失敗してもあまり気にしなかった。挑戦しては失敗し、また挑戦しては失敗し、そしてまた挑戦しては失敗する。それでもみんな楽観的で、何かを発見するのは時間の問題だと信じていたんだ」。たとえ三年の時を費やして、これまで挑戦してきたことが成し遂げられないという事実しか分からなかったとしても、それで良いのだとウォンは言う——それはそれで、何かを学んだのだから。「それまでやってきたことは、とても良い経験になる。なぜなら、何ができて何ができないか、ということに気がつくから。最初の就職先が自分たちの能力について信じられないほど楽観主義でいられる環境だったことは、私にとってとても幸運だった」。

しかし、AHLのような企業で、そのような姿勢を貫くのは簡単なことではないと言う。

ウォンの肩書は資産運用会社のCEOだが、自分自身では今でもエンジニアだと思っている。「私はとても現実的な人間だ。例えば、一つのモデルについて考えるとき、そのモデルが良い結果を残している理由である背景の理由には興味がない。私が興味を抱くのはその結果のほうで、それをどのように実践でも再現するか、ということである。純粋で知性的なアルファの追求だって？　私のやっていることはまったく違う。私はいつも、きちんとした数学知識を持った人たちを怒らせてしまうんだ。例えば、リスク要因を計算に入れなければいけないときなど、数学に詳しい人たちは二・三にするか二・四にするかと議論しているのに、私は、いいじゃないか、三にすれば、と言ってしまう。きちんと機能すれば十分だと思っているのでね」

システマティックな運用について、ほとんどの人が理解していない点がひとつある、とウォンは言う。それは、長期的な潜在利益がある代わりに、短期的には変動や損失の可能性があるということである。「われわれは長期にわたる結果を重要視している。トレンドはあなたの友人だ、と繰り返し言うのはそのためなのだ」

「仮にマクロトレーダーで大体二〇のポジションを持っていたら、間違えてもよいのは最悪でも二～三のポジションまでだ。実際には、統計的なモデルに基づいて何百という数のポジションを建てているだろう。つまり、多くのポジションが間違っているということだ。しかし長期的には、間違ったポジションよりも正しいポジションのほうが多くなる」。その言葉を証明するかのように、一九九〇年以降、AHLのトータルリターンは一〇〇〇％を上回っている。

それでも、AHLが無敵というわけではけっしてない。金融危機による乱高下とFRB（連邦準備制度理事会）の資金供給の影響には脆弱だった。それに対応するために、AHLは「現在のマクロ環境でより良い対応ができるように設計された、コンピューター化されたトレードモデルを数多く開発した」とウォンは語る。昨年は、ファンドが一五％回復してこの考え方が正しかったことが実証された。そこで、ウォンは二〇一〇年の二二六億ドルの規模を超えるような「さらなる成長」を期待していると言う。

「自分の運用のリスクをよく理解して、過剰に反応しないことがとても重要だと思う」とウォンは言う。「多くの人が運用に失敗してしまったのは、マーケットがどうしてそのような動きをしているのかを投資家に説明することができなかったか、あるいは根本的な運用内容を変更したが損失は回復せずにパフォーマンスを好転させられなかったか、そのどちらかの理由がある。わが社が優れているのはまさにその点なのだ――つまり、会社が生み出した業績についてよく理解し、さらにボラティリティやリスクについてもよく理解している」

ウォンはAHLに仲間入りした当初、当時の調査部門トップのデビッド・ハイトンの下で働いていた。ある日、一九九一～九九年の間にAHLがS&Pのポジションで毎年損失を出していることに驚きを示すと、ハイトンはただ肩をすくめたそうだ。「ポートフォリオに何百もの異なるマーケットを組み込んでいるんだから、一つのマーケットで何年も続けて損失が出たからって、それほど驚くことではない」。重要なのは長期トレンドを知ること、というわけだ。「投資ビジネスというのは、長期的に自分の勝率を高めていくことなんだ」。AHLが初めてファンドを香港で売り始めたとき、香港の投資家はマーケットの変動に対してあまり忍耐強くなかったことをウォンは覚えている。「どの投資家も、最初の一年で四〇%の利益をもたらしてくれるようなファンドを望んでいた。AHLに三～五年間ほど資金を預け、平均一六～一七%の利益を手に入れるというやり方には、懐疑的だったんだ。われわれの成績を証拠として見ているにもかかわらずね。三～四年ほど我慢強く努力し続けた結果、ようやく投資家たちはわれわれに任せてみようかという気になってくれた」。今や香港は、ＡＨＬが最も成功している投資マーケットのひとつになっている。

「ほとんどのトレーダーは、優れた勝負師になってルーレットで勝ってやろうと考える」とウォンは言う。「私だったら、カジノを経営してルーレットを所有しているほうがいい。毎日、だれかが賭けをしてはわれわれに勝つ。大勢が勝つこともあるだろう。カジノだって、負ける夜や負ける週がある。だが、ルーレットを繰り返し回しているうちに、われわれが勝つときがくる。それは統計的にカジノが勝つように作られているからだ」。この勝つ確率を高めることが、ヘッジファンドの最も重要な仕事なのだとウォンは語る。

「賭け事でも投資でも、勝つためには賭け金を出す必要があると私の上司はよく言っていた。そして賭け金を出すには、チップ、つまり資金が残っていなければならない。チップをすべて失えば、そこでゲームオーバーだ。だから、実はわれわれの仕事のなかで最も重要なことがリスクマネジメントだと言える。この事業では、資金の一〇〇％失わなくても、四〇～五〇％失ったところでゲームオーバーになってしまうかもしれない。チップをいかに守るか、そこが腕の見せ所なのだ」

ＧＬＧと合併するにあたり、社風の違いから衝突が起こることを心配したそうだが、その心配はすぐに消えたと言う。「いろいろな人に話を聞いてみたら、AHLもGLGも、物の考え方はよく似ているということが分かったんだ。どちらも結果を重視し、そして良い業績を残したいと思っている」。GLGのほうも、古いマン・グループの支持者であるAHLについて持っていた先入観を捨てたに違いない、とウォンは言う。「AHLのことを、型にはまっているとか、ロボットのような社員を持つブラックボックス組織だとか言う人は多い。しかし突き詰めていけば、ここには人間味あふれる社員がたくさんいることが分かるはずだ」

AHLで働き始めてから実に多くのことが変わった、とウォンは回想する。「以前は五〇ほどのマーケットをトレードしていた。それが今は二〇〇以上だ。当時は、ヨーロッパとアメリカ合衆国の融合が今ほど進んでいなかった。ところが最近の先進国市場、あるいはG7参加国のマーケットの間にある相関関係を見てみると、以前よりもずっとその結びつきが強くなっている。つまり、そのような相関関係が少ないポジションを持ちたいと思ったら、ほかを探す必要があるということだ」。AHLは韓国、台湾、シンガポール、ブラジル、そして南アフリカなどの国々で早くからトレードを始めた。最初のころは、コストもかかり難易度も高かったが、それだけの価値があると考えたのだ。「こういったマーケットは先進国と比べて相関関係がずっと少ないので、ある意味、分散化が可能になる」

ウォンが大きな目標のひとつに掲げているのが、AHLと学界を密接な関係にすることである。「学術機関とより密接な関係を持てれば、雇用もスムーズになるし、学問や研究の最新情報を得ることもできる。さらに、実際に利益を生み出せるような、新しいアイデアを得ることだってあるかもしれない」

いろいろと模索した結果、明確な協力計画を持っていたオックスフォード大学にAHLは注目した。その結果生まれたのが、オックスフォード・マン・インスティテュート・オブ・クオンティテイティブ・ファイナンスである。「オックスフォード大学は、われわれのために学部をまるごと提供してくれた」とウォンは言う。「学内のオフィスにはパートナーと呼ばれる人が常駐し、ほかにもAHLの人間が十数人ほど、日常的にオックスフォードの学者たち五〇人ほどと交流している。本当に素晴らしい組み合わせだ――学者は問題を解決したがるものだし、われわれ企業側は会社の問題を解決してくれと人に頼みたがるものだから」。マン・グループはこの冒険的事業に一三〇〇万ポンドを提供しているが、それだけの投資価値があったとウォンは確信している。「金融サービス業界、および銀行やヘッジファンドには悪いイメージがまとわりついている。これでマンが社会に恩返しをしていることを示すことができる。この事業はあらゆる面で成功している」

稼ぎ頭のピエール・ラグランジュ

ピエール・ラグランジュはベルギー生まれで、イギリスで最も裕福な人物の一人に数えられる。五〇歳（本書の執筆時）という年齢ながらも、長髪とクラシックロックに傾倒したカジュアルないでたちだ。そして今にもギターケースからギターを取り出して、ニューヨークにある有名なハマースタイン・ボールルームのステージで力強い和音を奏で始めそうな雰囲気である。しかし、実際はヘッジファンド事業を率いる成功者で、この先も数十年は富と影響力を増していくと思われる人物なのである。

「私はこの仕事をとても気に入っていてね」とラグランジュは口を開く。「ほかの人が見落とした投資を見つけるのが好きなんだ。聡明な人たちと心ゆくまで議論をしたり、自分の意見を述べたり、無名の企業について調べてみたり、あるいは企業の国に合った最高のマクロ投資の手段を発見することが大好きなんだ。大嫌いなのは、『ノー』という答えを聞くことさ」

偶然にも、ウォンと同じように、ラグランジュもエンジニアリングの研究から投資の世界に入っている。ラグランジュはブリュッセル自由大学のソルベー・ブリュッセル校で環境工学を学んだ。多くの若者がそうであるように、当時はその学位で何をしたいか分からずにいた。しかし、そんなときにニューヨークで行われるJ・P・モルガンの六カ月にわたる研修プログラムに参加しないかと誘われたので、その話に飛びついた。

こうしてラグランジュは初めて投資の世界に足を踏み入れ、そしてこの世界に熱中した。「たぐいまれな研修プログラムを持っている素晴らしい銀行だった」と、J・P・モルガンについて思い出す。まずは通貨関係から研修を始めた。大学の学位しか持たずに参加したのはわずか

ロンドン本部の重役会議室でのピエール・ラグランジュ（2011年レポート・アンド・アカウントよりマイケル・オーステン提供）

数人のみだったが、財務関係の研修も受けた。最初の研修プログラムが終了したのちもラグランジュはモルガンに残ったが、やがてほかの機会を模索し始めた。「ロンドンにいたかったのと、株式トレードをやってみたかったからなんだ」

ラグランジュはゴールドマン・サックスに入社し、そこで天職を見つけた。一九九五年で、次に彼が動いたのは一九九九年で、ノーム・ゴッテスマンとジョナサン・グリーンとともにへッジファンドを創設したときだった。それがGLGである。「異なる経歴や考え方の人々を一緒に働かせることで、ほかの人には見えない何かを見ることができるかもしれない。そういう投資哲学をわれわれは持っていた」と彼は言う。哲学がこれほどまでに完璧に実践された例はほとんどない。GLGがマンと合併をするころには、巨大投資銀行から引き抜かれた優秀なトレーダーたちが集まり、三〇〇億ドル以上もの資金を運用するマルチストラテジーのファンドになっていた。

ラグランジュ曰く、「マンは、傘下の企業や既存のファンドのために、アクティブ運用を行う資産運用会社を探すことにした。これは賢い策だ。以前にもマンはこれを試みたが失敗している。販社を必要としていたGLGはちょうど理想的な合併相手になった」。GLGのほうも以前、アメリカで営業基盤を築こうとしたが失敗している。だから、マンの専門性は有益だったのだ。「その問題さえ解決できれば、何も怖い物なしだったのさ」

マンはGLGの事業を理解して敬意を示してくれている、とラグランジュは言う。「GLGが持っているものを築き上げるのにどれほどの努力が必要か、それをマンは本当によく理解している。マンとGLGは、まったく同じことを目標にしているんだ」。ほかの買収側企業とは異なり、マンは事業を前に進めるためには経歴に関係なく最高の人材を選択していくという考え方を持っていた。「これはとても勇気のいる行動だ」と語るラグランジュは、自分もその考え方に影響を受けた一人だと加える。「マンには、私よりも多くの資金を運用している人がたくさんいる。それがあるべき姿なのだ。私が一生かかっても得られない手腕を、彼らは持っているのだから」

合併によって、GLGのファンドマネジャーは運用に集中することができるようになった、とラグランジュは考えている。「われわれは投資マネジメントには長けているが、企業経営という点ではおそらく最高とは言えず、営業活動にも集中していなかった。それをするには大量の資金が必要になるところだった」

ラグランジュ自身も、この新たな協定を反映する良い見本となっている。マンの執行委員会の一員として名を連ねるが、それは自身の考え方を示すためであって、事業を運営するためではない。おかげでヨーロッパ戦略を中心とした二〇億ドルのファンドを運用することに力を注ぐことができる。「最大運用許容量に達すると追加設定がクローズされてしまう四〇の比較的小さなファンドの集まり」と呼ばれてきたGLGだが、活力を適切な場所に集中させることで、マン・グループの一部として今後数年間のうちに五〇〇億ドルを運用することができるようになる。ラグランジュも、「とてもうまくいっている」と言う。

GLGは「スタートレーダーの集団」を生み出して名声を高めた。一流投資銀行から最高のプロップトレーダーを引き抜くことに成功したのは、トレーダーに独自の戦略を使う自由を与えたからである。「正しい答えを得るための方法はいくつもある。わが社には本当に賢い人材が大勢いる。そういう人間のやり方を標準化したくはない。反対に、標準化したいのは結果のほうだ。正しい結果にたどり着く過程はどうでもいい」

しかしスター集団だからといって、チームワークや投資プロセスといったことがおろそかにされているわけではない。トレーダーたちは最初こそ自主性に魅力を感じるが、すでに地位を築いているほかのエリートたちと働くという大きな機会に恵まれる。どういうわけか、スター集団のスター同士はもめ事を起こさない。「他人に与えたり他人から与えられたりという能力には、とてつもない可能性がある」とラグランジュは言う。この精神が浸透すれば、いろいろなことが楽にできるようになる。「トレーダー同士が情報や資源などを奪い合うのではなく、共有するようになる。マネジャーとしての強みを生かしてやりながら、弱点を補ってやる。苦手なことがあっても、ほかのマネジャーが代わりにやってくれる。それは、使用した資本に対するリターンを見られているからだ。われわれ会社側は、人的資本に対するリターンという観点からトレーダーを管理している」

また、プロセスも重視している。ポートフォリオマネジャーには自由が与えられているが、トレードの結果は二種類の審査基準にかけられる。時間をかけて分析し、マネジャーに質問をしたり彼らの信念を確認する。これをすると、「だれが正しい観点を持っているかが分かる」と、ラグランジュは言う。次に、ポートフォリオの内容をじっくりと見る。二週間に一回、ラグランジュはリスクマネジャーと一緒に、マネジャーがどこで利益を出してどこで損失を出したかを評価する。各トレーダーにはリスクバジェッティングのための枠が与えられていて、それぞれが適当と思うときに自由に使うことができるのだが、それがなぜ、そしてどれほど効果的に使われているか、という点に注目して評価する。「二〇％の利益を得るために八〇％のリスク予算を使ったり、あるいはその逆もよくある。ポートフォリオを見ることで、われわれは彼らのトレードが上達するように背中を押しているのさ」

また、GLGはポートフォリオの全体像を常に見ることを強く勧めている。「ひとつのアイデアがポートフォリオ全体をどう変えるか？　機会がひとつ訪れるとそれに興奮してしまいがちだが、物事を全体像で見て、それがポートフォリオの水準をどのように変えるかを考える必要がある。利益性に影響はあるか？　ボラティリティを高めることにはならないか？　売り上げの増加や利益の改善があり、多様な拡張、そして貸借対照表（バランスシート）の最適化などを行っている、聖杯をもたらしてくれるような会社だろうか？　これらすべてに青信号が出ているような会社を探さなければならない」

GLGは将来を見据えて、中国の銀行株を保有し、自動車メーカーのポジションを増やそうと考えている。実は、この二つの戦略には関係がある。

多くの市場観察者が中国の銀行に対して懸念を示しているが、ラグランジュは反対意見を持っている。「引当金の額を見て怖がるのは簡単なことだろう。ほとんどのエマージングマーケットでは、負債の引当金がずっと高くなる。しかし、負債の帳簿を実際に見ないままに、絶対的な引当金の大きさだけに注目するのは、とても短絡的ではないだろうか。この地域に見られる経済成長に注目しなければいけない。実際、中国の成長は今後も続いていくと思われる」

多くの投資家が中国に対して弱気で、中国における人口増加や経済成長が国内の建設量に見合っているかを疑い始めている。このことをラグランジュは歓迎している。「疑うのは自然なことだ」と彼は言う。「みんなが疑うのは良いことだと思う。みんなが幸せで強気で満足した状態になっているほうが、とても危険だからだ」

ＧＬＧは合併前からすでにアジアで存在感を強めていた。現在、ラグランジュは新たな機会を探しに六週間に一回ほど中国を訪れては、資金運用会社やクライアントとの会合を持っている。そして、現地で直接情報を得て実際に管理することの重要性を感じていると言う。マン・グループは現在、アジア地域でトレードができる環境を整え、一〇〇人ほどの人材を抱えている。これが会社に大きな優位性（エッジ）を与えるとラグランジュは考える。「この業界におけるインフラストラクチャーの価値を過小評価してはいけない。そして、経済成長という観点から見ても、中国を過小評価することはできない。景気循環という観点は大きすぎるかもしれないが、構造という観点ならば、中国はまだ思春期の子供にすぎない。この中国という子供は、これからも成長し続ける。欧米市場はこれに当てはまらない。欧米市場はもっと成熟した人間ということになる」

ラグランジュは自動車を一例として挙げる。「われわれの調査によると、一つの家庭が一台の車を買うには、税金を支払ったあとに三〇〇〇ドルほどの手取り収入がなければならない。

中国では、この水準に達する人口が倍増している。ぜいたく品を買い始めるのに必要な手取り収入は一万ドルだ。今後五年間に、この水準に達する人口は三倍になるだろう。投資機会とは、こういった分析をして見つけていくものだ」

「投資という事業で失敗するのは犯罪ではない。しかし、素早くその失敗に気がつき、最初に下した判断を覆すような、決断力のある行動を取る必要がある」とラグランジュは語る。例えば、ＧＬＧはまだ歴史の浅い石油会社数社の株を保有していたことがある。負債の水準が低く財政難に陥る心配はない、という誤った推測をしていたからである。「だが実は、すぐには何の現金にもならないような長期プロジェクトにかかわっていた。だから必要に迫られて、株式市場に参入して資金を調達していたのだ。二〇〇八年一〇月にマーケットが基本的に閉鎖されてしまうと、この投資のリスクの高さが明らかになった。できるだけ早く手を引かなければならなかったのだ」

マンとＧＬＧの合併を受けて、マンのＣＥＯのクラークは、初めて一〇〇〇億ドル規模に届くヘッジファンドが誕生するだろうと予測したが、これについてラグランジュは明言を避けた。その可能性は否定しなかったが、「決まった数字を目標にしているということはけっしてない」と説明する。そして、マン・グループは「一五〇〇億ドルや七〇〇億ドルという資金を持つ一つの大きなヘッジファンドではなく、ロングオンリーのファンドを含む五〇の異なるファンドの集まりである」ことを強調する。この企業はエリート集団で、自立したマネジャーを抱えている。そして今もまだ成長する可能性がある、という意識を陰ながらに持っているようだ。

マンとGLGが合併したとき、シュガー・クエイとメイフェアのどちらにオフィスを構えるか、という問題があったが、これは二〇一一年七月にきれいに片が付いた。マン・グループがロンドンのテムズ川の岸に位置するスワン・レーン二番地に本社を移動させたからである。長期戦略として二〇年のリース契約を交わしている。

第3章　ジョン・ポールソン
――リスクアービトラジャー

The Risk Arbitrageur -- John Paulson, Paulson & Co.

「どんなマーケットでも、常に正しいものなど何もない」――ジョン・ポールソン（2011年5月の中間投資家会議より）

2008年11月13日、米議会で行われた「ヘッジファンドと金融マーケット」に関する公聴会でのジョージ・ソロス（左）、ジェームズ・シモンズ（中）、ジョン・ポールソン（ダニエル・ローゼンバウム、ニューヨーク・タイムズ、リダックス提供）

ヘッジファンドマネジャーのジョン・ポールソンは、二〇〇八年一一月一三日、政府改革委員会で発言するために、ニューヨークからワシントンの議会へと出向いた。数多くの銀行や団体が崩壊の危機に直面するなか、ポールソンは金融危機の真っただ中で複雑なトレードをいくつも成功させて富を築いた。なかでも、金融史に残る最高のトレードだと称賛されるトレードがあった――二〇〇七年末までに一五〇億ドルという記録的な利益をもたらしたトレードである。このトレードを見たアメリカの連邦議会は、ヘッジファンドが金融市場にもたらしたシステミックリスクについてポールソンから意見を聞き、そして規制や税制改革に対する彼の提案に耳を傾ける機会を設けることにしたのである。

前の年に最高の業績を残した人物は間違いなくポールソンであったが、その日、議会に呼び出されたのはポールソンだけではなかった。サブプライムで利益を得たフィリップ・ファルコーン、ソロス・ファンド・マネジメントを率いるジョージ・ソロス、ルネッサンス・キャピタルのジム・シモンズ、シタデルのケン・グリフィン――いずれも業界の伝説的人物であるとともに億万長者である。こういった巨匠たちそれぞれが議会で意見を述べる機会を与えられたのだが、やがてポールソンの番になると、議会にいた全員が、そしてもちろん金融業界全体がその発言に興味津々に耳を傾けた――ポールソンの発言はCNBC、ブルームバーグ、そして議会を中継しているCスパンで生中継されていたのだ。

彼はまず、落ち着きと平静を保った態度で、黒っぽい縁のメガネを通してヘンリー・ワックスマンをのぞき込みながら「ワックスマン委員長」と言った。ワックスマンはカリフォルニア出身の民主党のリベラル派下院議員で、この聴聞会の議長を務めていた。そして、「アメリカの金融システムが抱える問題は、その支払い能力にあります。全般的に金融機関は資本不足にあり、有形の株主資本をもってしても借り入れが多く、悪化状態にある貸借対照表（バランスシート）を支えるには不十分なのです」。静寂に包まれた部屋で、出席者はその一言一言をじっと聞いていた。「驚いたことに、アメリカの一〇大銀行の有形の株主資本の平均は、有形資産の総計のわずか三・四％です――レバレッジは三〇％になります。この問題を解決するには、民間および政府が資本を集め、銀行のバランスシートを強化する必要があります」

ポールソンにとって、議会で意見を述べるのは簡単なことではなかった。自分の成功を正当化するために呼び出されるのはいやだったのだ。一五年間、この業界でイベント取引に注目してきた。たまたま、二〇〇八年の金融危機が大恐慌以来としては最大のイベント投資になったというだけなのだ。

ポールソンはまず、自分の経歴を大まかに語り始めた――一九七八年にニューヨーク大学を最優秀の成績で卒業し、一九八〇年にはハーバード・ビジネス・スクールで成績上位五％にしか与えられないベーカー・スカラーの称号を与えられ、その後、ベア・スターンズでM&A部門の部長として働いた。一九九四年に独立してヘッジファンドを設立し、それが二〇〇八年には世界で第四位の規模のファンドに成長していた。続いて、どのように一五〇億ドルのトレードを成功させたかについて話し始めた。それによると二〇〇五年に、ポールソンと仲間たちは、与信の引き受け業務の審査基準が甘いこと、そして与信に間違った価格が付けられていると考えた金融機関の間で過剰なレバレッジが使われていることについて、心配するようになったのだと言う。「金融マーケットにおけるリスクからわが社の投資家を守ろうと思い、与信の引き受け業務の審査基準が甘く価値が下がると考えた債券に対して、クレジット・デフォルト・スワップ（CDS）を買って防衛策を講じた。クレジットスプレッドが広がり、これらの債券の価値が下がり始めたので、投資家に大きな利益がもたらされた」

ポールソンはまるでそれが言葉どおりに簡単であるかのように説明した。たしかに、ポールソンにとっては、簡単なことだったのだろう。

ポールソンは、金融恐慌を抜け出すために政府が講じることのできる策をいくつか提案して、発言を終えた。その筆頭はウォール・ストリート・ジャーナル紙の論説で彼が紹介したばかりの案で、政府が「厳選された金融機関の上位優先株を買うことで、納税者に最大の保護を提供する」という内容だった。政府の不良資産救済プログラム（TARP）はこの論説に従い、優先株を中心に購入するように再設定された。ジョン・ポールソンが口を開けば、人々は彼の話に耳を傾けるのだ。

リスクアービトラジャーとしての素質

筆者がジョン・ポールソンと対談をしたのは四月のある日の午後だった。彼の周りに友人や投資家だけでなくいろいろな人が集まってくる理由が、一緒に座っているとよく分かる。ポールソンは金融界の申し子であることに間違いないが、それだけではなく社交性も非常に高い。近くにいると安心感があり、結果として人は彼を信頼するようになる。

1251アベニュー・オブ・ジ・アメリカズというビルの五〇階にある豪華なクリーム色のカーペットが敷かれた細長い部屋のなかで、対談は行われた。そこからは超高層ビルに囲まれたミッドタウンのスカイラインを見下ろすことができ、私たちはダイエットコークを飲みながら気軽に会話を交わしていた。ポールソンはかなりくつろいでいる様子だ。五五歳にして走ることが好きという言葉を裏付けるように、健康的でわずかに日に焼けている。

「私の仕事について、少しだけ話そう。私は自分のことをリスクアービトラジャーだと思っているんだ」とポールソンは語り始めた。一九九四年にアナリスト一人と受付係一人、そして資金は二〇〇万ドルほどという小規模ファンドとしてスタートしたポールソン・アンド・カンパニーだったが、そのポートフォリオは二〇一一年六月の時点で三八一億ドルという巨額に膨れあがり、五一人もの投資専門家を抱えるまでに成長した。アブソリュート・リターン（AR）というヘッジファンドの専門誌が発表したランキングによると、ポールソン・アンド・カンパニーは現在世界で四番目に大きなヘッジファンドに位置付けられている。ポートフォリオには六五億ドルのポールソン・マージャー・ファンド、九七〇億ドルのクレジット・オポチュニティーズ、三〇億ドルのリカバリー・ファンド、一一億ドルのゴールド・ファンド、そして一七九億ドルのアドバンテージ・ファンドがある。

ポールソン・アンド・カンパニーは三種類のイベントアービトラージ――合併、倒産、そして企業のリストラやスピンオフや株価に影響を与えるような長引く訴訟――を専門にしている。

合併アービトラージの場合、ポールソンは独自の調査を行って他社からの入札がありそうな取引に注目する。そしてポートフォリオをその取引に合わせていく。ほかのファンドがそうであるようにポールソンも、ボラティリティが低く、そして株式市場全体との相関関係を低く保ちながら平均以上のリターンを得ることができるようなファンドを目標としている。一九九四年以来、ポールソンのファンドはS&P五〇〇との相関関係を〇・〇七%にとどめている。

アービトラージの機会を見つけるのに科学的知識は必要ない。事実、ポールソンは大衆と同じように、ウォール・ストリート・ジャーナル紙の一面を見て大きな合併や破産申告について知ることが多いという。それでも競合会社よりも優位に立てるのは、潜在的なリターンと取引にまつわるさまざまなリスクの両方を評価できる能力と特別な専門知識を持っているからこそ、とポールソンは自負している。「スプレッドからリターンを計算するのはとても簡単だが、取引がダメになったときのリスクを計算するのはそう簡単ではない。資金繰りのリスクや法的リスク、それ以外にも規制にまつわるリスクなど多くのリスクがあるからだ」

企業の動きに関するニュースはほかにもあるが、ポールソンはより大きなトレードを見つけるために、表面に見えること以外の点にも注目している。例えば、二〇一〇年夏にメキシコ湾に大きな被害をもたらしたマコンド油井での原油流出事件を例に挙げる。この事件でBP、アナダルコ・ペトロリアム・コーポレーション、そして海洋掘削の請負会社トランスオーシャンの株価が下落した。「これらの株価の下落は、彼らの責任の限度を超えてしまったと考えた。そして今トレードされている株価と、この責任が適切なところで落ち着いたときの株価を予測する。その価格の間にアービトラージの機会が存在する」。SEC（証券取引委員会）に提出されたフォーム13F（機関投資家のマネジャーによる報告書）によると、ポールソンは二〇一〇年後半と二〇一一年初めにアナダルコの株を買い、そして原油のETF（株価指数連動型上場投資信託）の売りポジションを持つことで買いポジションをヘッジしている。この売りのポジションが原油業界や株式市場で価格の揺れが起きたときのクッションとなり、責任の所在が落ち着いたときの潜在的なリターンに独立性を与えてくれるのだ。

今やニューヨーク金融界の名物となったリスクアービトラージだが、もとは一九三〇年代に破綻企業の債券を買い、その企業が立ち直ったときにその債券をほかの株式と交換するというトレードから生まれた投資法だ。アービトラージのスプレッドは、破産したときに買った債券の価格と企業が再建したあとの株価の差になる。この分野での投資は複雑さやリスクが存在するだけでなく、専門的な技術も必要になる。そのことから、スプレッドは大きく、そして年率リターンは高い。時の経過とともにリスクアービトラージは進化し、マーケットの株価に影響を及ぼす可能性のある、ほかの種類の企業再編――合併やスピンオフ、リストラ、そして訴訟など――も対象になっていった。

リスクアービトラジャーは、概してほかの投資家が手を引くところで仕掛ける傾向にある、とポールソンは説明する。「例えば、三五ドルで取引されている会社があるとする。そこに株を五〇ドルで買うというオファーが入るが、その直後に株価が四九ドルに跳ね上がったとする。そうなると、ほとんどの投資家がその最後の一ドルにはこだわらない。その取引がうまくいかなかったときに被る一四ドルの損失のリスクを冒すことはしないのだ。もう十分な利益を得たので、その財産を懐に入れて終わりにしたいと思うからだ。ところが、アービトラジャーはそこで参入してきて、あと一ドルのために取引が終了するまで一四ドルのリスクを背負うのだ。一ドルなんて大金ではないと思うかもしれない。だが五〇ドルに対しての一ドルは約二%のリターンを意味する。例えば、公開買い付けで取引終了日が六〇日後だったとしよう。すると一年でその取引を六回することができるわけで、六回掛ける二%で一二%のリターンとなる。比較的短期間の投資としては魅力的な割合だろう」

しかし一二%のリターンは、特にヘッジファンドの並外れた基準で考えれば大きすぎるというわけではない。マーケットとの相関性がないことなども、リスクアービトラージ投資をする理由である。「同じ例を使って説明しよう」とポールソンは言う。「同じ株を四九ドルで買ったあと、二カ月でマーケットが一〇％下落したとする。それでもその取引が終了さえしていれば、年間一二％のリターンを得ることになる。マーケットと相関性のない割の良いリターンを得られる点が、アービトラージの醍醐味なんだ。この取引が面白くなるのは、別の買い手が現れて六〇ドルのオファーを出したときだ。これは一〇ドル、つまり二〇％の増加だ。そうなると、年間一二％のリターンだったところが一二〇％になる。毎回こうなるわけではないが、十分な頻度で起こる。だからこそ、発表されたオファーのうち、どれに買い手が競って現れて大きなリターンをもたらす可能性があるかを、われわれは時間をかけて見極めようとしているんだ」

昔からリスクアービトラージを専門的に扱っていたのはゴールドマン・サックス、ベア・スターンズ、そしてグリュス・パートナーズである。三企業とも、ポールソンがウォール街の長い階段を駆け上るなかでかかわりを持っている。

ポールソンがリスクアービトラージの核となるさまざまなスキルを習得したのは、ウォール街に足を踏み入れるずっと前のことだった。五歳のとき、ポールソンに会いにきた祖父アーサーが一袋のあめを買ってくれた。翌日、ポールソンはそのあめを幼稚園のクラスメートにバラ売りした。その収益を計算したあと、五歳のポールソンと祖父アーサーは再び店へと行き、同じあめを一袋五セントで買った。あめを売った収益ともう一袋購入するのにかかったコストの差額が利益となったのである。祖父アーサーは、ポールソンに数学と数字の認識を教え込んだ。それが功を奏した。「私は買っては売るのが好きだった。そこから得た利益を貯金箱に入れ、それを『銀行』と呼んでいた。しばらくすると、その銀行のお金はいっぱいになり、銀行取引とはそういうものだと思うようになった。だからまだ幼いころ、私は銀行家になりたいと思っていたんだ」

ポールソンは成績優秀で、中学二年生になるころには学力の秀でた生徒が受けられるプログラムに入り、そこで高校生レベルの微積分学やシェークスピアを学んでいた。自立心も強く、一四歳のころ父親からもらった資金で株を始めた。すぐに熱中したポールソンは、ニューヨーク・タイムズ紙の株価欄を毎日食い入るように見つめていた。「その年の最高値と最安値が書かれていたから、『今が最安値でしかも最高値との差が最も大きい株を探そう』と決めたんだ。それに当てはまったのがＬＴＶだった」

ＬＴＶの高値は六六ドル、安値は三ドルで、そのときは三ドルで取引されていた。株価が六六ドルに戻ったところで売るつもりで、ポールソンはこの株を買った。だが現実はそれほど簡単ではなかった。株価が上昇するどころか、ＬＴＶは破産してしまったのだ。それでもポールソンはＬＴＶへの株投資で最大級のリターンを得た。それは一体なぜなのか？　実は、ポールソンは価値を失ったＬＴＶの株をポートフォリオに取っておいたのだ。そしてＬＴＶが破産から立ち直ったとき、ＬＴＶエアロスペースのアウト・オブ・ザ・マネーのワラントを受け取った。ＬＴＶエアロスペースはまるでロケットのように急上昇した。ポールソンがハーバード大学に在籍中、ＬＴＶエアロスペースは買収され、ポールソンが持っていた株の価値は突如一万八〇〇〇ドルほどになった。

偶然にも、ポールソンはＬＴＶの株を買うことで、破産企業から儲ける投資法とワラントについて最初の学びを得たのだ。「あれは自分でも持っていたことを忘れかけていたポジションだったんだ。これ以上投機的なものはなかったと思うが、それが高いリターンを生んだ。あのワラントというのは油断ならないものだよ」とポールソンは言う。株価一覧表や決算報告書、そして取引明細書の読み方や、会社更生について、またワラントとは何かなど、とても貴重な基礎知識を若くして独学で学ぶことができたのだ。

一九七三年に大学に入ったポールソンだが、ビジネスには興味を持っていなかった。反戦運動や公民権運動が盛り上がっていた時代で、「ビジネスにそそられる要素なんてなかった。カウンターカルチャーが重視されていた時代だったからね」と語る。一年生のころは作文や哲学、そして映画制作などの授業を選択して、必修である一般教養の単位を取得していった。しかし学校は物足りず、ポールソンは環境の変化を求めていた。

父親のアルフレッドはそんなポールソンを元気づけようと、南アメリカ行きの航空券を買って与えた。ポールソンは喜んでその話に乗り、予定よりも長く滞在してパナマやコロンビアを旅し、最終的にはエクアドルにたどり着いた。そして、そこに二年以上も滞在した。一八歳だったポールソンはまず、沿岸部に位置するサリナスという町に住み、公営コンドミニアムを開発していた叔父の元で働き始めた。最初こそ叔父の華やかな暮らしぶりや叔父が背負っている責任に心を奪われたが、サラリーマンのままではそれほど稼ぐことはできないことにすぐに気がついた。成功したければ、危険を冒してでも自力で事業を興す必要がある。そこで一九歳のとき、子供服を製造する事業を立ち上げ、高級百貨店であるブルーミングデールズへの最初の大きな売りつけに成功した。成功や自立をすること、そして金儲けや従業員を持つことの喜びを知ったポールソンは、この経験を通して自分の会社を経営するというのがどういうことなのかを初めて味わったのだ。そして、ビジネスで成功するには大学に戻って学位を取る必要があることに次第に気づくのだった。

同級生に二年遅れる形でニューヨーク大学に復学したポールソンは、ある種のプレッシャーを感じた。しかし今回は学業に専念し、努力をしてオールAを取っていった。そして四年生のとき、その後の人生を大きく変えるひとつの授業を受けた。それは当時、ゴールドマン・サックスで投資銀行部門の会長を務めていたジョン・ホワイトヘッドによる「特別非常勤教授による投資銀行に関するセミナー」だった。

ホワイトヘッドはほかのパートナーたちも授業に招いた——そのなかには、M&A部門の元部長スティーブン・フリードマンと、リスクアービトラージ部門の元部長ロバート・ルービンもいた。この二つの部門はゴールドマン・サックスのなかでも最も利益を上げていた。ルービンは会社で最も賢い男として名高く、彼のリスクアービトラージ部門では選び抜かれた精鋭しか雇われないということを、ポールソンはこのときに知った。そして、最も高い利益を上げたパートナーが何人も、リスクアービトラージ部門から生まれていることも聞いた。ポールソンは「二人の話を聞いてＭ＆Ａとリスクアービトラージの両方に興味を持つようになった」と回想する。

だが人生は甘くなかった。二人は、もしもリスクアービトラージの分野で働きたいと思うのならば、まずはＭ＆Ａで成功してその実力を証明しなければならない、と言うのだ。しかし、Ｍ＆Ａを扱う仕事にはＭＢＡ（経営学修士）が欠かせない。そこでポールソンはひとつの決断をした。「ハーバード大学へ行ってＭＢＡを取得し、Ｍ＆Ａの仕事をしてからリスクアービトラージの仕事を狙う。それが私の戦略だった」

そしてポールソンは計画どおりにそつなく動いた。ニューヨーク大学の学部長にハーバード・ビジネス・スクールに出願してみないか、と提案されると、ポールソンはすぐさまそのチャンスに飛びついた。すると、ハーバードの評議会の一員だったジョン・ホワイトヘッドが推薦状を書いてくれることになったのだ。入学が許可されたポールソンは、一九五〇年から極めて優れた生徒に与えられている、名誉あるシドニー・Ｊ・ワインバーグ／ゴールドマン・サックス奨学金を獲得した。ポールソンは大喜びだった。

ポールソンが本領を発揮したのはハーバードに入学してからだった。ニューヨーク大学のビジネススクールのほうは最優秀の成績で、卒業生総代に選ばれて卒業した。これで世界で最も優秀な、ビジネス思考の生徒たちと肩を並べることができる、そうポールソンは感じたのだ。ハーバードでは投資クラブに入り、投資銀行ガイドを書き上げた。クラブの活動として、すべての主要銀行にその企業文化や専門性について聞く調査票を送ると、驚いたことに十分な回答を得られたので、そのガイドを発行するに至ったのだ。そのうちの一冊が今でもポールソンのオフィスに保管されている。

ポールソンは授業で難題を振られることに喜びを感じ、本当に久しぶりに自分の将来についてワクワクした。ケーススタディで授業を進めるやり方はとても楽しく、活気あふれる対話型の環境は若い生徒たちの好奇心をかき立てた。ケーススタディで習得した勉強法が自分の体のなかに染みついているから、投資の可能性を検証するときにより良いアプローチができているのだという事実に、それから何年もたってから初めてポールソンは気がついた。「状況を素早く分析し、そして他人に対して自分の考えを伝える方法をあの経験が教えてくれた。自分の視点を他人に納得させる方法を学ぶことができたんだ」

数字以外の学び

二〇〇〇年代初め、会社が軌道に乗ると、ポールソンはハーバードの一般教養の授業で学んだ知識を活用し始めた。プロダクトセグメンテーションやマーケットセグメンテーションなどの簡単なコンセプトである。事実、ポールソン自身も近年の成功を支えたのはマーケティングの知識のおかげだと認めている。「いいかい、われわれが成長したのは商品を増やしたからではなく、同じ商品を改良したからなんだ」

ポールソン・パートナーズ・ファンドは、一九九四年に国内の合併アービトラージファンドとして設立された。「われわれがヘッジファンドの世界を開拓したわけではなかったが、この業界が進化を始めた初期の段階だったことはたしかだ。一九九六年には、そろそろ国際的な投資商品を組成販売する時期になったと思った」

それは何かと言うと、同じ商品だが異なる投資家を相手にしたものだった。「ポートフォリオは同じだった。しかし、ポールソン・インターナショナルは海外の投資家だけを主な対象とし、それにいろいろな付加価値を付けて世界中のクライアントの興味を引いたんだ」とポールソンは語る。このファンドは現在、国内ファンドの約四倍の規模にまで成長している。

その後、サービスをさらに拡張するために、既存のサービスを改良するというアイデアを思いついた。「実を言うと、『改良』とか『新しい』とか『向上した』とかいう言葉は消費者向け製品のマーケティングからそのまま取ったものなんだ。『ポールソン・エンハンスト』は単にレバレッジが二倍になっているという以外は、合併ファンドや国際ファンドとまったく同じポートフォリオだ。そういうマーケティング用語を知っていたおかげで、新しいマーケット用に新商品を作るときに商品の差別化で苦労せずにすんだ」。現在、この改良版エンハンストファンドと国際ファンドを合わせると、もともとのポールソン・パートナーズ・ファンドの一一倍の規模になっている。

ポールソン・アンド・カンパニーは二〇〇三年にアドバンテージ・ファンドを、そして二〇〇四年にはアドバンテージ・プラス・ファンドを売り出した。これらのファンドは破産、ディストレス債権などのイベント投資を含んでおり、合併アービトラージの基礎となった。

ポールソン・アンド・カンパニーは出だしこそ緩やかな成長だったが、五年の実績を積んで安定した成績が証明されると、投資家からの注目を集めるようになった。二〇〇一年と二〇〇二年は九・一一後で、マーケットの崩壊による悪影響のために多くのファンドが打撃を受けていたが、そんな状況でも、両年とも利益を上げている。そして二〇〇二年には運用額を三億ドルにまで伸ばした。二〇〇六年末には、さらに六五億ドルまで運用額が増えたが、それでもまだ、伝説となっているサブプライムに関連したトレードをするには至っていない。この伝説のサブプライムトレードは、二〇〇七年に発生した。それが一五〇億ドルの利益を生むと、ポールソン・アンド・カンパニーの同年末時点の運用額は二八〇億ドルに達した。

伝説的人物

一九七九年のある日、ハーバード・ビジネススクールの同級生がポールソンにスカッシュクラブの練習を休むように言った。理由は、「ジェリー・コールバーグという、レバレッジドバイアウト（ＬＢＯ）で大儲けしている男の話を聞かないと損だから」ということだった。ポールソンはコールバーグのことを知らなかったが、好奇心から見に行くことにした。そして一五人ほどしかいない「何の変哲もない」と感じた教室に足を踏み入れた。未公開株投資会社の伝説的企業コールバーグ・クラビス・ロバーツ（ＫＫＲ）の創業者であるコールバーグは、授業のなかでレバレッジドバイアウトの仕組みについて詳細に説明したうえで、ＫＫＲが五〇万ドルの投資で三四〇〇万ドルだったある企業を買い、そこから一七〇〇万ドルの利益を得たという見事な例まで紹介した。買収資金は銀行からの借り入れが二〇〇〇万ドル、一四〇〇万ドルの劣後債、そして五〇万ドルの株式で調達した。銀行への負債は担保付きだったが、劣後債のほうは一六％の金利とワラントを得た。そして買収した二年後に、今度は五一〇〇万ドルで売り、一七〇〇万ドルの利益を得たという話だった。

この数字にポールソンは圧倒された。ポールソン曰く、「当時、投資で儲ける額としてはけた外れ」の額だったのだ。

ポールソンはそのとき、投資銀行ではなくレバレッジドバイアウトの世界に進むことを決意した。なぜなら、「主導権を握る企業は小さいのに利益はずっと大きい。そして資金も豊富に持っている」からだった。

当時、この分野で成功していた企業はＫＫＲ、オデッセイ（オッペンハイマーの元パートナー会社）、Ｅ・Ｍ・ウォーバーグ、ピンカス・アンド・カンパニー、そしてアレン・アンド・カンパニーだった。「これらの企業は、ゴールドマンのような投資銀行とは大きく違っていた」とポールソンは言う。「当時のウォール街で随一の大富豪と言えばチャーリー・アレンだった。彼は小さな銀行を経営していて、けた外れのリターンを生んでいた。チャーリー・アレンと同じように、レオン・レビーやジャック・ナッシュらも、ほかの銀行のパートナーと比べてはるかに裕福だった。フォーブス誌の長者番付『フォーブス四〇〇』に名を連ねていたのは投資銀行の代表取締役ではなく、そういった人たちだったのだ。彼らの経営する企業金融ビジネスは小さく、大手銀行のような名声もなかったが、私には彼らがとても魅力的に見えたんだ。他人の資金を投じる仲介業者としての役割よりも自己資金を投じるプリンシパル投資事業のほうにより魅力を感じたのさ」

フォーブス四〇〇の長者番付リストに掲載されるような著名人と自分自身を重ね合わせたところで、それはかなわぬ夢のようにも思えたが、それでもポールソンは彼らの下で働いてみたいと考えた。「私は彼らを金融界の起業家と呼ぶことにした。そういう人たちに魅力を感じていたし、彼らの仕事術を学びたかった」

ハーバード・ビジネス・スクールの成績上位五％の生徒に与えられるベーカー・スカラーという称号を与えられて卒業したポールソンは、ボストン・コンサルティング・グループ（ＢＣＧ）に就職した。経済的には厳しい時代だったにもかかわらずＢＣＧの給料は多額だったが、ポールソンはすぐにコンサルティングが自分に向いていないことに気がついた。知的興味は引かれたが、ジェリー・コールバーグのような取引をすることはないし、レバレッジドバイアウトで手に入れるような大金を得ることもないだろう。それでも、初めて得たこの仕事に価値を見いだしていた。「本当にやりたいこととは違ったが、事業戦略を理解したり、ある事業がほかの事業よりも優れていたり価値がある理由を理解するのに、BCGでの経験がとても役に立った」

あるとき、ポールソンはテニスの試合でジェリー・コールバーグを見かけた。そこでコールバーグに近寄り、ハーバードでのプレゼンテーションをとても楽しんだことを伝え、仕事を探す手助けをしてほしいとお願いした。当時、KKRでは採用枠がなかったことから、コールバーグはオデッセイ・パートナーズのレオン・レビーを紹介してくれた。コールバーグ同様、レビーも素晴らしい取引をしていることで業界では有名だった。その一例として、一九七〇年代後半にビッグ・ベア・ストアーズを四〇〇〇万ドルで買収したとき、五〇万ドルの投資で一億六〇〇〇万ドルの利益を手にしたという逸話がある。さらに、破綻したシカゴ・アンド・ミルウォーキー・レイルロードを一株当たり六ドルで一〇〇万株買い、それを数年後に一株当たり一六〇ドルで売ったことでも称賛を受けている。

マンハッタンのアッパー・イースト・サイドにあるレビーの高級マンションを訪れたポールソンは、自分がヘッジファンドの大物であるレビーの下で働くべき理由を真剣に語った。オデッセイは事業拡大中で、仕事熱心で若い才能のある人材を求めていた。ポールソンは採用された。オデッセイは最初のヘッジファンドのひとつで、オフィスには一〇人ほどしかいなかった。ポールソンはそこで、レオン・レビーやジャック・ナッシュに付いて働いた。この経験は、ポールソンの確固たる基盤となった。実際に、そこで学んだことのほとんど――リスクアービトラージ、破産投資、そして公開会社の企業再建――を、今でも自分の会社で実行している。

無知の知

ポールソンはレオン・レビーとジャック・ナッシュの屈強な性格と、「やり遂げてみせる」という強い姿勢に引かれた。そして自分も彼らについていくだけの強さがあると感じた。しかしそこで気がついたのは、投資銀行における経験が不足していることだった。そして、仲介者としての視点からビジネスを学ぶ必要があると考えた。

「レビーとナッシュが買収をしたいと思い立つと、『それじゃあ、いくつか銀行に電話をして資金の工面をしてくれ』となる。だが私はコンサルティング業界出身なので、銀行家なんてだれも知らない。資金集めをしたことすらなかったので、そのような仕事を任されても、仕事をこなすに足りる知識を備えていなかったんだ。学校を卒業してから会社の社長になる間に必要な、重要なステップを飛ばしていたことに気がついたんだ。私は仲介者の視点からビジネスを学ぶ必要性に迫られた。投資銀行の一番下っ端としてつまらない仕事をするのはいやだったが、その訓練中に学ぶスキルこそが、私に欠けているものだったんだ。近道なんてないということさ。主導者になりたければ、まず最初に投資銀行のビジネスについて学ぶ必要があるんだ」

それでも、ポールソンはオデッセイで投資について多くのことを学び、レビーやナッシュとの交流も続いた。実際、一九九〇年代後半に、ポールソンのヘッジファンドで最大の投資家となったのが、レビーとその関連企業だった。

幸運にも、ポールソンは、M&Aが急増してきた一九八四年にベアー・スターンズで職を得た。「アラン・グリーンバーグがかじを取っていたときにあの会社で働けたことは、とても幸運だと思う。M&Aの社員は多くなかったが、仕事はたくさんあった。だから私は一生懸命に働いて、ものすごい速さで昇進していった。副部長、パートナー、そして取締役というように、これらすべてを四年の間に経験した」

ベアー・スターンズは、ポールソンが素早く成長するにはもってこいの場所だった。出世の階段を上るのに速度制限はなく、各段階に何年とどまらなければならないという決まりもなかった。会社側は、ポールソンが次の段階の仕事をこなせるようになった時点で昇進させるとポールソンに話し、そしてそのとおりになった。ポールソンがそれほど素早く昇進できたもうひとつの理由は、彼自身が遅れを取り戻そうと必死になっていたことにある。ポールソンが企業の一番下っ端に舞い戻って働いていたとき、一緒に卒業した友人たちは、ほかの銀行で給料も地位も四年先の段階にいたからだ。

四年間ベアー・スターンズで仕事を学んだポールソンは、さらに大きな舞台で働く準備が整ったと感じた。「合併の助言をしたり、合併契約の交渉、普通株や優先株や劣後債の引き受け、そして上位債務の売り出しなどの助言をする経験を積み、資本提供者の電話番号を電話帳いっぱいに集めた私は、ようやく主役に戻る準備が整ったと感じた。ベアー・スターンズで経験を積んだおかげで、主役として行動するために絶対必要だった要素を習得することができたんだ」

一九八〇年代後半、グリュス・パートナーズとベアー・スターンズが共同でアンダーソン・クレイトン・カンパニーを売却して大きな利益を生んだ。このときに、ポールソンはマーティー・グリュス（グリュス・パートナーズの創業者で現パートナーのジョセフ・グリュスの息子）と親交を深めた。グリュス・パートナーズは一九三八年に設立され、リスクアービトラージにおいて輝かしいばかりの長期実績を持っていた。ポールソンは一九八八年にベアー・スターンズを去り、グリュス・パートナーズの統括マネジャーとなった。そのころ、投資銀行のドレクセルが破綻して合併事業に勢いがなくなってくると、経済はリセッション（景気後退）に入った。しかし破産企業の再建事業は伸びていたため、ポールソンはグリュスに在籍中のほとんどの期間、ディストレス投資（不良債権投資）や破産した企業への投資に集中した。グリュスでの仕事は気に入っていたが、最終的には自分自身で事業を興したいとポールソンは考えるようになっていった。

「独立しました」

　ポールソンは自分自身の事業を一から始める困難を恐れていなかった。「自分で事業を興しても失敗するよ、とみんなに言われた。でも私は失敗すると思ったことがなかった。成功するためには平均以上のリターンを積み重ねればいいだけなんだから、『自分なら平均より良い成績くらい出せるはずだ』と思っていた。そのくらい簡単なことだと。損失を減らして平均を上回ればいい。それさえできれば成功できる。それに、リスクアービトラージや合併、破産企業への投資などで、そういうことをするスキルをすでに身につけていたからね」

　そこでポールソンは、一九九四年にポールソン・パートナーズを設立した。まずは自己資金の二〇〇万ドルから始めて、電話が鳴るのを待った。顧客となってくれそうな投資家たちに、「ポールソン・パートナーズが設立されたことをここにお知らせいたします」という案内状を五〇〇通送り、お抱えの弁護士には「開業」したら一億ドルの資金が集まるだろうと伝えた。

　しかし、資金を募るのはそう簡単ではなかった。「コネはたくさんあったのに、資金はそれほどなかった。知り合い全員に案内状を送ったから、みんな電話で投資をしたいと言ってくると思っていたんだ。ところが電話は一本も鳴らなかった。エース・グリーンバーグからお祝いの手紙が一通届いただけだった」。そこでポールソンは自ら電話をかけて営業したが、相手は無関心だったり、疑り深かったりで、好奇心を持つ投資家がたまにいる程度だった。「ちょっ

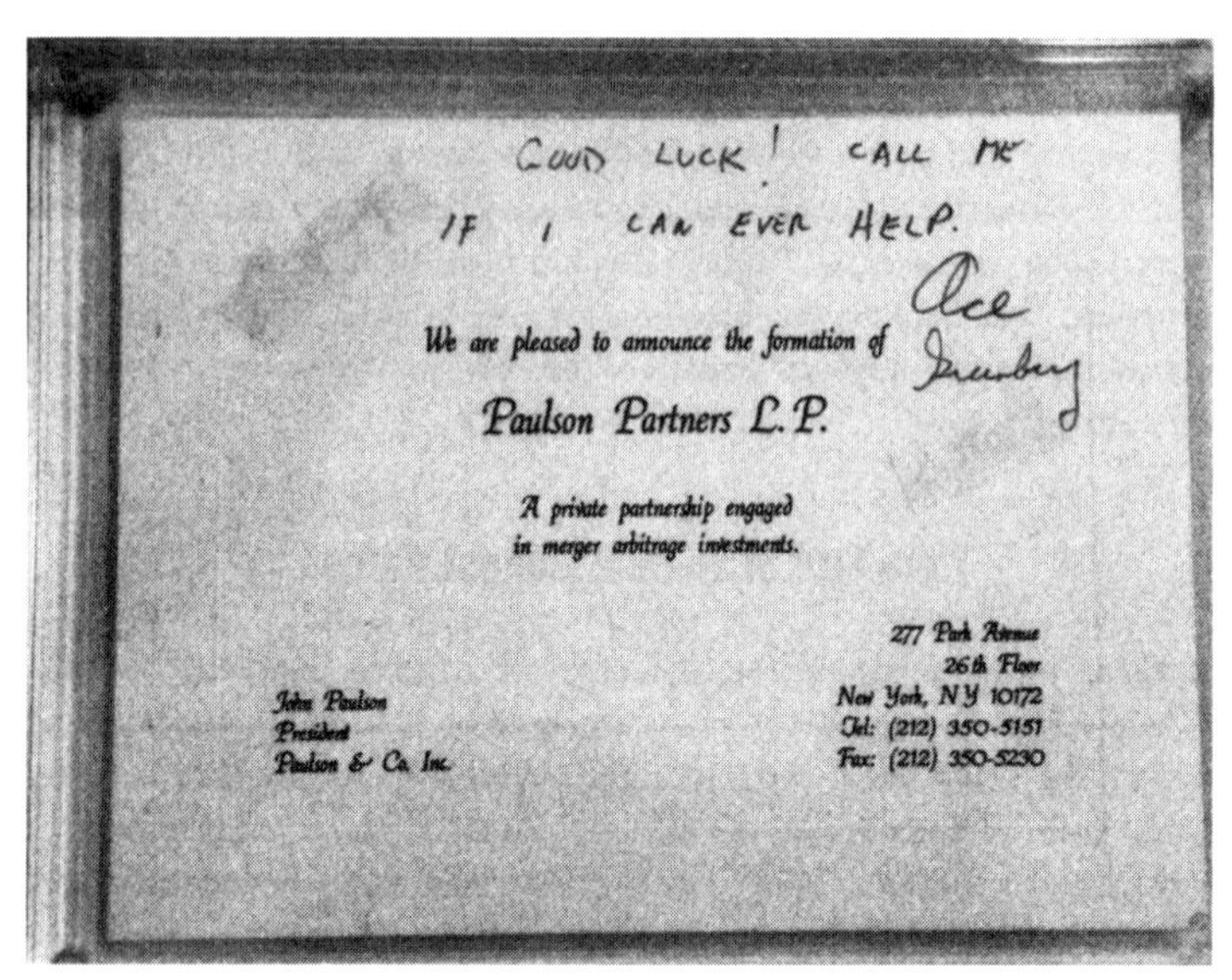

GOOD LUCK! CALL ME
IF I CAN EVER HELP.
Ace
Greenberg

We are pleased to announce the formation of

Paulson Partners L.P.

A private partnership engaged
in merger arbitrage investments.

John Paulson
President
Paulson & Co. Inc.

277 Park Avenue
26th Floor
New York, NY 10172
Tel: (212) 350-5151
Fax: (212) 350-5230

幸運を祈る！　何かできることがあったら電話をくれ。エース・グリーンバーグ（出所＝ポールソン＆カンパニー）

とした励ましの言葉をくれて、『ポールソン、分かってるだろう。君のことは気に入っているが、なにせ君には実績がないからね。ある程度の実績ができたらまた声をかけてくれ』と言われたこともある」

実績が必要なことはポールソンも分かっていた。しかし、彼の持つわずかな資金を考えるとそれはかなり大変なことで、常に前向きでいるには相当の努力が必要だった。ポールソンは思い出しながら語る。「毎日仕事に行っては、電話をしたり人と会ったりするのだが、そのたびに断られるのでつらかった。私からの電話を避けたり、会う約束をしたのにキャンセルされたりね。ベアー・スターンズで働いていたときにジュニアアナリストだった同僚が、そのころにはパートナーになっていた。彼らに電話をしても、会ってくれないんだ――私の下で働いていたのに！」

投資家の顧客層を広げようとしたポールソンは、一〇〇万ドルと定めていた最低投資額を撤回した。すると希望が持てそうな話が持ち上がってきた。彼は自制心を保ちながら、「少額の資金をできるだけのプロ意識を持って運用し始めた。少しでも興味を示した人には業績を掲載した月次報告書を送った」と言う。かなりの好成績を示した報告書を一二カ月間送り続けているうちに、それまでポールソンを避けていた人々が投資する気になってくれた。

そんな骨の折れる作業を始めて丸一年たったころ、ポールソン・アンド・カンパニーはついに最初の投資家を獲得した。投資額に大きな期待を寄せていたポールソンだが、そこは期待外れに終わった。「よし、一〇〇〇万ドル入るぞと思っていたのに、ふたを開けてみると、五〇万ドルだったんだ」と肩をすくめる。

その資金の出どころは、ベアー・スターンズ時代の同僚で友人のハワード・ギュルビッチだった。次第にほかの友人も加わり、顧客層を広げていった。そんなある日、ポールソンは初めて五〇〇〇万ドルを投資してくれる顧客を得た。「とても裕福な人で、少なくとも二億ドルは持っていた。そのうちの五〇〇〇万ドルを私のところに投資してくれたんだ。私の資本金は二倍以上に増えた。それはうれしかったよ。ついに資本金が一〇〇〇万ドルを超えたんだから。その投資家は、私が送った報告書をすべて読んでいて、私の語りっぷりから一億ドル以上は運用していると思ったそうだ。たった五〇〇〇万ドルしか運用していなかったことを最初から知っていたら、五〇〇〇万ドルなんて絶対に投資しなかったって、あとから聞いたよ。マネジャーがだれであろうと、そのマネジャーの運用資金の五％未満しか資本金を出さないというのが、その人の方針だったんだ」

ポールソンは自分の小さなファンドを運用するために必要な資金をどうにか集めたが、それには犠牲も伴った。「プライドを捨てて、万が一に備えて、ただ我慢しなければならなかった。リサーチ、ポートフォリオのマネジメント、月次報告や業績の監査など、会社はきちんと運営し、たとえポジションのサイズが小さくても必要な仕事はすべてやった」とポールソンは言う。ベアー・スターンズはそんな彼を支持して、パークアベニュー二七七番地にあるビルの高層階の、景色の良い会議室とオフィススペースを事務員付きで貸してくれた。ファンドが大きくなるにつれて、ポールソンはマーケティング担当や事務員などを中心にスタッフを増やしていった。

次第に、ポールソン・アンド・カンパニーはほかのヘッジファンドよりも優れた業績を上げ始めるようになった。「ヘッジファンドのなかでも上位二五％に入るほどだった。上位二五％に入ると、資金の調達も確実にできるようになっていった。他社と大きく異なっていた点は、二〇〇一年と二〇〇二年にスプレッド取引を少ししただけで利益を出したことだろう。二〇〇二年は、ほとんどのマネジャーが損失を出したのに、私たちは株式への資金投入を減らしてリターンをプラスにすることができたんだ」

ポールソン・ファンドのリターンは二〇〇一年に五・一%、そして二〇〇二年に五・四%で数字としては少ないが、それでもこの二年間を合わせると、合併を専門とするマネジャーのなかでは最高の成績だった。そして二〇〇三年に経済が回復してくると、パートナーズ・アンド・インターナショナル・ファンドで二二・七%、そしてエンハンスト・ファンドで四五・二%の利益を出した。

マーケットが好況でも不況でもうまく運用できることを七〜八年間にわたって証明し続けたことで、ポールソン・アンド・カンパニーには投資家の注目が集まり、資金は一〇億ドル規模に拡大した。しかし、出遅れた感はどうしても否めなかった。ヘッジファンド業界の成長が停滞し始めていたうえに、ほかにもファラロンやペリー・パートナーズやアンジェロ・ゴードン、そしてオク・ジフなどの一流マネジャーがいたからだ。こういった企業もまた素晴らしい業績を残しており、ポールソンよりも先に起業して得意客を抱えていた。ポールソンはこれらのファンドと比べても際立つような存在になりたかった。しかし、ゴールドマン・サックスやJ・P・モルガンのような豊富なマーケティング活動を行う企業にはけっして歯が立たないことを考えると、マーケティングだけでは成長できないことは分かっていた。「上位に入るには業績を示すしかない。二〇〇三年に初めて、わずかなボラティリティで四〇%を達成することができた。それがきっかけを生んだ」

二〇〇五年〜〇六年になると、ポールソン・アンド・カンパニーの資産は四〇億ドル、五〇億ドル、六〇億ドル、そしてさらにそれ以上へと着実に増えていったが、業界の一番手となるにはまだ足りなかった。ポールソンはこう語る――「この業界はとても競争が激しいことに気がついた。イベント投資を扱うほかのマネジャーたちもかなりの腕前で、最大級のファンドは二〇〇億ドル以上の資本金を持っていた。今よりも上を目指すのであれば、業績で力を示すしかない。しかも過度のリスクをとらずに良い業績を上げなければならない。規模を大きくしたいがために、これまで築き上げてきたこの素晴らしい会社とトラックレコードを危険にさらしては元も子もないからね」。

こうしてポールソンは十分な利益を得て一流ファンドの仲間入りを果たすために、ローリスクハイリターンの投資を探し始めたのだ。

史上最高のトレード

ポールソンはそれまでの仕事を通じて、債券の空売りという独自の技術を習得していた。最初にこの戦略を実践したのは一九九〇年代初期にグリュス・パートナーズで働いていたときで、格下げや破綻の危機に直面している銀行持ち株会社の社債を空売りしたことから始まった。銀行持ち株会社の社債は特に景気減退の局面に弱い。担保として資産に直接アクセスできる事業会社の社債とは異なり、銀行持ち株会社の主な資産は事業会社の株式であるため、会社が破産状態になるとほとんどの場合はすべて無価値になってしまう。

債券を空売りする魅力は、少ないリスクに対してリターンが大きいことにある。国債に近いスプレッドで、額面と同じかそれに近い価格で債券を空売りすることができれば、仮に予測が誤っていたとしても損失のリスクは制限されるうえに、その企業が債務不履行になったときの利益はかなりの額になる。しかし難しいのは、実際の価値以上の信頼を得て額面で取引されている債務不履行になりそうな債券を見つけることだった。これは簡単なことではない。ポールソンは、資本構造が二層ある銀行に加え、保険会社のような持ち株会社の構造を持つ金融会社や、ＬＢＯにも機会を見いだした。ほとんどの場合に支払いされる事実と、空売りしている債券を持っている時に支払う利息のネガティブキャリーが投資成績の足を引っ張るために、たいていの投資家は債券を空売りすることを嫌うものだ。

しかし、ポールソンはそういった困難にもひるまなかった。リスクとリターンの不均衡が気に入っていたので、この分野への投資戦略を追求し続け、次第に定期的な成功を収めるようになった。

二〇〇五年の春になると、クレジットアンダーライティングの基準が低いことや、金融機関によって過剰なまでのレバレッジが使われている現状について、ポールソンは心配するようになっていった。業績が最悪の企業が簡単に融資を受けられるほどにまで、クレジットの質は低下していた。さらに銀行側は、クレジット資産のほとんどをバランスシートに加えたり、レバレッジを増やしたりして、この傾向を助長していたのだ。株主資本と比べてみると、最大手銀行のレバレッジは三〇～四〇倍で、なかには五〇倍というところまであった。このようなレバレッジでは、小さな損失が出るだけで資本が一気に吹き飛ぶ。当時のようにクレジットの質が低下しているような状況では、そういう結果に陥る確率はさらに高いと思われた。

クレジット市場が制御不能になり始めているのと時期を同じくして、住宅不動産市場もバブル状態になっているとポールソンは感じていた。住宅価格は急激に、しかも長期間にわたり上昇し続けており、住宅の売買で簡単に利益が得られることをだれもが有頂天になって喜んでいた。サウサンプトンにあるポールソンの自宅は、不動産が最後に低迷した一九九四年に、破産してオークションにかけられたものを購入したものだった。それが二〇〇五年には価値が六倍になり、住宅価格の長期成長率を優に超えていた。しかし、ポールソンは、以前にも不動産の低迷を経験しているので、住宅用不動産の価格が上昇し続けるという理論を信じていなかった。

不動産市場のバブル気質、クレジット市場の実態のなさ――ちょうど債券の空売りに注目していたこともあり、ポールソンは住宅ローン市場における空売りの機会を探り始めた。住宅ローン市場の経験はなかったが、少なくとも世界最大のクレジット市場であること、そして当時は米国の国債市場よりも大きい市場であることは知っていた。早速、会社のアナリストのパオロ・ペレグリンとアンドリュー・ホインに住宅ローン市場の構造を調べるように依頼した。

ペレグリンはすぐさま、住宅ローンがプライムとミッドプライムとサブプライムという区分に分かれていることを報告した。「興味を持っていたのが空売りだったので、サブプライムに注目することにした。住宅ローン業界のなかでは最小ながらも、サブプライム市場の規模は大きく、一兆ドルもの証券化されたサブプライムローンが発行されていた。住宅不動産市場とサブプライム市場と証券化市場を詳しく調べた結果、この分野は崩壊する可能性があるという結論に至った」とポールソンは説明する。

そこでポールソンはパオロに、サブプライム証券だけに集中するように言った。ポールソンは、クレジット市場で空売りをすれば、大きなリスクを負うことなく並外れた業績を残すという狙いどおりの戦略になるのではないか、と考え始めた。ポールソンたちは、砂上の楼閣である住宅価格や、それを取り巻く一兆ドル市場がどのように崩壊していくかを突き止めた。そして安全対策として、ＣＤＳを通して、クレジットアンダーラインティングの基準の低さが原因で価値が下がると予想した債券を売っていった。

債券のプロテクションを買うのにサブプライム住宅ローンの証券化市場ほど適しているものはなかった。サブプライムの証券化は通常、上から順にＡＡＡからＢＢまで、トランシェと呼ばれる一八の段階に分けられ、格の低いトランシェがひとつ格の高いトランシェに従属するという優先劣後構造を持っている。ＢＢＢトランシェは米国債のプラス一〇〇ベーシスポイントほどの高い利回りで、額面で取引されていた。平均すると、トランシェの劣後部分は五％しかなく、厚みも一％しかなかった。つまり損失が六％になればＢＢＢトランシェは壊滅する。「言い換えれば、一％のネガティブキャリーのリスクを負うことで、債券がデフォルト（債務不履行）に陥った場合には一〇〇％の利益を得ることができるということだった。まさに私たちが求めていた、利益対リスクが不釣り合いな投資だったんだ。仮に予想が間違っていたとしても損失は最小限ですむのに、正しかったときには一〇〇倍もの利益を得ることができる。サブプライムローンの質の低さや担保の業績が崩壊していたことを考えると、成功する確率は非常に高いと思った。しかも、当時のクレジット市場は活気にあふれていて、ＢＢＢのサブプライム証券に対する世界的需要は相当なものだったので、その証券のプロテクションを事実上無制限に買うことができたんだ」とポールソンは語る。

最終的にポールソンは、二五〇億ドルほどのサブプライム証券のプロテクションをあらゆるファンドで買った。スプレッドが広がり、これらの証券の価値が下がってくると、ポールソンと仲間たちはどんどん現金化していった。二〇〇七年末の時点で、ポールソン・アンド・カンパニーはこのトレードから合計一五〇億ドルの利益を得て、ポールソン・クレジット・ファンドはその年六〇〇％の上昇を記録した。会社の運用資産は二〇〇六年の六五億ドルというまずの数字から、二〇〇七年末には二八〇億ドルという巨額に膨れあがった。

ポールソン・クレジット・ファンドは二〇〇八年に二〇％、二〇〇九年に三〇％、そして二〇一〇年に二〇％の利益を記録した。ポールソンはこの成績に満足だった。「上位に入りたいといつも思っていた。これほど大きくなるとは夢にも思わなかったが、成功したいとは常に思っていたし、それを目指していた。目標を持つことはできる。そしてそれをかなえようと努力することもできる。だが結局のところ、想定外の出来事が起こることだってあるんだ。私は合併、破産、ディストレス、リストラなどのイベント投資の分野で買いでも売りでも幅広く使える手法を持っていた。そしてレオン・レビーやエース・グリーンバーグ、そしてマーティー・グリュスなど多くの優れた仲間と働く経験にも恵まれた。そして利益がリスクの一〇〇倍にもなるような素晴らしい投資も数多く見てきた」

二〇一〇年の年末に発行されたポールソン・アンド・カンパニーの投資レターによると、最大規模の破綻一四のうち、ポールソンのファンドは一〇に参加して最多となった。その規模と専門性を認められ、数多くの企業経営陣から、債務返済の有利な条件や資本強化、あるいはバランスシートの再構成などに関する情報を提供してほしいという誘いがあったという。

ポールソン・アンド・カンパニーが行う取引のほとんどが複雑で並外れた利益をもたらす。しかし、そのなかでも単独のイベントアービトラージ投資は危険すぎるほど複雑である。それゆえ、ポールソン・アンド・カンパニーは高い名声と莫大な利益を手に入れることができたのである。

リスク評価のミス――ダウ・ケミカルとローム・アンド・ハース

二〇〇九年二月四日付けでポールソンがダウ・ケミカルの会長であるアンドリュー・N・リバリス宛てに書いた公開手記がある。このなかで、ポールソンはリバリスに対して、一〇〇年近い歴史を持つ特殊化学メーカーのローム・アンド・ハースを一五〇億ドルで買収する計画を完遂するように勧めている。ダウとロームは、二〇〇八年七月一〇日に買収の合意に至っていた。SECに提出された書類によると、同年六月三〇日～九月三〇日の間に、ポールソンはローム・アンド・ハースを一五〇〇万株買っており、その投資額は一〇億五〇〇〇万ドルに及んだ。その後、いくつもの障害が重なり取引は延期され、ポールソン・アンド・カンパニーの多額の資産が危険にさらされていた。そういった経緯から、ポールソンはダウ・ケミカルに買収を勧めるようにと、できるかぎりの説得を試みたのだ。

スプレッドからリターンを計算することは簡単だが、問題を抱えている取引のリスク対リターンのバランスを評価するには、自分たちの持つ専門知識が必要だとポールソンは感じている。

経済やマーケットが不調のとき、取引が完了しないリスクは高まる。リーマン・ブラザーズの破綻で経済が深刻な不況に陥ったとき、ダウはローム・アンド・ハースに対して支払うと同意した金額が高すぎたことに気がつき、この取引から手を引こうとした。この取引が発表されたときのスプレッドは二ドルだったが、株価が五〇ドル前半まで下落するとそれが二五ドルにまで広がった。投資家たちは、ダウ・ケミカルが取引から手を引くことが法律的に可能なのだろうかと疑問を持ち始めた。幸運なことに、ポールソンはM&Aの経験が豊富でマーケットについて詳しいので、この疑問に対する答えを知っていた。

しかし、たとえ合併契約をいくつも読んだり交渉したりした経験があったポールソンでも、自分自身が合併契約の専門家であるとまでは思っていなかった。そこでハーバード出身のマイケル・ウォルドーフの出番となるのである。「さまざまな合併契約に含まれる言葉のニュアンスをすべて理解できる、専門知識を持った法律家を私は望んでいた。それを完璧に持っていたのがウォルドーフだった。ダウ・ケミカルは、『ほら、経済が変わったから仕方がないだろう』と主張していた。六月に合併を発表してから、たしかに状況は大きく変わっていたからね。ローム・アンド・ハースの収益は大きく落ち込んでいた。事業が大きく下降してしまっていたんだ。そこでダウ・ケミカルはローム・アンド・ハースに対して、この合併契約を無効にするための裁判をデラウェア州で起こした」

このように、裁判で争ったり、適法性を理解したりするためには、デラウェア州の法律に精通している必要がある。ポールソン・アンド・カンパニーは、デラウェア州で大きな合併契約が結ばれるのをこれまでに見たり経験したりしていたので、この州の法律には詳しかった。このように、弁護団を作って裁判に臨むことや、そしてデラウェア州の裁判所での裁判官の判決の傾向を知っていることなどは、裁判で争うときの優位性となる。ポールソン曰く、「われわれは、その裁判の結果がどうなるか、比較的高い確率で予測することができる。これは非常に価値のある能力だ。このような限られた、しかも専門性の高い能力を持っている組織はめったにない」。

合併契約を詳しく見直した結果、ポールソン・アンド・カンパニーは、ダウ・ケミカルに勝算はないという結論に達した。このような背景と分析があったからこそ、ポールソン・アンド・カンパニーはこの取引を完遂するにあたって根本的な障害は何もないことを主張した。そして当事者双方が満足できるような金融オプションをいくつか提案した。しかし、ダウは現在の経済状況から、「両企業の存在そのものを脅かすことになる」ため、契約を結ぶことは不可能であると主張して、ローム・アンド・ハースを買収する計画を取り下げようとし続けた。

たしかに契約同意書のなかには、重大事項の変更について言及した条項があることをポールソン側は知っていた。しかし、この取引を発表したあとにローム・アンド・ハースの収益が減少したという事実は重大事項の変更には当たらないと考えていた。つまり、ローム・アンド・ハースの収益は取引の成立には関係なく、経済が不況に陥ったという事実は合併契約を破棄する条件には当てはまらないということだ。ポールソンは強調する――「株式市場が下落したという事実は、この取引を破棄する条件に当てはまらない。リーマンが破綻したという事実だけでは契約破棄にはできない。ダウ・ケミカルが利益を出すことができなくなってしまったこと、あるいは資金を調達することができないかもしれないという事実は、合併契約を破棄できる条件にはならないのだ」。重大事項の変更に当てはまるのは詐欺行為のみだが、そのような行為はどこにもない。つまり、ダウ・ケミカルに抜け道はなかったのだ。

なぜこれほどまでに厳密な合併契約だったのか？　ローム・アンド・ハースの弁護団は合併の分野における最高峰として知られているワクテル・リプトン・ローゼン・アンド・カッツだった。ポールソンは言う――「たいていの場合、自分が良い弁護士を雇ったかどうかなんて、問題が起こるまでは分からないものなんだ」。

ダウ・ケミカルが合併契約に署名をしたとき、有力企業であった両社のどちらにも差し迫った問題はないように思われた。ベアー・スターンズの破綻がそのわずか数カ月前に起こったばかりだったが、両社とも収益はまだ伸びており、彼ら自身、経済はこれからも成長し続けるという誤った見解を持っていた。

それが二〇〇八年六月の話だ。二〇〇九年一月には、様相がすっかり変わってしまった。しかしローム・アンド・ハースは融通の利かない契約によってすでに守られていた。ポールソンは、「まるで鉄の扉が立ちはだかっているようだった。しかも、安全策が必要だなんてだれも思わないうちから、その鉄の扉は置かれていた。ワクテルがその手腕を買われているのは、そのためだ」と言う。

ローム・アンド・ハースを買いたいと言う企業はもう一社あった――世界最大の化学メーカーのＢＡＳＦである。だからこそ、ローム・アンド・ハースは解約条件付きなどではなく、鉄で防御された取引を求めていた。ＢＡＳＦの陰が見え隠れするなかで、ダウ・ケミカルはローム・アンド・ハースの出した条件に同意したのだ。当時、ダウ・ケミカルは経済の先行きを怪しんでもいなかった。

ポールソン・アンド・カンパニーが投資対象を探すときには、リスク評価が誤っているものがないかどうかを考える。ダウ・ケミカルとローム・アンド・ハースの取引については、その法的リスクの評価に自信があったために大きなポジションを建てた。しかし、ポールソン曰く、「実は見過ごしたこと、いや、十分に気をつけなかったことがある。ダウ・ケミカルがこの取引から手を引くことができるかという法的な危険性については考えていたのだが、ダウ・ケミカルがこの契約を完了するための資金を集めることができるかという点について十分に考えていなかったんだ」。

この買収の資金を得るために、ダウ・ケミカルはウォーレン・バフェットのバークシャー・ハサウェイに二五〇億ドルの転換予約権付優先株式、そしてクウェート投資庁に二〇億ドルの優先株を買ってもらう形で投資を受けた。さらに合弁事業をクウェートに売ることで取引に必要な残りの金額を調達するつもりだった。もしも何らかの理由でクウェートとの取引が決裂した場合でも、それに備えて、銀行から期間限定の借り入れをすることでその穴埋めをする交渉をしていた。ダウ・ケミカルは十分に保護されている――そうポールソンは感じた。

最終的に、クウェートがその契約からは手を引きダウ・ケミカルはクウェートに対して訴訟を起こした。ポールソンは、ダウ・ケミカルが勝訴するとは考えていなかった。ダウ・ケミカルがクウェートに対してその契約を実行させるための法的権利を持っているかどうかについて、すでに調べ上げていたからだ。そこから分かったことは、クウェートは単に基本合意書に署名しただけだということだった。だから、ダウがクウェートの法廷で、クウェートに対して訴訟を起こすことはないだろうとポールソンは考えたのである。彼は正しかった。ダウは訴訟を取り下げた。

しかし、ダウが安全策を講じていたことをポールソンは知っていた。ダウはこの取引に資金提供をすると約束した銀行らに対してコミットメントフィーをすでに支払っていたので、銀行側が資金提供をやめるのは非常に難しい状況だった。コミットメントがあるということはつまり、契約の内容にもよるが、もしも約束を守らない場合、銀行側がローム・アンド・ハースとの取引にかかわるすべての金銭的責任を負うこともあり得る。しかし、二〇〇八年後半という時期は、金融制度がたぐいまれな危機的状況に直面していたので、銀行側はいかなる財政責任でも逃れられるものなら逃れようと必死だった。特に、破綻するかもしれないような合併に対して資金提供をすることは何よりも避けたいところだった。二〇〇八年の第4四半期は、ダウ・ケミカルもローム・アンド・ハースも利益を出していなかった。ローム・アンド・ハースを買うためにダウ・ケミカルが資金を借り入れるとなれば、ダウ・ケミカルは破産する可能性だってあったのだ。

ダウ・ケミカルの株価は合併を発表した当時は五五ドルだったが、二〇〇九年一月には一株当たり六ドルに下落しており、破産は現実味を増していた。多くの企業が連日のように破産申し立てをしていた。リーマン・ブラザーズの破綻は世界最大として歴史に名を刻まれた。世界最大級の化学会社であるライオンデルバセルもまた、二〇〇九年一月に一八〇億ドルの負債を抱えて破産法適用を申請した。そういった企業の債務を抱えることになったのは、同じ銀行群だ。これらの銀行は、額面一ドル当たりを四〇セントで取引していた。

しかし、銀行が署名したダウとの基本合意書には抜け道があった。資金調達の条件として、ダウ・ケミカルの格付けがドローダウン時と同じ、投資適格レベルである必要があったのだ。金融危機のさなかでダウの収益はマイナスに転じ、売り上げも急落した。格付け会社ムーディーズは「ネガティブウオッチのBBBマイナス」という、ジャンク等級の一歩手前にまでダウ・ケミカルを格下げした。

もしもムーディーズがダウ・ケミカルをジャンクにまで格下げしたら、銀行は責任を逃れることができる。そしてダウ・ケミカルはこの取引を完了できなくなり、デラウェア州の法廷で敗訴して破産申請を余儀なくされるだろう。ムーディーズはダウ・ケミカルとの会合のなかで、一六億ドルの株式資本を調達してタームローンを一六億ドル減らすことができなければ、ダウ・ケミカルの格付けをジャンクに下げると伝えた。

裁判の一週間前、ポールソンはダウ・ケミカルと銀行との会合を持ち、この取引を完了させるために株式が必要なのであれば、ローム・アンド・ハースの取引の財源を提供する目的でダウ・ケミカルに投資することも考えると伝えた。「ほかの化学会社が破産申請をして世界経済が崩壊しているなかで、株価六ドルのダウ・ケミカルを買いたいという人はあまりいなかった。だがわれわれは、優先株なら買ってもいいと伝えたんだ」とポールソンは言う。

ポールソンがこのようなリスクの高い投資にかかわる場合、優先株に限定することで、資本構成のなかで高い優先順位を得る方法をとる。その優先株を構成するにあたっては、ポールソン・アンド・カンパニーの資本構成に関する専門知識が役に立った。「わが社を保護してくれるだけでなく、ムーディーズが普通株と同様であると見なしてくれるような優先株を、新たに考案する必要があった。そこで据置配当優先株というものを考えたんだ。つまり、現金の代わりに追加の優先株で配当を受け取ることができる優先株だ。現金を渡す必要がない据置配当優先株は債務を支えているという意味で普通株と同じとみなされる、そう考えたんだ」とポールソンは語る。

普通株よりも上位にいるかぎり、配当が現金かあるいは追加の優先株かはどちらでも良かった。しかし問題は、新しい優先株とすでに発行済みの優先株の順位付けだった。ポールソンたちは、新しい据置配当優先株のほうが普通株よりも上位になるが、バークシャー・ハサウェイやほかの企業によって保有されているすでに発行済みの優先株よりも下位にすることを提案した。

既存の優先株の下位では、破綻したときに一文無しになってしまう可能性がある。しかし、既存の優先株とまったく同じだと、すべての優先株が新たな普通株と同じレベルになってしまう。そこで、バフェットら既存の優先株の所有者と対等の立場に立てさえすればよいと、投資をすることに決めたのだ。「バフェットと対等でいるのは悪い気はしないね。仮に破産したとしても、バフェットと同じ立場だ。それから私はこうも言った。『優先株の配当を現金で支払うのではなく追加の優先株で行っているかぎり、ほかの優先株も現金での配当は受け取れない』ってね。それに加えて一五％という配当率にしたので、金融マーケットが改善されたときには優先株を償還しようとする強い動機が会社側にできたんだ」とポールソンは説明する。

最終的に、ポールソン側はその優先株の交渉に成功し、ムーディーズもダウ・ケミカルにその分の株式クレジットを与えた。また、ポールソン側も、提供資金に対する十分なリターンを集めるために必要な保護を得たわけだ。ポールソン・アンド・カンパニーとローム・アンド・ハースの関連企業が合わせて優先株に資金を供給したことが功を奏し、ダウ・ケミカルはその信用格付けを維持することに成功した。そして、銀行から融資を得て、買収を終えることができたのである。

二〇〇九年三月六日、資金供給が確実になると、ダウ・ケミカルは訴訟を取り下げ、四月一日に契約を成立させると発表した。それにより、一株当たり五五ドルだったローム・アンド・ハースの株価は七八ドルへと一気に上昇した。

二〇〇九年四月一日に取引が完了すると、ポールソン・アンド・カンパニーはローム・アンド・ハースへの出資金から六億ドルの利益を得た。このファンドが合併アービトラージで得た利益としては最高額だった。幸いにも、経済はその後間もなく回復し、クレジット市場も株式市場も上昇した。ダウ・ケミカルは投資適格債を売って優先株を償還し、そして銀行からの融資を借り換えることができたのだ。ダウ・ケミカルにとっては苦い経験となったが、最終的に合併は成功に終わり、二〇一一年になるとダウ・ケミカルの株価は一株当たり四〇ドル以上を付けた。

難しい投資――シティグループ

ちょうどローム・アンド・ハースとの取引が成立したころ、かつては無敵とされていた金融業界で、今度は並外れたイベントアービトラージ投資の機会が訪れた。経済危機が加速し、どの銀行が数十億ドルの不良資産を抱えているか、そしてどの銀行が破綻に向かっているかということが明らかになってきたころ、金融業界では最後の審判の日に向けた危険な椅子取りゲームが始まっていた。二〇〇九年一月一六日、アメリカの財務省が不良資産救済プログラム（TARP）を開始した。これは、緊急経済安定化法の一部として前年一〇月に発表されていたもので、財務省は資本注入プログラムに参加していた三九の米国銀行から、合わせて一四億ドルの優良株を買ったのである。これと同じ日に、米国財務省、ＦＲＢ（連邦準備制度理事会）、そして米連邦預金保険公社（ＦＤＩＣ）がシティグループとの保証契約について最終合意に至った。約一カ月後の二月二七日、米政府が二五〇億ドルの緊急援助資金を普通株に転換することで、シティグループの株式の三六％を保有することになるとシティグループが発表した。このニュースを受けて、シティグループの株は四〇％も下落した。シティグループに対する支援金の総額は四五〇億ドルになった。

銀行は高いレバレッジで資金調達をしているため、わずかな損失でも資産がゼロになる可能性がある。そこでその資産を徹底的に分析することがとても重要になる。金融が急成長しているあいだ、シティグループは債務担保証券（ＣＤＯ）や住宅ローン、デリバティブ（金融派生商品）、さらにほかのストラクチャードプロダクト（仕組商品）など、投機的な投資を数多く行った。しかし、これらの資産価値が悪化すると巨額の評価損を計上し、さらなる資金を調達する必要に迫られた。二〇〇七年一〇月になると、シティグループの株式を購入したいという投資家が大勢現れた。株価が下落し、買いの良いチャンスだと考えたからである。

しかし、損失は膨らみ評価損も増え続け、株価は暴落した。シティグループの株価は二〇〇六年末に付けた高値である一株当たり五六ドルから、二〇〇九年三月には一株当たり一ドルにまで下がってしまった。これにより、早期からシティグループやほかの銀行に投資していた投資家の多くは、資金をすべて失ったり大きく減らす結果になった。二〇〇八年春に、ＴＰＧがワシントン・ミューチュアルに対して救命策として資金を投入したのだが、それについてポールソンは次のように述べている――「彼らは七〇億ドルを投入したのに、そのすべてを六カ月もしないうちに失った。誤った時期に銀行に投資をすることは、とてもリスクが高いんだ」。

ポールソン・アンド・カンパニーは、政府がストレステストを行って銀行が一体いくらの資本金を必要としているのかという正確な評価を出すまでは、銀行の株を買うことはしなかった。

ポールソンは、二〇〇六年からこの業界を詳しく観察し続けていた。ポールソンたちがアセットバック証券（資産担保証券）のマーケットが下落している兆候を最初に見つけたとき、同じ証券でどの銀行が最も損失が大きくなりそうかを考えた。ポールソンは、銀行が被る損失を見積もり、そしてその損失額をそれぞれの銀行の株主資本と比べたのだ。損失の多い銀行から少ない銀行の順に並べてみると、どの銀行が最も危険な状態にあるかが明らかになった。「ファニーメイとフレディマックが一番悪い状況だった。損失が資本の四〇〇～六〇〇％になることが推定された。リーマンもそのリストの上位にいた。これらの銀行が破綻することは予想できた。シティグループもまた、危険にさらされていた。政府の支援がなければ、シティグループだってリーマンと同じように破綻していただろう。しかし、二〇〇九年の第2四半期になると、銀行の評価額に転機が訪れていると感じた。銀行の株は売られ過ぎており、評価損と資本調達を考えると破綻する可能性は低いと考えた。そこで、リターンの見込みが高い順に上位五〇の銀行を並べ、最も上昇しそうな銀行の株を買い始めたんだ」とポールソンは言う。

ポールソン・アンド・カンパニーはまず、二〇〇九年の第3四半期に、シティグループ株を全体の二％に当たる三億株ほど、水面下で買った。「シティグループにはとても価値の高いフランチャイズがある。一流国内銀行のなかでは、もっともグローバルな銀行だ。成長が著しいエマージングマーケットにおける銀行業務も米国最大だ。キャピタルマーケット業務や、価値の高い地域に密着した銀行フランチャイズ、さらに銀行業界では世界中どこを見ても並ぶ者のいないグローバルトランザクションを提供するサービスなど、優れた事業を持っている。こういったことをすべて考慮すると、シティグループはとても魅力的だった」

シティバンクを買うとき、ポールソン・アンド・カンパニーは最初に優先株を買い、その後一株当たり約二・五〇ドルを支払って普通株に転換した。「政府の優先株と既存の優先株が普通株に転換されたら、これ以上普通株を発行する必要性はなくなるだろうと考えた。だからあの時点では、株価の希薄化が進むことはないと思ったんだ」

二〇〇九年の第4四半期には、ポールソンはシティグループにさらに追加投資をして五億株以上を保有していたことが、アメリカのSECに提出された記録からうかがえる。しかし、翌年の第3四半期末には、保有株を四億二四〇〇万株に減らしている。「この株に対する考え方が変わったわけではなかった。ただ、われわれのファンドにはサイズ制限があるのでね。株価が一株当たり二・五〇ドルから五ドルへと倍になったときには、ポジションのサイズが二五億ドルにまで膨れ上がった。われわれのポートフォリオには多すぎたんだ。一つの企業に極端な集中投資はしたくないので、ポートフォリオでこの株が占める割合が八％以下になるように、ポジションを減らしたのさ」とポールソンは説明する。

ポールソンは信用危機最中にあった二〇〇九年の第2四半期に、政府による資金援助を受けたある銀行に対して、二回目となる十数億ドル規模の投資を行った――それはノースカロライナ州シャーロットを拠点とするバンク・オブ・アメリカで、その株を一億六八〇〇万株取得したのだ。

そのころ、ポールソンたちはウェルズ・ファーゴやキャピタル・ワンのような、バンク・オブ・アメリカと似た強い利点を持つほかの銀行に十分に投資していないことに気がついた。そこで、シティグループとバンク・オブ・アメリカへの投資をさらに減らして、ウェルズ・ファーゴとキャピタル・ワンのポジションを増やすことにした。配分の総額はそのままに、金融機関をほかの企業に変えることで「ポートフォリオをより包括的なものにする」方法を選択したのだ。

ポールソンは二〇一〇年末の投資レターを二〇一一年一月に発行した。そのなかで、シティグループ株が四三％増となったこと、そして二〇〇九年半ばにこの株を購入してから、一〇億ドル以上の利益を得たこと、そしてそれが旗艦ファンドのアドバンテージ・ファンドにおいて最大のポジションであったことを報告している。

二〇一一年二月の時点で、ポールソンは四億一四〇〇万株までシティのポジションを減らし続けてきたが、シティの損失が減って利益が増え続けるならば、今後二～三年のうちに大きな上昇の可能性があると考えていたようだ。「この銀行のほかの部門で成長が見られるうえに、時代に合わなくなったポートフォリオから出ていた損失が取り除かれたので、シティは十分な利益を得るようになるはずだ。これらの利益が一株当たりいくらになるかを見積もって、ある控えめな倍数をその収益に当てはめると、シティグループの株価がその後二～三年の間に五〇～一〇〇％上昇するという計算結果が出るんだ」

当時としては、これがポールソンの最も成功した投資となった。「シティグループへの投資はとても複雑だった。ほかの投資家は皆、投資することを恐れていた。早くから投資をした人は大金を失ってしまったので、それ以上は投資しようとしなかった。シティの評価額が低かったからだ。われわれは、政府の資本再構成計画は適切で、それがシティグループが必要とする最後の資本になると推測したのだが、それが正しかったことになる。正常なＰＥＲ（株価収益率のときと比べると、シティグループの評価はかなり低く、全銀行のなかで最も割安になっていた。そして、最もリターンが高くなる可能性のある銀行を探す分析をしてみると、シティグループがトップになったんだ」とポールソンは語る。

お金としての金（ゴールド）

ポールソン・アンド・カンパニーでは、二〇〇九年四月からすべての投資家に向けて金のシェアクラスを提供している。ポールソンによると、「破産やイベントや合併など、われわれが行ったすべての投資のなかで最も重要視しているのが、金のシェアクラスへの切り替えだ」と言う。ポートフォリオの構成はポールソンのほかのファンドとミラーしているが、ドル建てではなく金建てにすることで、投資家はポートフォリオの価格の上昇と、ドルに対して時とともに起こる金の価格の上昇という両方から利益を得ることができる。金のシェアクラスを選んでいた投資家は、そのリターンをドルで得ただけでなく、ドルに対する金の価格上昇によるリターンもそれに上乗せされて手に入れた。

二〇〇九年、ポールソンとその信用部門は、政府による経済刺激と景気回復支援の動きを詳しく観察していた。そして、ＦＲＢが金融刺激策のひとつとして量的緩和を採用すると、将来インフレが起こりドルの価値が下がるのではないか、という懸念を抱いた。

米国ではそれまで量的緩和は使われなかったことからかなり例外的な対策だったと言えるが、大恐慌以来の最悪の金融危機に直面していた時期である。つまり、この危機を乗り越えて国を正常な状態に戻すには、革新的で並外れた思考が必要だったのだ。「ドルに関する懸念があったものだから、投資をするときに使う別の通貨を探し始めたんだ。だが探しているうちに、イギリスなどの諸外国も紙幣を乱発しているということが分かり、さらにユーロの安定性や長期継続性など、別の不安も見えてきた。紙幣にまつわる不確実性をすべて考慮すると、金が最高の通貨だという結論に至った」とポールソンは語る。

しかし、通貨としての金は三～五年という長期間で考えていたことも強調する。「短期では金の変動は激しく、わずかな間に大きく上下することも考えられる。しかし三～五年という期間で投資すれば、通貨としてはドルよりも金のほうがずっと安全だと思ったんだ」

助けてくれる友人たち

友人たちが助けてくれるから何とかやっていける——そんな風に認めるのは、おそらくポールソンくらいしかいないだろう。長い間、強い影響力を持つ友人たちが、ファンドの助言者となって賢い助言を与えてくれた。その一人が、あの有名なＦＲＢ元会長だ。

二〇〇七年の春、ドイツ銀行でグローバル投資銀行業務を率いるアンシュ・ジェインが夕食会を開催することにした。場所はウォール街六六番地にある高層ビルの四六階にある役員用食堂で、ドイツ銀行最大かつ厳選された投資顧客を、ドイツ銀行の特別顧問であるアラン・グリーンスパンが出迎えた。その招待客のなかに、ポールソンや、カクストン・アソシエイツのブルース・コブナー、ハイブリッジのヘンリー・スイッツァ、ミレニアムパートナーズのイスラエル・イングランダー（通称イジー）、そして信用取引に特化した私設ファンドのサバ・キャピタルを率いるやり手として知られるボアズ・ワインシュタインらがいた。これまで、アンシュ・ジェインの投資銀行部門がドイツ銀行の利益の七〇～八〇％を生み出していたため、このとき招待された客と関係を継続させることは、必要不可欠だった。

当時グリーンスパンは、ＦＲＢを退職したらクライアントは三企業までしか取らない、と言っていた。すでに二つの企業がクライアントとして決定していた――ドイツ銀行とＰＩＭＣＯという資産運用会社だった。そして最後のクライアントはヘッジファンドにしたいということだった。「その夕食会でグリーンスパンに会って彼と意気投合した。そして、もう一社ならクライアントを増やしてもいいと言ってくれたんだ。われわれがその一社になれて、本当に幸運だった」

二〇〇八年一月にグリーンスパンがポールソン・アンド・カンパニーの顧問に就任するまで、ポールソンは通貨制度の仕組みについて深く理解していなかったことを認める。「私は個々の企業にばかり目を向けていたので、ＦＲＢのバランスシートを見たことがなかった。マネタリーベースとは何か、あるいはマネーサプライが何か、ということを知らなかったのだ。ＦＲＢとほかの銀行の関係や、財務省との関係についても知らなかった」

月に一回ほど、グリーンスパンはリサーチ責任者のケイティ・ブルームと連れだって、日帰りでワシントンＤＣからポールソンのいるニューヨークへと飛び、そしてポートフォリオに関連する現在の金融政策や経済状況について、一日かけてポールソンと話し合った。ポールソン・アンド・カンパニーのオフィスでダイエットコーラとターキーサンドイッチを昼食にしたこともよくあった。「金融危機が深刻になり、金融制度を立て直すためには、政府が重要なカギを握っていた。だから、金融制度の仕組みについて学びたかったんだ。それには、グリーンスパン以上の顧問はいなかっただろう」

グリーンスパンのほうも、ポールソンについてこう語っている――「ジョン・ポールソンは相対リスクを判断する能力、そして自分が下した判断を利用する能力に優れている。時には失敗することもあるが、それはだれでも同じだ。彼のように投資の規律を守っていれば、失敗する可能性よりも成功し続ける可能性のほうが格段に高い」。

二〇一〇年を再び記録的な結果で終えると、ポールソンは年次報告書を投資家に送った。そのなかで、六月と一一月に行っているレビューとワークショップに加えて、ファンドに特化した相談会を新たに投資家のために主催すると発表した。一部の投資家による資金の引き揚げはあったが、全体的には投資家たちもかなり満足できる内容だった。二〇一〇年末、LCHインベストメンツは独自の調査を行い、各ヘッジファンドの創立以来、投資家に最大の利益をもたらしたファンドはどこかを発表した。ポールソン・アンド・カンパニーは、ジョージ・ソロスのクオンタム・エンドウメント・ファンド（一九七三年創設）とジム・シモンズのルネサンス・メダリオン・ファンド（一九八二年創設）に次いで三位という結果だった。この結果に満足したポールソンは二〇一〇年末の投資レターに上位一〇のマネジャーのリストを掲載し、「ルネサンスの一二年後、そしてクオンタムの二一年後に創立されたファンドにもかかわらず、二八〇億ドル以上もの利益を上げて三位に付けたことを誇りに思う」と述べている。

二〇一一年に入ると、ポールソンの戦略は、リストラ（企業再生）を実行中の企業の株を買う投資を中心とするものに変わっていった。ポールソンはこれについて、「ひとつの戦略をずっと成功させることはできない。二〇〇七年からは債券を売ったが、二〇〇八年には株の売りに方向転換した。そして二〇〇九年と二〇一〇年には債券の買い、そして今はリストラ株の買いに注目している。景気循環の観点から考えると、二〇一一年は再建後の企業や、破綻に直面しながらも資金を集めたり資本構成を再構築することで破綻をまぬがれた企業の株が、最も大きな利益をもたらすと考えている」。

ポールソンが行った銀行への投資はこの戦略に当てはまる。保険会社をはじめとする金融関連企業、ホテル、一部の自動車メーカー、そしてその他事業会社などに対する投資も、同じ動機である。

ポールソンはMGMリゾートとシーザーズ・エンターテインメントの株も保有している。どちらも、株主資本を増やして負債を減らすための企業再編を通して入手したものである。これらの投資を紹介するために、四月、ラスベガスでアドバンテージ・ファンドの会合を開いた。さらに、年の半ばに行う年次ワークショップを、いつものロンドンではなくパリで行うことで、金融の中心地としてのパリの重要性を強調した。ワークショップのオープニングセレモニーとなる極めて重要な夕食会は、ポールソン・アンド・カンパニーが大きなポジションを抱えるルノーのCEO（最高経営責任者）カルロス・ゴーンの言葉で幕が切られた。

この年の会合は、過去と比べると大変なものだった。アドバンテージ・ファンドは年始こそプラスだったが、六月には損失を出し始めていた。中国の製紙業者サイノフォレストの不正がニュースで明るみになっていたところに、旗艦ファンドで損失が出たということで、会合の前の週から新聞で派手に取りざたされていたのだ。ポールソンはもともと、サイノフォレストを買収候補と考えて投資していた。さらに、トロント証券取引所から、香港か上海の証券取引所に再上場する可能性があることも踏まえたうえでの決断だった。そうなれば、サイノフォレストはさらに高い評価を得ると思われた。ポールソン・アンド・カンパニーは投資家に宛てた報告書を発行し、そのポジションを建てた理由と、相対的にこのポジションがポートフォリオのなかでどれほどの規模であるか——つまり二％であることを説明していた。しかし、投資家たちは山ほど質問を抱えていた。そこで、ポールソンはこの会合で投資家たちと直接向き合い、安心感を与えようと考えたのだ。何を隠そう、アドバンテージ・ファンドにだれよりも多く資金を投入していたのが、ポールソン自身だったのだから。

ポールソンのサイノフォレストのポジションについて、彼の元上司であるエース・グリーンバーグに意見を聞いた。「みんな、まるで一大事かのように話すが、もっと彼を褒めるべきだと思うよ。前にもある新聞記者に言ったのだが、ワシのように大きく飛びながらカナリアのような小さなフンをすることはできない。あれはとても大きなファンドのなかの、比較的小さなポジションだった。投資の難しさは、自分と同じ倫理観や主義をマネジャーにも期待するところにある」

短期的な失敗はいくつかあったが、全体的な雰囲気は明るいものだった。ポールソン・アンド・カンパニーは、この会合に来ていた人々に多くの利益をもたらしているのだ。古い付き合いの投資家や大切な友人らもこの会合に来ていた。会合から一週間ほどたったあとのロンドンで、ポールソンは友人のリック・ソーファーに電話をかけた。ソーファーは、LCFエドモン・ドゥ・ロスチャイルド・アセット・マネジメントのマネジングディレクターであり、かつユーロネクスト証券取引所に全株を上場している三つの投資会社の会長である。そのなかには、一九六九年に創立されたレバレッジド・キャピタル・ホールディングスという、初のマルチマネジャー型ファンド・オブ・ヘッジファンズもある。ソーファーはエドモン・ドゥ・ロスチャイルド・グループの上級役員で、世界中に一〇〇億ドル以上もの投資を展開する仕事を担ってきた大物だが、故意に目立たないようにしていた。

忙しい数週間を過ごしたあとだったので、ポールソンは良き友人とのんびりと夕食をとることを楽しみにしていた。しかしロンドンの大物投資家数人が、ポールソンが来ることを聞きつけて紹介してほしいとソーファーに頼みこんできた。ポールソンと静かな夜を過ごすはずだったが、ソーファーはロスチャイルド卿の提供を受けてスペンサーハウスという私邸で夕食会を企画し、ロンドンの名士や一流投資家らを招いた。

「ポールソンが世界各地を訪れると、世界の名士たちが彼の人物像を知りたがって会いたいと言い出す」とソーファーは語る。ＬＣＦがポールソン・アンド・カンパニーと投資を始めたのは二〇〇六年のことだった。ＬＣＦはクレジット市場にはびこる問題に気がつき、この下落の側面を利用して利益を得ようとしていたが、適切な投資先を見つけるのに苦労していた。ＬＣＦがポールソン・アンド・カンパニーの研究を見たとき、ようやく同じ考えの企業が見つかったと手を組むことにしたのだ。

ソーファーは最初からポールソンの戦略を信じていたが、ジョン・ポールソンに対するイギリスの印象は以前と大きく変わったと指摘する。「数年前とは雲泥の差だ。本当にすごいことだ。ポールソンが史上最高の投資家のひとりであることは、もう疑いの余地がない」とソーファーは言う。

反撃のとき

予想以上に深刻な世界的経済不安のなかにいると、秩序だった戦略を持っていて良いポジションを建てている投資家ですら、足元をすくわれることがある。アメリカ経済と財政の悪化、物価上昇のリスク、アメリカの信用格付けがＡＡＡの一つ下に格下げされるという史上初の出来事など、弱さが継続し、これらすべてがマーケットに多大な圧力をかけていた。欧州債務危機や世界中に内在するリスクなどのあらゆる影響を受けて、二〇一一年の夏は相場が大きく上下に変動し、ダウ平均は一日で五〇〇ポイント以上も変動した。

ポールソン・アンド・カンパニーもほかのファンドと同様に、この不安定な状況から悪影響を受けて、中核となるポジションのファンダメンタルズが変わってしまった。第3四半期の投資レターのなかで、ポールソンは二〇一一年のそれまでの成績について謝罪をし、会社の一七年間の歴史のなかで最悪の結果であることを認めた。レター冒頭には、「この結果には失望しており、投資家の皆さまに謝罪いたします。二〇一一年のこの経験から学び、投資家の皆さまへのリターンを絶頂期の水準まで戻して、長期的にも平均値を超えるリターンを生み出すことに全力を尽くします」と書かれていた。

ポールソンは言う。「二〇一一年のポートフォリオが乱高下した理由は、スタンダード＆プアーズによるアメリカの格付け引き下げや、ヨーロッパで起きた債務危機など、資本市場に悪影響を及ぼしたマクロ経済のイベントがあったからだ。このような状況でも、われわれのポートフォリオのイベント投資の多くは、収益という観点からすれば記録的な成績だ。しかし、まだマーケットからの見返りを受けておらず、それが損失を出す結果につながった」

ポールソンはまた、二〇一一年にかけての経済成長の予測が甘すぎたこと、そしてその予測に基づいて、強い景気回復に備えてファンドのポジションを建てていたことについても認めている。この年の半ばごろに急激に世界市場が悪化したとき、ポールソン・アンド・カンパニーは銀行株などの、経済の影響を大きく受ける性質の株を保有していた。それが理由で特に大きな打撃を受けたのだ。大量に保有していたバンク・オブ・アメリカは前年から少しずつ減らしてはいたものの、まだ大きな持ち株だった。この株が住宅ローン問題やそれに関連する訴訟で逆風を受け続けたのだ。

ポールソンは第3四半期の投資レターのなかで、銀行業界へのイクスポージャーの多さについても説明した。「銀行業界については否定的な見方があるうえに、バンク・オブ・アメリカは数々の大きな困難に直面している。しかし、われわれのポートフォリオに含まれているウェルズ・ファーゴ、J・P・モルガン、そしてキャピタル・ワンの三行は、二〇一一年第3四半期の時点で、直近一二カ月の収益が記録的な水準となっている。これらの銀行は資本水準が高いだけでなく、営業利益も高く貯蓄も多い。このような振るわない状況のなかでこれだけの強い収益を出しているということは、経済状況が改善されたときには利益を生み出す可能性があることを示している」

八月半ばには、出荷個数で世界一を誇るパソコン販売会社のヒューレット・パッカードと、ポールソンの旗艦ファンドであるアドバンテージ・ファンドに含まれるもうひとつのポジションも、また大きな打撃を受けた。ヒューレット・パッカードはより利益率の高い事業に専念するために、パソコン事業を削減し、PDAの製品群を打ち切ることを発表した。しかし、この不可解な動きに株主は怒りを表し、それに対応する形で、ヒューレット・パッカードのCEOのレオ・アポテカーがわずか一一カ月間でその地位を追われた。そして、イーベイの元CEO

であるメグ・ホイットマンがその地位を引き継いだ。その後、ヒューレット・パッカードはパソコン事業からは手を引かないことを明言した。

アドバンテージ・ファンドは三六％減、そして同ファンドの金のシェアクラスは二四％減で二〇一一年を終えた。ポールソンのほかのファンドも損失を被ったため、二〇一一年末の時点で資産は二五〇億ドルほどにまで目減りしていた。その後のマクロ経済の状況を分析するために、ポールソン・アンド・カンパニーは自社の経済諮問委員会に全米経済研究所（ＮＢＥＲ）の名誉会長マーティン・フェルドシュタインを迎え入れた。

二〇一一年一二月半ばごろ、ポールソンは自身のオフィスで、その年について回想しながら説明してくれた。「二〇一一年に入ってマクロ経済の展望が明るいと考えたわれわれは、自信を持って総投資額を増やすことにしたんだ。今思えば、当時の状況に対して自信過剰だった。マクロのリスクがマーケットとポートフォリオ全体に悪影響を及ぼしてしまった。これまで経験したなかでも特に大きなドローダウンだったが、マーケットの恐怖心がなくなってくれば、われわれのポジションは大きく上昇し、良い投資成績を残すことができるだろう」とポールソンは語った。

二〇一一年の損失は相当なものだったが、二〇一二年にはかなり有利な状況に転じるだろうとポールソンは楽観視している。「今でも株式市場は売られ過ぎだと考えているが、それにはいくつかの理由がある」と切り出す。「まず、ＰＥＲが史上最低レベルだということだ。これにより、素晴らしい業績なのに極端に低い評価で取引されている、そういう企業を買う大きなチャンスが生まれている。さらに、株の益回りと米国債の利回りの格差が史上最大になっている」とマーケットがさらに割安価格になっていることを強調する。「株の配当利回りは時間をかけて大きくなり、米国債の配当利回りは変わらないものなのに、S&P五〇〇の配当利回りが一〇年債の配当利回りを上回っている」とポールソンは語る。

「過去にもマーケットが恐怖にさらされた時期には、やり手の投資家たちが買いのチャンスだと利用した。残念なことに、多くの投資家が高く買って安く売るという過ちを犯す。長期にわたり市場を超える良い成績を残すためには、その正反対が正しい戦略なのに」

二〇一一年は損失を出したポールソン・アンド・カンパニーだったが、二〇一二年一月は、すべてのファンドがプラス領域に入っているという有望な展開で終えた。合併アービトラージのファンドであるポールソン・パートナーズは、この月を二・三四％増で終え、ポールソン・エンハンストは四・八四％増で終えた。旗艦ファンドであるアドバンテージ・ファンドは三・九五％増で、レバレッジを効かせたアドバンテージ・プラスは五・四％増だった。ポールソン・ゴールド・ファンドは一三・四％増になるなど、金建てのシェアクラスはどれもドル建てのシェアクラスを四～六％上回る成績となった。

第4章 マーク・ラスリーとソニア・ガードナー ――ディストレス債券の価値探求者

Distressed Debt's Value Seekers -- Marc Lasry and Sonia Gardner, Avenue Capital Group

「企業が破綻する過程でどのように運営され、それが進行中の事業にどのような影響を及ぼすのか――それをまず理解する必要がある。そして、いろいろな規律をひとつに調和させなければならない。それがわれわれの持つエッジである。いろいろな規律をだれよりもよく理解するために必要な専門知識を、われわれは持っているのだ」――マーク・ラスリー（2011年2月の対談より）

マーク・ラスリーとソニア・ガードナー――2011年に開催された「ヘッジファンドの女性100人」イベントで国内の児童肥満の問題に取り組むアライアンス・フォー・ア・ヘルシア・ジェネレーションを支援する２人（ソニア・ガードナー提供）

リーマン・ブラザーズが破産法第一一条の適応を申請したあとの二〇〇八年一二月、金融システムは崩壊寸前にまで追い込まれていた。フレディーマックとファニーメイは公的管理下に置かれ、FRB（連邦準備制度理事会）から八五〇億ドルもの融資を受けたAIGも清算される危機に直面していた。不良資産救済プログラム（TARP）を創設するための法律が成立し、金融危機がこれ以上悪化するのを防ごうと米財務省から七〇〇〇億ドルの公的資金が用意された。しかし、それでもこの金額で十分かどうかは大きな疑問だった。ダウ平均が三〇％以上も下落している状況で、マーク・ラスリーはこれまでの投資人生で最も難しい決断を迫られていた――新しい投資に資金を投入するのに今が良い時期だと言えるのか、資産再評価は一段落したのか、あるいはマクロ経済の状況はさらに悪化するのか？

ラスリーはアベニュー・キャピタル・グループの会長兼CEO（最高経営責任者）、そしてディストレス資産の投資における先駆者だ。しかし、ラスリーには転換期が訪れていた。アベニュー・キャピタル・グループは主に過小評価されているものに注目し、公債や社債、銀行債務、企業再建後の株式、トレードクレーム（債権取引）、そして財政難を抱えている企業の証券などに投資している。しかし、もしも金融システム自体が崩壊するとなると、そのような投資はどれも――すでに問題を抱えている企業などは特に――成功する見込みはない。一九九五年にラスリーは妹のソニア・ガードナーとアベニュー・キャピタルというヘッジファンドを設立していたが、二〇〇八年は約マイナス二五％という厳しい状況だった。

ラスリーは自らの勘を頼りにマーケットのタイミングを計るのではなく、自分のチームが行う詳しいクレジット分析を見てから判断を下すことにした。そしてその分析結果から分かったことは、アベニュー・キャピタルの投資は時価評価で打撃を受けただけで、永久的な損失ではないということだった。さらに、新しい投資機会をいくつも見つけることができた。「われわれは独自の研究を行い、潜在的利益だけでなく下落の可能性も完全に理解していると自信を持って言えるような債権に投資をした」。マーケットのタイミングを計ることはできないとラスリーは信じている。「ある債権に確信を持ったら、それが安くなっていると思われるときに投資する。さらに安くなれば、買い増す。二〇〇八年末と二〇〇九年も、正しいと判断した債権に投資をしていた。マーケットに混乱が起きたせいで思考がまひしてしまった投資家や、単に現金を持ち合わせていない投資家とは違う。今思えば、マーケットの一番底ではないにせよ、それに近い時期だった」。アベニュー・キャピタルのある投資家によると、アベニュー・キャピタルの国内ヘッジファンドは、二〇〇九年に六〇％以上も上昇した。つまり、投資するというアベニュー・キャピタルの判断は正しかったことになる。

自動車業界への資金援助

市場が騒然としていた二〇〇八～〇九年にアベニュー・キャピタルが行った、クレジット分析と投資姿勢を現す良い例がある。それは、米国の自動車産業への集中投資である。経済は落ち込み失業者は急増し、ガソリンの価格も一ガロン（三・七八五リットル）当たり四ドルを上回るなど、自動車業界は絶望的な状況だった。自動車の売り上げは一九八〇年代の水準まで落ち込み、ビッグ3と呼ばれる三大自動車メーカー（フォード、クライスラー、ゼネラルモーターズ）は二〇〇八年一一月に米議会で支援を要請した。ビッグ3は超えられない壁に直面しており、痛みを伴うリストラが避けられないことは明白だった。しかしそのために必要となる資本金は巨額で、しかも各自動車メーカーとサプライヤーには強いつながりがあるために、再建リスクも巨大なものだった。

アベニュー・キャピタルには、アメリカとヨーロッパ、そしてアジアの各ディストレス投資戦略に特化した投資チームのほかに、不動産、ローン担保証券（CLO）、そしてファンド・オブ・ファンズのチームがあった。米国のディストレス戦略だけ見ても、ポートフォリオマネジャー五人を含む、三〇人もの投資のプロをラスリーは抱えていた。一般的なヘッジファンドとは異なり、アベニュー・キャピタルの各チームはさらに細かい業種に分けられている。そのひとつである自動車業界を担当するチームは、アベニュー・キャピタルの三〇年以上の歴史と経験から、ゼネラル・モーターズとクライスラーの破綻を許すほどの資金的余裕は米国政府にない、とすぐさま結論づけた。さらに、有権者の大集団である組合労働者たちの期待を、ホワイトハウスと議会が裏切るわけがないとも信じていた。自動車メーカーを破産させることはつまり、経済に大きな波紋を投げかけ、失業者を増やし、そして自動車業界に関与するコミュニティー全体に大きな波紋を投げかけることになるということを、与野党ともにいずれは理解するに違いないと考えたのだ。もしもGMとクライスラーが破綻すれば、多くの自動車部品メーカーもその打撃を受けるうえに、日系やヨーロッパ系の自動車メーカーの事業にも混乱が及び、国内の失業率をさらに悪化させることにつながる。

アベニュー・キャピタルは、自動車業界が野放しに破綻することはまずないだろうという自信を得ると、この機に便乗して投資を仕掛けるポイントを集中的に探し、最終的にフォードを選んだ。この国内二番手の自動車メーカーには、良好な貸借対照表（バランスシート）と積極的なリストラ計画、そして良い製品群があるため、他社よりも勝ると判断したのだ。フォードは二〇〇六年に資金調達をしていたので、売り上げが少ない状況でも生き残れるだけの資金の流動性を持っていた。フォードのCEOであるアラン・ムラーリー率いるマネジメントチームは、その企業文化をうまく転換し、中核となるブランドに力を注ぎながら、ジャガーやランドローバー、ボルボなどの資産は売っていった。ほとんどの投資家が金融サービス系の企業を避けていたころ、アベニュー・キャピタルは、フォードの金融子会社ならば難しいクレジット環境でも有利な立場に立つ可能性があると考えた。

ラスリーたちは動いた。二〇〇八年一二月～二〇〇九年二月にかけて、フォードの銀行からの担保付き上位債務を、額面からかなりの割引価格で積極的に買い集め始めた。UBSから得た価格情報によると、当時のマーケットは一ドル当たり三〇～四〇セント台だった。最も多いときで、アベニュー・キャピタルは額面五億ドル以上の銀行融資をフォードから買い取っていた。

アベニュー・キャピタルの予測どおり、GMとクライスラーは両社とも政府支援による破産法第一一条の適用を申請し、これによって自動車業界のサプライヤーも生き残ることができた。ポンコツ車にキャッシュを提供するという意味の「キャッシュ・フォー・クランカー」という政府による自動車買い替え支援制度も、売り上げ増加を促進した。その間、フォードはバランスシートを強化し続け、政府による援助を受けずにすんだことで消費者にも好印象を与えた。新車を次から次へと展開しては成功し、クレジット部門でも、クレジット市場が機能していなかった時期に買い手にリースやローンの選択肢を与えた。二〇一〇年初めにアベニュー・キャピタルがフォードのポジションを売ったときには、フォードの銀行からの担保付き上位債務は八〇セント台後半～九〇セント台前半にまで大きく回復していた（出所＝UBS）。繰り返しになるが、二〇〇九年、アベニューUSヘッジファンドの総リターンは六〇％を上回った。これはアベニュー・キャピタルの年間業績としては、過去最高レベルである。

フォードの取引はアベニュー・キャピタルの戦略を最高の形で要約したものだろう――深刻な問題を抱える業種でチャンスを見つけ、業界と個々の企業について大きな視点と小さな視点の両方から分析をし、そして実際に行動を起こす前にマイナス面についてよく考える。ラスリーはアベニュー・キャピタルの経験豊富なアナリストと協力しながら潜在的なチャンスを探し、そしてすべての投資に対して最悪のシナリオや特定のリスクを見つけようと常に努力している。自分自身については「保守的なスタイル」だ、とよくある控えめな言い方で表現しながらも、ほとんどの投資家は痛みを伴うことを嫌うものだと付け加える。ラスリーのこういった考えがあるからこそ、アベニュー・キャピタルは不良債権を抱えた企業の資本構造のトップに注目して、銀行からの担保付き債務を中心に買い、仮にその企業がデフォルト（債務不履行）したり破産保護を申請するようなことがあっても、最初に支払いを受けられるように対策を講じている。

その保守的な考え方のおかげで、アベニュー・キャピタルはディストレス債権の分野における世界最大級の投資企業に成長した。従業員の数もニューヨーク、ロンドン、ルクセンブルグ、ミュンヘン、北京、シンガポール、香港、ジャカルタなど、アメリカおよびアジアとヨーロッパ各地の事業所を合わせて二七五人以上に上る。二〇一二年一月三一日時点で、アベニュー・キャピタルが運用している資産は約一二五億ドルである。これは以前の運用額である二〇〇億ドルを下回っているが、その理由は主に、二〇一一年の初めにマーケットが上昇したときに、それまで抱えていたディストレス投資の価格が大きく上昇したので手仕舞い、九〇億ドルの資本と利益を投資家に還元したためである。

アメリカ移住前のマラケシュでのマークとソニア（ソニア・ガードナー提供）

兄妹によるパートナーシップ

　アベニュー・キャピタルが成功するに至った方程式はいくつもあるが、そのなかでも際立っているのが、兄と妹による創業だろう。これはディストレス業界を代表する投資家の間では珍しい。マーク・ラスリーと妹のソニア・ガードナーはモロッコのマラケシュで生まれた。そこは何世代も前から一族が住んでいた故郷である。二人の両親は一九六六年にモロッコを離れてコネチカット州のハートフォードに移住し、そこで二部屋のアパートを借りた。七歳だったラスリーと四歳だったガードナーは、もう一人の妹とともに一つの部屋を共有した。父親はコネチカット州の会社に勤めるコンピューターのプログラマーで、母親は子供たちが後に通うことになる私立学校でフランス語を教えていた（アメリカに移住したとき、子供たちは英語を知らず、フランス語しか話せなかった）。夜になると、両親は副業としてモロッコの洋服をブティックに売る仕事もしていた。

ラスリーとガードナーは奨学金と学生ローンを得て、二人ともマサチューセッツ州ウースターにあるクラーク大学に通った。ラスリーは、ソニアの友人で一年生用の学生寮の向かいに住んでいたキャシーと出会い、後に結婚した。ラスリーは一九八一年に歴史学の文学士号を修得して卒業した。ニューヨーク・ロー・スクールへの入学を目前に控えた夏、宅配便トラックの運転手の仕事をしたラスリーは、自分の進学計画を捨てることを真剣に考えた。「宅配便の運転手は稼ぎがいい。自分ならマネジメントに入れると思ったんだ」と、二〇〇七年に母校で学生に対して行ったスピーチのなかで語っている。「でも妻は私がトラックの運転手になることに反対でね。ロースクールに通ってほしいと言ったんだ」。そこで、ラスリーは大きな茶色のトラックを運転する夢を捨て、一九八四年に法学博士を修得した。

そのはっきりした物言いや、カジュアルなセーターとスラックスという装いからも分かるのだが、ラスリーのスタイルは堅実で、そして会社の哲学も分かりやすい。しかしその外見の下には、実は不良資産への投資についての深い理解も隠し持っている。ロースクールのあと、ラスリーはニューヨーク州南部で破産裁判を担当する裁判長エドワード・ライアンの書記を務めた。その翌年は、破産を得意とする法律事務所エンゼル・アンド・フランケルで弁護士として働いた。いくつもの申請書や決算書などを見ているうちに、ラスリーは不良債権を抱えた企業についてだけでなく、それらの企業からどのように利益を得ることができるか、ということに詳しくなっていった。巨大なのにほとんど手つかずの、しかも競争相手もほとんどいないマーケットを見つけたことにラスリーは気がついたのである。

ラスリーは間もなくエンゼル・アンド・フランケルを去り、R・D・スミス（のちのスミス・バシリウ・マネジメント）で民間企業の債務部門のディレクターを務めた。そこで初めて、「トレードクレーム」と呼ばれる、債務者の無担保債券を販売会社やほかの債権者から買って投資家に売るマーケットにかかわった。そして一年後の一九八七年にはコーエン・アンド・カンパニーでパートナー会社の資金五〇〇〇万ドルを運用するという大きな仕事を得た。ちょうど同じころ、妹のソニア・ガードナーがロースクールを卒業したのだが、ラスリーの働くコーエンでは新しい部門で弁護士を探していた。「本当に偶然同じ仕事をすることになったのよ」とガードナーは言う。「そんなふうになるなんて考えてもいなかった。私が卒業したばかりで仕事を探していたところに、兄が、『一緒にどうだ、信頼できる人間が必要なんだ』って言ってくれたの」。当時、ディストレス債券への投資はどちらかと言うと秘密めいたビジネスであまり知られていなかった。ラスリーはコーエンの債権買い取り部門を取り仕切るのに、未来の競争相手になり得るような人物ではなく、信頼できる人物を雇いたかった。ガードナーは一時的な仕事になるだろうと思いながら引き受けた。しかし、その後も二人はずっと一緒に働いている。

最初、ガードナーはロースクールから華やかなウォール街への転身に魅力を感じた。「最初のころは、ストレージ・テクノロジーという、デンバーで破産法の適用を申請した会社に投資していたの。だから、債務者から売掛金を受け取ることになっている債権者のリストをコピーするために、小銭を袋にどっさり入れて、そしてコロラドまで飛んで一週間ほど滞在した。そのリストは何百ページもあって、コピーを取るのに何日もかかった。あのころは、今みたいにネットでリストをダウンロードするなんてできなかったから。わざわざデンバーまで飛行機で出向いて自分たちでコピーを取るなんて、まともじゃないって言う人たちもいた。私たちのライバルはただ、裁判所がコピーをし終わったころ、つまり数週間後とか数カ月後にそのリストを注文して、それを郵便で受け取っていたから。でもこの余分な手間を惜しまなかったからこそ、私たちにはマーケットで債権を一番に買うことができるという大きな強みがあった。ニューヨークに飛んで帰ると、今度はそれぞれの債権者に電話をかけて彼らの債権を買うと話を持ちかけて、それぞれと契約の交渉をするのよ。たしかに、一日一二時間もコピー機の前に立つためにロースクールに通ったのかしら、って疑問に思うこともあったけれどね」とガードナーは笑いながら回想する。

駆け出し時代のこのような経験があったからこそ、非効率的なマーケットがなかにはある、ということを理解することができた。そして、目的を果たすためにはどんなことでもするという意欲を持ち、それに伴う準備に対して熱心に取り組むことができたのである。この意欲と熱意がのちにアベニュー・キャピタルの特色となった。「債権買い取りは競争相手の少ない未開のマーケットで、素晴らしいビジネスだった。私たちはリサーチのやり方や、ほかの企業よりも素早く営業債権者を見つけて契約を交渉する方法を知っていた」とガードナーは言う。

債権者はたいてい、株式や債券を受け取ることには興味を示さなかった。そのうえ、自分たちの債権の金額を取り戻すために破産申請のプロセスを待つことも好まなかった。そのかわり、たとえかなりの割安になってしまっても、債権を売ってすぐに現金を手に入れることを好んだのだ。例えば、デパートのブルーミングデールズが破産法の適用を申請したとき、債権者は小売業者に商品を一〇万ドルで売っていたとしても、もともとのコストはわずか四万ドルだったとしよう。ラスリーが一〇万ドルを一ドル当たり五〇セントですぐに現金で支払う、つまり五万ドル支払うと提案すれば、ほとんどの場合それで合意する価値があったのだ。破産という状況になると、債権者は真っ先に商品のコストを取り戻そうとする。「つまりコストを取り戻して利益を計上することができるのならば、彼らにとっては債権を売る意味があるということなんだ」とラスリーは説明する。

ロバート・バスの目にとまる

ラスリーがコーエン・アンド・カンパニーで働いていたとき、テキサス州の億万長者として知られる投資家のロバート・バスがラスリーの存在を知った。コーエンがファンドの資金を調達することを決めると、当時コーエンのクライアントだったロバート・M・バス・グループが事実上すべての資本金を提供すると持ちかけた。しかし、コーエンはバスの全資本を受け取ることを拒否した。それをきっかけにラスリーとガードナーの兄妹はコーエンを去り、バスで働くことに決めた。「バスの組織に入ってみると、かなりユニークな会社であることが分かった。今では考えられないかもしれないが、当時、本当に資本を持っていたのは、裕福な家族経営の会社だったんだ」とラスリーは回想する。

ロバート・M・バス・グループ（後のキーストーン）は、テキサス・パシフィック・グループ（TPG）を創設した投資家たちが多くいる場所として知られていた。世界最高の未公開株の投資家デビッド・ボンダーマンやリチャード・レインウォーターなど、世界ドルのポートフォリオを与えられた。一般債権や銀行債務、そして上位債に投資する資金として七五〇〇万ス・グループに入ると、ラスリーとガードナーがバ任者であるボンダーマンだった。ラスリー三〇歳、ガードナー二七歳のときのことである。ラスリーは入社してすぐに社員たちを驚かせてくれた、とボンダーマンは言う。「ラスリーは人前で話すタイプの男ではなかった。だが、口を開いたときには、ほかのだれも考えつかなかった投資ビジョンを語りだす。いつも新鮮な視点を提供してくれたよ」

ラスリーとガードナーは自分たちの事業を出身地のモロッコにちなんで「MAROC」と名付けたかったのだが、バスの仲間たちは、配布リストの一番上にくるからAから始まる名前にしたほうがいい、と助言した。そこで、最初の二文字を逆にして「AMROC」にし、アムロック・インベストメントと命名した。アムロックは七五〇〇万ドルの旗艦ファンド以外に、さらに七五〇〇万ドルを引き出すことを許され、合計一億五〇〇〇万ドルの資本を得た。これは当時のアメリカのディストレスファンドとしては最大規模だった。

「バスには頭脳明晰な人たちがたくさんいた。デビッド・ボンダーマン、ジム・コールター、トーマス・バラック――ほかにも大勢いる。最高の時期に入社したうえに、みんな型破りで人間的にも優れた、思いやりの気持ちを持つ賢い仲間と一緒に仕事をしていることにすぐに気がついた」とラスリーは言う。

バスの傘下で良い成績を収めていたラスリーとガードナーだが、およそ二年後、いよいよ独立する決心をした。「多少の思い上がりもあっただろう」とラスリーは認める。バスにいた超大物たちから多くのことを学んだ二人は、自分の資金を投資する準備ができたと感じたと言う。ちょうどそのころ、ジャンクボンドの帝王と呼ばれたマイケル・ミルケンが証券詐欺で起訴された。すると、その影響でミルケンが働いていたドレクセル・バーナム・ランバートが倒産し、信用格付けの低いジャンクボンド企業の多くが赤字をさらに膨らませた。突如として、ディストレス投資家に大きなチャンスが到来したのだ。「今思えば、アメリカでおそらく最高の仕事を辞めてしまったんだ。世界で最初の億万長者の一人と呼ばれる男の資金を運用していたんだからね。当時、億万長者なんてあまりいなかった。だが、後悔はしていない」とラスリーは語る。

一九九〇年、ラスリーとガードナーは自ら用意した一〇〇万ドルの資本を元に、ディストレス投資に特化したブローカー会社を設立した。アムロック・インベストメントという名前とロバート・M・バス・グループとの提携はそのまま継続させた。ガードナーは事業を築いていくことに誇りを感じたと言う。「最初のころは、私たち二人と秘書一人しかいなくて、二人して一日一四時間、休日も関係なく働いたわ。でも少しずつ、当時としては最大級の、企業のディストレス債券を扱うブローカーに成長して、従業員も五〇人以上に増えていった」

ラスリーはクライアントや銀行家とネットワークを作るために会合を持ったり、クライアントのために何十億ドルという債務を仲介したりと、目の回るようなスケジュールで働いた。「あのころ五年間ほどだが、会社と同時進行で自分たちの資金も運用していたんだ。私と妹だけのね」とラスリーは言う。二人は自分たちの勝利の方程式を守りながらアムロックを経営し、同時に個人的な資本も投資し続けて、年率複利リターンが五〇％を超す成績をたたき出した。

最高のコンビ

一九九五年、ゴールドマン・サックスやメリルリンチやシティバンクなどの大企業がマーケットに参入し、ディストレス投資のブローカーであるアムロックは新たな競合相手に直面していた。ブローカー事業の防衛策として、ラスリーとガードナーは友人や家族の資金で最初のアベニュー・ファンドを作った。今回もAから始まる名前にしようと考え、オフィスの所在地であるマディソン・アベニューにちなんでアベニューと名付けた。一九九五年当時は一〇〇〇万ドルに満たない額でスタートしたアベニュー・ファンドだったが、五年後には一〇億ドルのヘッジファンドに成長していた。

そして最初のファンドを開始してから二年後の一九九七年、二つ目のアベニュー・ファンドとなるアベニュー・インターナショナル・ファンドを立ち上げた。これはオフショアファンドで、米国内の非課税投資家や国外投資家の注目を集めた。さらに同年、バスの元同僚でTPG創業者のデビッド・ボンダーマンがラスリーに、機関投資家向けのディストレスファンドを運営してみないかと持ちかけてきた。このパートナーシップによって、未公開株の構造を持つ機関投資家向けのファンドを提供するという、新たな戦略が生まれた。それは、TPGがファンドのゼネラルパートナーとなり、利益の一部を受け取るというものだった。TPGの協力を得て、ラスリーたちはすぐさま、アベニュー・スペシャル・シチュエーションズ・ファンドLPという、七年間のロックアップ期間付きの一億三〇〇〇万ドルのファンドを立ち上げた。

二〇〇一年には、アベニューが運用する資産は大きく増えた。ディストレス投資のブローカーであるアムロック・セキュリティーズのほうも、経営は続いていた。しかしラスリーとガードナーは、重大な決断に迫られていた。自分たちが定めた水準の成績を出し続けるには、両方の事業を続けることはできないことに気がついたからである。そして同年八月、二人はアベニューに全勢力を注ぐためにアムロックをたたむことを決めた。アムロックの債権買い取り部門にいた従業員はアベニューに異動し、マーケットにおける存在感が損われないようにした。アムロックのデータベースは、それだけでも事業を続ける価値があるような貴重なものだった。ガードナー曰く、「アムロックは債権買い取り業界のメリルリンチ的な存在。このマーケットで最大で最も活動的だったのがアムロックで、それを知らない人はいなかった」。

二〇〇四年、アベニューはヨーロッパに力を入れたディストレス事業を立ち上げ、シニア・ポートフォリオマネジャーにリッチ・フュルストを迎えた。ディストレス債権を買うだけでなく、融資を受けられずにいるヨーロッパの小規模企業にアベニューが融資をする。アメリカと比べて、この地域ではハイイールド債のマーケットがそれほど発達していないことから、これは重要なサービスだった。現在、アベニューは資産のほとんどを欧米の戦略に投入している――ヨーロッパでの投資のために用意されてフュルストの監督下に置かれた三五億ドル以上の資金、そしてロンドンとミュンヘンに在住する熱心な投資のプロたち二〇人なども それに含まれている。残りの資産は、一九九九年に事業を始めたアジアやそれ以外の複数の事業に投資されている。

「一夜にしてわれわれが二〇〇億ドルを手に入れたと思っている人がいるが、これは口で言うほど簡単なことではない」とラスリーは語る。「われわれには経験があった。良いリターンも出していた。インフラが整っていただけでなく、良い人材もそろっていた。そしてこれが重要なのだが、資金集めは難しい状況だったにもかかわらず、質の高い、安定した長期投資家を抱えていたからこそ、それが可能になった。そして、運良く時間や場所のタイミングにも恵まれたんだ」

もちろん、運だけではない。ラスリーとガードナー兄妹の特徴とも言える、綿密な投資手法が成果を上げていたのだ。ガードナーは次のように説明する――「アベニューを立ち上げたとき、資金集めをする前にまずはインフラを整えようと決めたの。順番が逆になっているファンドは大変な結果になることが多いから。十分な数のスタッフを常に配置して、事務を行うオフィスと本部オフィスがファンド開始の初日からいつも準備されているようにお金を使った。もちろん、スタッフやほかの資源は少しずつ増やすという計画でね」。

ガードナーは今、アベニューのグローバル事業の経営をあらゆる側面から監督することに、ほとんどの時間を費やしている。「ファンドのなかには、経理やコンプライアンス、法務、投資家向け広報活動、そしてITの能力といった、質の高い企業インフラを整えることを重視しないところもある」とガードナーは言う。「ただフロント部門にだけ気を配っているのね。でも、いくら素晴らしいリターンを出しても、事務処理業務のほうが散々だったら、倒産してしまう」

最高のコンプライアンス文化を持つことがいかに重要かをガードナーは強調する。「会社トップの倫理的な態度がその組織の原動力になる――それが企業文化に植え付けられていないといけない。これは従業員が一人だろうと、数百人だろうと、数千人だろうと、共通して言えることよ」

DEショー・アンド・カンパニーのマネジングディレクターのダーシー・ブラッドベリーは、二〇〇七年に金融マーケットについて調査する大統領の作業部会でガードナーと一緒に働いた。ブラッドベリーはガードナーの倫理感覚や基本を大事にする姿勢を思い出して言う。「私たちは、アセットマネジャーや投資家たちのために、業界における堅実な投資方法について報告書を作成する仕事を任された。ガードナーはいつも誠実で高い道徳観を持っていて、それを議論の場でも見せてくれた。長期にわたって事業を築いていくための最高の方法とは何か、そこに近道などないこと、目的を明確にすること、そして何といっても結局は顧客である投資家が自分たちを信頼していなければならないこと――そういうことを教えてくれた」

ラスリーとガードナーはそれぞれの長所でお互いを補い合っている。事実、この最高のコンビの仕事ぶりが認められ、ラスリーは二〇一〇年のＨＦＭウィークというトレードの業界誌で「最も影響を与えた五〇人」に選ばれている。

ダイヤモンドの原石を探す

ウォール街では、一般的に業績の良い健全な企業が投資対象になることが多い。しかしラスリーは、窮地にある企業を投資対象として検討することに何ら不安を感じていない。クレジット市場の状況が改善するどころか、むしろ徐々に悪くなるかもしれないという状況で投資をしていても、一般的な投資家とは違い、ラスリーは恐れを感じないのだ。「たいていの場合、問題を抱えた企業のなかに埋もれている価値を探しているんだ。そしてそういった企業の資産を割安で買おうとする。反対に、ほとんどの投資家は、何も問題を抱えていない企業を見つけようとする。だから企業が問題を抱えるとみんな神経質になるんだ。私たちは、一般的な投資家とはかなり異なる視点で世界を見ているんだよ」

ディストレス投資の分野で長く経験を積んできたラスリーにとって、行き詰まった企業をふるいにかけて選択していくという作業は本能に近い。問題を抱えている企業を見つけると、「この企業の価値はいくらか？　この企業はいくらの資産を持っているのか？　その資本構成のなかのどこに、われわれは入りたいのか？」という質問を自分自身に投げかける。例えば、一〇億ドルの負債を抱えながらも価値が一億ドルしかない企業を簡単な例として挙げる。

「有担保債権者で最初に二五〇〇万ドルをもらえるのならば、安全だと言える。ところが、資本構成の一番下にいて、だれかに九億ドルが支払われたあとでないとお金を受け取れないとしたら、それは安全ではない。たとえ無担保債権者になったとしても、資本構成のなかにいるすべての無担保債権者に対して支払える価値が企業にあると考えられるならば、それでもいいのだ」とラスリーは言う。

次に負債の面を考える必要がある、とラスリーは続ける。「例えば、一〇億ドルの負債の内訳が二億ドルの担保付き債務と、三億ドルの無担保の上位債務と、五億ドルの劣後債だったとする。企業の価値が二億ドルしかなかったら、無担保債権者には何も残らない。お金はすべて有担保の投資家に渡る。しかし、企業の価値が五億ドルあれば、有担保債権者は額面を受け取り、無担保の上位債務を持っている投資家もすべての資金を取り戻すことができるだろう。企業の価値を分析し、それを負債と比べることで、資本構造のどの位置に自分がいるのか、そして自分の残りの価値がいくらくらいなのかを判断しなければならない」

ディストレス投資は株式投資に比べるとリスクが高いと言われることが多いが、ラスリーは、実際にはディストレス投資のほうがリスクが低いと考えている。そして、投資がうまくいかなくても資金が守られていると安心できるような投資しか追求しない。だから、会社にいる投資のプロたちには、最悪のシナリオを調べさせる。「その投資がどんなに素晴らしいかなんて知りたくない――どのような打撃が考えられるのかを知りたい。投資に失敗しても守られていると分かったら、そこで初めて成功したときの可能性について考える」

アベニューは通常、一度に四〇～五〇のポジションを持っている。通常は八〇％を投資して、残りの一〇～二〇％は状況を見ながらマーケットにチャンスが訪れたときのために現金で持っていることをラスリーは好む。これまで、リターンを増幅するためにレバレッジを使ったことは一度もない。「ポートフォリオにレバレッジがかかっていると、マーケットが理性を失ったときに自分も理性のない行動を取ってしまう。本当は、マーケットが理性を失ったときには、自分は理性的に行動しなければならないのに」

未公開株のような構造を持つアベニューのファンドの多くは、機関投資家の目には魅力的に映る。現金を遊ばせてしまう可能性を限定し、短期的に理性を失ったマーケットの動きに影響されにくい、安定した資本を提供してくれるからである。また、アベニューの成功報酬控除後でも良好なリターンを得ることができる。

ディストレス投資の分野で著名なほかのマネジャーと比べると、アベニューは特に「保守的なほうだ。ある会社の負債を買うのが自分たちしかいない、ということもよくある」とラスリーは言う。ライバル企業としてオークツリーとアンジェロ・ゴードン、そしてセンターブリッジをラスリーは挙げながら、「これだけあっても、株の世界に比べれば、こっちの分野のほうがずっと数が少ないということが分かるだろう」。

アベニューが他社よりも本当に優れているのは、経験豊富な投資チームがある点と、破綻手続きやリストラにまつわる問題やリスクについて根本的な深い知識を持っているという点にある、とラスリーは考えている。アベニューの投資チームは、財政難で奮闘している企業に潜在的価値を見いだしたり、破産プロセスそのものにまつわるリスクを計算したり、リストラのあとに現れるチャンスを評価したりすることに熟練している。彼らは総合的なアプローチを使ったり、数多くのディストレス投資を二〇年以上も行うなど、幅広い経験を積んでいる。財政難の企業の基本的な価値、さらに破産にまつわる特有のリスクやチャンスを理解していることが、ラスリーの投資チームの大きな強みである。その結果、ディストレス投資の世界でリスク調整をして並外れたリターンを獲得しているのだ。

「企業が破綻する過程でどのように運営され、それが進行中の事業にどのような影響を及ぼすのか――それをまず理解する必要がある」とラスリーは言う。「そして、いろいろな規律をひとつに調和させなければならない。それがわれわれの持つエッジである。いろいろな規律をだれよりもよく理解するために必要な専門知識を、われわれは持っているのだ」

「バフェットが成功した理由、あるいはほかの投資家が大成功した理由は何かというと、彼らがだれでも手に入るデータからほかの人には見えなかった何かを見つける能力を持っていたからなんだ。ディストレス投資の世界でも同じだ。情報はすべて公開されているものだが、われわれはその複雑な情報を分析したり、リスクを評価するという仕事を人よりもうまくやることができる。この業界で長年経験を積んだ素晴らしい投資のプロがアベニューにはいる。私たちがこれまで成功してこられたのは、結局のところ、そのおかげなんだよ」

実際、アベニューの業績があまりにも良かったので、二〇〇六年一〇月にはモルガン・スタンレーが約二億五〇〇〇万ドル出資してアベニューの株の一五%を買った。金融危機以前ならば、大手の投資銀行がアベニューの出資者になってくれるなんて夢のような話だっただろう。この取引の交渉に当たったガードナーの話によると、アベニューの株をもっと多く買うと申し出た投資銀行がいくつもあったのだが、事業の支配権を維持させてくれると言ったモルガン・スタンレーとの取引に応じて契約することにしたのだという。アベニューは、モルガン・スタンレーから受け取った株式売却代金のすべてをアベニュー・ファンドに投資した。実はこの取引の背景に、当時、モルガン・スタンレー・インベストメント・マネジメントのオルタナティブ投資部門で共同部長を務めていたスチュアート・ボハートが、モルガン・スタンレーの能力を拡大することを望んでいたという事実があった。

「モルガン・スタンレーは未公開株式、不動産、ファンド・オブ・ファンズの分野で強い存在感を示していたが、ヘッジファンドではそうではなかった。だから、ヘッジファンドと提携することで強い存在感を生み出したかったのだ」とボハートは語る。ところが、信用危機が起こり、モルガン・スタンレーのような金融機関が一番の打撃を受けたため、彼らはまず自社の存続に集中しなければならない状況に陥ってしまった。

価値を見つけだす

ラスリーは、良さそうな投資対象を探しているだけではない。「私は自分のことをバリュー投資家だと思っている。価格が正しく評価されていない投資対象を探して、それに付加価値を与えようとしているんだ。アベニューにとっての投資とは、自分たちの仕事を信じること、そして、たとえウォール街が切り捨ててしまっていても、自分たちは自信を持って投資できるような企業を見つけることなんだ」

ディストレス投資家が特定の企業のマネジメントやバランスシートを完璧に理解するには、多くの場合、業界の展望やテーマを知ることが重要になってくる。各地に点在する世界最大の地域テーマパーク操業者のシックス・フラッグスに、アベニューが投資して成功したときもそうだった。アベニューがフォードに投資したときと同じように、まず、レジャー産業を担当しているアベニューのアナリストとリストラの専門家たちが、シックス・フラッグスについて詳しく調べ上げた。そして、この債券や銀行からの担保付き上位債務ならば、公に取引されている類似企業と比べてかなりの割安で投資できるという結論に至った。「会社によって状況はまったく変わる」とラスリーは言う。「資本構成全体を見て、すべての資産に評価を下してから、本当の価値を計算しなければならない。それから次に、企業再建をする側に立ち、どのように、そしてどのような形態で資金が分配されるだろうか、ということを考える。現金になるのか、それとも再建後の株式か？　負債は元のままになるのか？　テーマパーク産業については、競合会社がいくらで取引されているかも知っていたし、この業界における過去の売り上げも調べてあった。だから類似企業と比較して、最大で五〇％安く投資できると考えたんだ。それならばリスク対リワードに見合った投資だと」

二〇〇七年、アベニューはシックス・フラッグスの二〇一〇年満期の債券を、額面から大幅に割り引かれた価格で大量に買い始めた。すぐにやってくる満期の借り換えを管理しやすくするために、二〇一〇年の債券を、クーポンをずっと高く設定した長期上位債のノートと債務交換することを提案した。この新しい上位債ノートのほうが優先順位が高いため、交換しなかった場合と比べて約一〇億ドルも価値が上がることになる。これによって、アベニューの資産担保率とリスクプロファイルは大きく向上された。こうして完全防備されているポジションを建てることができたわけである。二〇〇八年に金融危機に拍車がかかると、投げ売り価格になった銀行からの担保付き債務をアベニューは大量に買い始めた。これは、すでに保有していた上位債ノートに対するバーベル戦略（短期債券と長期債券をバランス良く投資すること）となった。

企業再建に直面したシックス・フラッグスは二〇〇九年四月、株式の約八五％を劣後債に回し、そして残りの株式を既存の優先株と普通株の株主で分配するという債務交換を提案した。シックス・フラッグスの上位債ノートと銀行からの債務はそのままになる。しかし、それでは急速に大きくなりつつあった流動資産問題を解決することができないということで、これはすぐに廃案となった。債務交換については何回か案が出された。その間、ラスリーたちはシックス・フラッグスの経営陣に対して、より実現可能な代替え計画を考えようと交渉を持ちかけていた。その内容は、新たな資本として一億ドルをアベニューが現金で注入して助けようというものだった。また、アベニューを筆頭とする上位債保有者のグループは株式の九七％を受け取るが、劣後債ノートの保有者はわずか三％、そして優先株や普通株の保有者はゼロ、というものだった。しかし、二〇〇九年六月初めにシックス・フラッグスがラスリーたちに対して、アベニューの現金注入を二億ドル以上に引き上げてほしいと要求したことから、この交渉は行き詰まった。

ちょうど同じ期間に、シックス・フラッグスは銀行との交渉に入り、貸し手となる銀行らと同意書を交わしたのちに、急ぎ足で破産法第一一条の会社更生法の申請を行った。しかしこの第一一条の手続きが始まると、経営陣は銀行が示した計画を捨てた。そして、銀行には額面で借り換えをして株式の九五％は上位債にまわすという、アベニュー主導の上位債ノートの計画を採用した。

別にアベニューは破産に一直線の企業を探して、その支配権を得ようとしていたわけではない。「債券が一ドル当たり三〇、四〇、五〇セントでも、その資本構成における自らの位置を考えたときにその投資額が資産価値で賄われるため、最終的には額面どおりのお金が手に入る――そう信じられるようなチャンスを見つけだすことができれば、ディストレス投資家にとって最大の勝利になる」とラスリーは言う。シックス・フラッグスの場合、最悪のケースでも額面どおり、もしも株主割り当て増資をして株式を受け取り、事業の運営変更して利益を増すことができれば、額面よりもかなり価値が増えると考えたのである。

「もしも資本を簡単に調達することができれば、ほかの投資家たちも出資してくれるだろうから、われわれは額面プラス経過利息を手に入れることになる。しかし、資本の調達が難しい場合には、そのときは会社の支配権を握ってかなり低いPER（株価収益率）で大量の株式を作ることになる。当時、シックス・フラッグスには破産法の適用を申請する以外に道はなかった。巨額の負債を抱えていたんだ。EBITDA（利払い税引き前減価償却前利益）が二億ドルほどしかなかったのに、負債を約二五億ドルも抱えていたのだから」とラスリーは言う。

アベニューが投資を約束すると、劣後債の保有者たちが株式の支配権を握りたがった。「支配権が欲しければ、額面プラス経過利息を払ってもらうと伝えると、払ってくれた」とラスリーは言う。最終的には、劣後債の所有者たちが会社の支配権を握った。そして、四億ドルの負債額に対して、四億八〇〇〇万ドル以上もの現金がアベニュー率いる債券保有者のグループに渡った。上乗せ分の八〇〇〇万ドルは破産前と最中に発生した経過利息で、現金注入で支持していたアベニューに支払う手切れ金だった。「相当な投げ売り価格を買った投資だったが、最終的には額面を超えて大成功したというわけだ」

二〇〇八～〇九年、大型株にかかわるチャンスがアベニューにいくつもめぐってきたが、現在は信用が中程度の企業（つまりバランスシートの負債が一億～五〇億ドルの企業）に焦点を絞っている。「二〇〇八年ごろはみんな不安のほうが大きくて、企業の価値よりも流動性のほうに注目していた。実際によくあることなんだ。流動性に注目してしまうと、それが最優先になるので売りたいと思う傾向が強くなる。一方で、流動性だけではなく投資の質にも注目すれば、信用について正しい判断をして安定した資本を持っているかぎり、大きな成功を収めることができる」とラスリーは言う。

アベニューがポートフォリオに対してこれほどしっかりと注目していることを、アベニューの投資家は評価している。アベニューが長年の間、継続して新しい資金を調達できているのも、こういったことが理由である。家族や友人から集めた資本で起業した一九九五年以来、アベニューの投資家構成は大きく進化した。二〇一一年末の時点で、アベニューの資産の五割以上が公的年金基金と企業年金基金の資本で成り立っている。残りの多くは基金や寄付金、ファミリーオフィス、そして保険会社などで占められており、個人富裕層は一％に満たない。

ペンシルベニア・パブリック・スクール・エンプロイーズ・リタイアメント・システムのディレクターを務めるチャールズ・スピラーに話を聞いた。スピラーは二〇〇〇年後半に、ニューヨーク・ライフという保険会社の紹介を受けてアベニューで投資を始めた。そして一〇年間、未公開株のポートフォリオで一五～一七％の利益を出し続けている。「アベニューの成績に感心する以上に、負債の利用を慎重に行っていることに魅力を感じた。アベニューはポートフォリオにレバレッジをかけていなかった。また、アベニューの適正評価やクレジット分析も気に入っていた。もちろん当たり前のことだが、リスクのないものなどない。マーク・ラスリーに投資している投資家は、けっしてパニックを起こさない。それはラスリーが安心感を与えてくれるからだ。ラスリーは他人に惑わされたりしない」とスピラーは言う。

しかし、アベニューのような大規模のファンドであっても、金融危機のあとでは流動性について考えて、何らかの行動計画を持つ必要がある。「だれだって流動性について心配するだろう。だが、われわれは構造的に短期資金よりも長期資金のほうが多い。それにマーケット状況が厳しくても、ディストレス投資の分野ならばできることはたくさんある。過去にも厳しい時期を経験したが、いつだって何かしらの道を見つけてきた。二五年以上この分野で続けてきた利点がそこなのさ。マーケットの動きを理解できるようになる。退屈な瞬間なんてない。そういうところが気に入っているんだ」とラスリーは言う。

第5章　デビッド・テッパー
――恐れを知らない先発者

The Fearless First Mover -- David Tepper, Appaloosa Management

「ほかの人が冷静でいられないときに、われわれは冷静でいる。大事なのは、マーケットは順応するということだ。人間も順応する。世の中にあふれているたわ言に耳を傾けてはいけない」――デビッド・テッパー（2010年5月に開催されたアイラ・ソーン投資家向け会議でのスピーチより）

ピッツバーグ・スティーラーズのマイノリティーオーナーとなり、2011年の第45回スーパーボールを前にチームユニフォームを着るデビッド・テッパー（デビッド・テッパー提供）

デビッド・テッパーはうんざりしていた。一九九二年後半、三五歳だったテッパーは、だれもがうらやむゴールドマン・サックスのパートナーの地位への昇進を見送られたのだ。これで二回目だった。神のようにあがめられているこの金融機関のために、来る年も来る年も何百万ドルという利益を上げながらジャンクボンドのトレーダーとして出世階段を駆け上がってきた。身を粉にして働いてきたテッパーは、「なんだ、ずるいじゃないか」という感情を抱いた。しかし、その年の冷遇は不思議ではなかった。その理由をよく理解していたテッパーは、ついに辞めるときが来たと感じた。

一九八五年四月、二七歳でキーストーン・ミューチュアル・ファンズのアナリストとしての仕事を辞めてゴールドマンに入ったときは、大当たりを引き当てたと思った。ゴールドマンは新たにハイイールド部門を立ち上げている最中で、テッパーはそのクレジットアナリストとして雇われたのだ。現在五四歳になったテッパーは、ニュージャージー州ショートヒルズのオフィスに置かれた巨大なマホガニーの机を前に、当時について思い出しながら語る。すぐにアナリストという職業に嫌気がさして、難しいトレードの仕事をしたいと思ったと語る。「本当に、トレードの世界について学びたかったんだ」。当時、トレーダーとして働いていた男がいたが、あまり企業向きの人間ではなかった」。テッパーは身長一八〇センチを超すがっちりとした体格で、ベビーブルーの瞳を持つ。人間計算機のようには見えず、どちらかと言うとアメフトの選手のようである。「その男は会社を理解する能力はないくせに、金利の動きについて詳しいような奴だった。だからトレーダーの仕事には向いてなかったんだ」。ゴールドマンに入って六カ月もしないうちに、テッパーは昇進の機会を得た。

ゴールドマン・サックスでの経験

キーストーン時代のテッパーはクレジットアナリストとして懸命に働いてきた。しかし、ゴールドマン・サックスに入ると歓迎ムードではなかったようだ。その背景に、一九七九年にトラベラーズ・コーポレーションがキーストーンを買収していたことがある。テッパーはクスクスと笑いながら言う。「私がゴールドマンに雇われたから、トラベラーズはゴールドマンを切り捨てた。トラベラーズが取引をしてくれないことで、私に対して憤りを感じていたセールスマンが数人いてね。最初はやりにくかったよ。でも、その年の終わりごろには、私の仕事ぶりを見てトレーダーに昇格してくれたんだ」。一九八五年は、ほかにも驚くことがあった――四月に年俸一五万ドルの契約を交わしたのだ。これはキーストーンにいたころよりもはるかに多い給料だった。「トレーディングフロアにいたら、年末評価をするからと言う上司にオフィスに呼ばれた。そして一五万ドルやるって言うんだ。もう有頂天になったよ」と思い出しながら言う。「一五万ドルを分配でもするのかと思っていたんだ。それにボーナスの仕組みなんてまったく知らなかったからね。それはうれしくて、まあ、何も分かっていなかったのさ」

翌年、テッパーはゴールドマンでさらに多くの利益を生み出し、ジャンクボンドトレーダーのトップになった。そしてボーナスの額を見て、再び有頂天になった。「私の仕事ぶりを考えればかなり安いボーナスだったんだが、そんなことは知らずに、これ以上ないっていうほど喜んださ」。家に帰って妻のマリーンに早く伝えたかったが、その前にウエハースでお祝いをしようと、会社の近くにあるセブンイレブンに寄った。六〇万ドルという報酬はそれまでの人生で最高額だった。「それでも仕事に見合った給料じゃなかったなんて、知らなかったんだ！」と大声で叫ぶ。翌年の一九八七年も連勝を記録し、株式市場が下落した局面だったにもかかわらず、さらなる利益を生み出した。「下落局面を前にして、私はポートフォリオのすべてを空売りのみにした。買いのポジションはひとつもなかった。それで下落中も、下落後も、大金を稼いだよ」と笑いながら言う。「あれは最高だったね」。残念なことに、ゴールドマンのほかのトレーダーはそれほど良い成績を残せなかった。「たしかに昇給していたが、もっと上がってしかるべきだった」

その輝かしい成績とは裏腹に、所属していた部門での人気はそれほどではなかったようだ。仕事に百パーセント集中していない人たちに対して遠慮せず立ち向かう性格だったからだろう。

そのころ、一八歳の天才チェスプレーヤーのボアズ・ワインシュタインもインターンとしてデビッド・デルシアについてテッパーとトレーディングフロアで働いていた（ワインシュタインはのちにドイツ銀行の信用デリバティブ部門を発展させ、今では五〇億ドルの資産を持つサバ・キャピタルを運営している）。ワインシュタインの幸運は、ある日の午後、姉のイラーナを訪ねてゴールドマンに立ち寄ったことから始まった。以前からゴールドマンのインターンシップに応募していたが、なかなか採用されず、その日もインターンの採用はしていないと言われたあと、帰り際にトイレに立ち寄った。するとそこで、当時の社債トレード部門の責任者だったデルシアにばったり出くわしたのだ。アメリカのチェス連盟でエキスパートの地位を得ているデルシアは、さらに上級のマスターの地位を持つワインシュタインと何度も対戦していた。そこで、ゴールドマンのトレーディングデスクでワインシュタインがインターンシップを獲得するまで、デルシアがいくつもの面接を世話してくれた。

「あれはインターンなんかじゃなかった」とワインシュタインについてテッパーは語る。「単にデルシアとチェスをするために雇われたんじゃないかって思っていたから、二人にはよく文句を言ったさ。なんで、こいつがここにいるんだ、ここで何してるんだ、ってね」。テッパーはよく暇つぶしに、「ミシガン州にはいくつのシナゴーグ（ユダヤ教の礼拝堂）があるか？」などの雑学問題を出していたと言う。そしてその答えを調べるのが、ワインシュタインの役目だった。「あのころはまだグーグルなんてなかったから」と笑う。「でも私はいつも正解を知っていた。歴史は大得意だったんだ」

テッパーは、優れた経済学者でオプションの価格を計算するブラック・ショールズ・モデルを共同開発した故フィッシャー・ブラックとも何度か議論を交わしたことがあると言う。ブラックは時折、テッパーのオフィスを訪れ、テッパーのポジションについて疑問を投げかけるのだと言う。あるとき、ある債券の価格について、それは高すぎるから株を買ったほうがいい、とブラックが助言した。それに対して、テッパーはこう答えた――「ブラックさん、もしあなたの言うとおりにしたら、私はクビになってしまいます。長期で見ればきっとあなたのほうが正しいでしょう。でも今後三カ月間に限っては、あなたは間違っていると思う。あなたの言うとおりにしたら、ひどい目に遭いますよ」。

会社のための利益

テッパーの直感は当たり続けた。会社に何百万ドルという利益をもたらし、一九八八年にはパートナーへの候補に挙がるほどだった。一九九〇年にもその話が再び持ち上がったが見送られた。三三歳だった当時、昇進を見送られたテッパーは、「あれほど会社に利益をもたらしてきたのに」と動揺した。

一例を挙げよう。一九九〇年にアメリカのS&L（貯蓄貸付組合）危機が起きた。このとき、テッパーはリパブリック・バンクやエムコープなど、財政難に苦しんでいた金融機関の持ち株会社の証券を買った。経営不振の銀行が政府に差し押さえられて新たな経営者のもとで事業を再開するとしても、銀行持ち株会社の経営状態のほうは非常に良く、何十億ドルという現金や分けることのできない資産を持っていたからである。いくら政府でも、持ち株会社のそういった資産を取り上げることはできないということに、テッパーは気がついたのだ。

このように、テッパーがゴールドマンに多くの利益をもたらしていたまさにそのとき、ゴールドマンの決算は何とかギリギリで黒字を保っているという状態だった。さらに、ジャンクボンド部門にいたテッパーが、リスクアービトラージ部門が行っていたディストレス投資を奪ったことで、テッパーは縄張り争いに巻き込まれた。法人金融部門とはもっとひどい争いになった。ゴールドマンの自己資金の投資について、会社に命令されたトレードのなかに不適切なものがあると感じたテッパーは、それを法務部に通告した。それが法人金融部門の大きな怒りを買ったのだ。「そんなこと気にするもんか。自分が間違っていると思うトレードを会社のためにしろって？　そのトレードの責任を取らされて刑務所に入って子供たちに会えなくなるのは私だろう？　そのトレードを拒否したから、パートナーにもなれなかったというわけだ」とテッパーは言う。

テッパーの良き師であったロバート・ルービンですら、テッパーをパートナーにする手助けはできなかった。ルービンはゴールドマンの国際リスクアービトラージ部門でトップに君臨した伝説的人物である。一九八〇年代後半に国際リスクアービトラージ部門を去ると、一九九〇～九二年の間はゴールドマンの共同会長を務めた。一九九二年にゴールドマンを辞め、国家経済会議の委員長としてクリントン大統領の経済チームの仲間入りをし、後に財務長官となった。

テッパーは、ルービンが会社を去ったあとも彼に助言を求めていたのだが、それが新たに債券部門の共同部長に就任したジョン・コーザインの気に触ったらしい。「これはみんなが知ってることだろうが……。テッパーは、コーザインではなくルービンにいつも相談してると陰で言われていたんだ。だが、政治的な理由があってやったことじゃない。ルービンは証券市場で何が起きているかをよく知っていた。だが、コーザインは財務を扱う人間で企業に関する知識をあまり持っていなかった。それだけのことさ。コーザインを裏切るつもりはなかったが、取り巻きのようにべったりしていたわけでもなかった。私がバカだったんだよ。ただ仕事ばかり一生懸命にやって、答えばかり求めていた。そして、できるかぎり効率的な方法でと考えていたんだな。だれかを傷つけようとか、傷つけまいとか、そういうことまでは考えていなかった」とテッパーは言う。

Aから始まるアパルーサ

すでに自立する心の準備が整っていたテッパーは、ゴールドマン・サックスで八年過ごした一九九三年初め、ついに行動を起こした。ゴールドマンのクライアントで投資信託の世界では伝説的存在であるマイケル・プライスの協力を得て、プライスのオフィスを間借りした。そして、新たなファンドを始める資金を集めるために、自らの口座を積極的にトレードし始めたのだ。そのわずか数カ月後、ゴールドマン・サックス・アセット・マネジメントでシニア・ポートフォリオマネジャーを務めていたパートナーのジャック・ウォルトンと共に、ファンドを設立する準備が整った。ファンド・オブ・ファンズや保険会社、そしてゴールドマンで知り合った投資家などから五七〇〇万ドルの資金を集めることができたのだ。

残すところ、新たな事業に足りないものは完璧な社名のみだった。当時はギリシャ神話が人気だったので、空飛ぶ馬として知られるペガサスという名前にしたかったのだが、その名前はすでに使われていた。そこでウォルトンは図書館で馬に関する一冊の本を借りてきた。当時のトレードは、アルファベット順にファクスを受け取って注文処理をしていた。そのファクスを最初に受け取るためには、社名はAから始まるものでなければならないと考えていた。ゴールドマンでの経験から、二分の遅れが運命の分かれ目になることはよく分かっていた。最初に見つけたのは「アカイコス」だったが、発音が難しいため見送った。そして「アパルーサ」という名前を見つけたので、それに決めた。こうして新しいファンドが誕生した。

テッパーは子供のころからいつも、三〇歳になるまでに百万長者になりたいと思っていた。「そういう子供は多い。貧しい暮らしのなかで幼少期を過ごすと、それが刺激となって人生で成功したいと考えるものなんだ」と彼は言う。まだ三〇代に入ったばかりだったが、テッパーは事業を始める一歩手前まで来ていた。彼を億万長者にしてくれて、五〇歳の誕生日を迎える前に世界で最も裕福な人物にしてくれる、そんな事業を。

生い立ち

一九五七年九月一一日、デビッド・アラン・テッパーは下位の中産階級の家庭で三人中二番目の子供として生まれた。ペンシルベニア州ピッツバーグのイーストエンド地区にスタントンハイツという地域があるのだが、そこに建てられたレンガ仕立ての長屋で育った。父親のハリーは会計の仕事をしていた（公認会計士ではない、とテッパーはその違いを強調する）。母親のロバータはピッツバーグの多くの公立小学校で長い間教師をしていた。「非公認」会計士の息子だったテッパーだが、数学の才能は幼少時から並外れていた。あまりにも優秀だったので、小学二年生だった姉のシェリルが、珍しいものを持ってきて発表するショー・アンド・テルという学校行事にテッパーを連れて行った。「まだ四歳か五歳くらいだったが、すでに掛け算も難しい足し算もできた。ろくに言葉も話せないうちから、計算ができたんだ」とテッパーは言う。

小学校時代は引っ込み思案だったテッパーだが、やがてクラスの人気者となりスポーツ少年へと成長した。「背が高くて最初こそおとなしかったんだが、高校に入ってアメフトを始めるとお調子者に変わってクラスの人気者になった」と彼は言う。十代後半は祖父のベンジャミン・タウバーグと暮らした。タウバーグは孫のテッパーに大好きな野球と地元チームのピッツバーグ・パイレーツについて教え込んだ。テッパーは子供のころ野球カードを集めていた。「大リーグの選手は全員知っていた。選手のカードをめくって、その選手の成績まで言い当てることができたんだ」。アメフトの大ファンでもあったテッパーは、二〇〇九年九月二五日にピッツバーグ・スティーラーズの非支配持ち分の五％を買うという契約に署名をし、チームオーナーになるという長年の夢をかなえた。スティーラーズのホームゲームには必ず、大親友四人と連れだって自家用ジェットで試合を見に行くのだそうだ。

高校は自宅から近い、ピッツバーグ市内イーストリバティ地区にあるピーボディ高校だった。その学校は「闘争的」なことで知られていて、二年生のころなど、ほかのチームとのケンカが絶えなかったという。見かねた学校側は、ついに生徒が試合に参加することを禁止してしまった。

奨学生プログラムに入っていたテッパーであったが、それでも教頭の部屋によく呼び出されていた。あるとき、英語の授業中に先生から退室を命じられたので廊下にいると、廊下なかで何をしているのか、と警備員に呼び止められた。「英語の先生に教室を追い出されたんだ。動物のような態度の奴は動物みたいに廊下をうろついていろって。だからこうして、その言いつけを守ろうと頑張ってるのさ」と答えた。思い出しながら笑うテッパーは、「でも悪い子供ではなかった。ただ飽き飽きしていただけさ」と語る。

また、化学の授業で使った噴射ボトルを使って廊下でケンカを始めたということで、友人のウィル・ワナメーカーと教頭室に呼び出されたこともあった。「ただ水を噴射しただけなのに」と笑いながら言う。ピーボディ高校では不品行な生徒に対して、懲罰として一〇日間の停学か木製のへらによる一〇回の尻たたきを与えていた。「あのへらのことはよく覚えてる。正方形で、穴がいくつも開いていた。風の抵抗を減らしてもっと痛くするために開けられた穴だったんだ」とテッパーは説明する。停学と尻たたきでは、どちらがより厳しい罰なのかをテッパーとワナメーカーが教頭室の隅に座りながら真剣に考えていると、突然火災警報器が鳴り、二人は教頭室の外に急いで出された。「へらの尻たたきを受ける寸前までいったのは、あのときだけだった。両親に話を知られてしまうほうがまずいかも、と自問自答していたんだ。本当に難しい決断だったよ。たしか、へらのほうがまだましかも、と決めかけていたんじゃなかったかな」

Aが取れなかった高校時代

高校では奨学生プログラムに入っていたテッパーだが、勉学に励むやる気はなく、在学中の四年間で一度もAを取ることはなかった。授業をさぼっては、道を挟んで向かい側にある神学校によく行った。「神学校に行ったのは、タダでパンケーキがもらえるからだった。そのあとは神父たちとおしゃべりするんだ。私自身はユダヤ教徒だがね、タダでパンケーキがもらえるなら欲しいじゃないか！　別に悪い生徒だったわけじゃない。真剣に勉強していなかっただけさ」。しかし、高校時代に真剣に取り組んだこともある。高校四年生のとき、『バイ・バイ・バーディ』というミュージカル劇で父親役を演じ、ピーボディ高校の最優秀俳優賞を受賞した。その授賞式ではスタンディングオベーションを受けるほどだった。そのころにはすっかり、内向的ではなくなっていた。「ものすごく引っ込み思案な人だったら、高校で最優秀俳優賞を取ることなんてできないだろう」とニヤリと指摘する。

父親は柔和な人ではなかったが、お互い数字に強い興味を持っていたことから、テッパーは若いころから投資について父親から学んできた。「たしか父がいくつかの会社に少額の投資をしていて、私はその株の動きを観察して、父の成績を追っていたんだ」。父親は偉大なる投資家というわけではなかったが、それでもテッパーは投資に興味を持ち、高校の先生たちに株式市場について話をしたことを今でも覚えているという。高校三年生のとき、初めて株を買った。キャリア・アカデミーズという会社で、二ドルの株を一〇〇株ほど買ったのだが、「その会社は破綻してしまった。あの投資は失敗したが、そんなことであきらめる私じゃなかった」。何年もたったあと、ゴールドマン・サックスで仕事を始めてからのある日、父親が宝くじに当選し、テッパーは毎年三万ドルの当選金を、いわば「年金」のように受け取ることになった。

学費を稼ぐ

ピッツバーグ大学に入学したテッパーに、大きな変化が起こった。端的に説明すると、「経済的自立を迫られた」のだ。全国標準学力テストと飛び級テストで好成績を収めた結果、一学期分の単位を与えられて三年半で卒業できることになった。「すべて自分で払わなければならなかったので、それはとても重要なことだった。高校時代は一度もAを取れなかったのに、大学ではほとんど全部Aだったなんて、面白いだろう」。学費を捻出するために、キャンパスにあるフリック芸術図書館で働き、また学費ローンも利用した。

大学を卒業して大学院に入る前にはトレードにも手を出した。「オプションを買うことでマーケットで起こる小さな動きから利益を得るという戦略を持っていたんだ。まるで時計仕掛けのようだったよ。例えば、一六分の一ドルで買って八分の一ドルで売り、手数料に一～二ドルを支払えば、すごく得をするだろう。あれは当時のマーケットにあったアノマリーを利用していたのだが、本当に安定した収入をもたらしてくれた」。一九八二年に株式市場が急落するまで、テッパーは一学期でかかる約二五〇〇ドルの授業料と寮費をまかなえるほどの十分な利益を得ていた。努力が必要だったにもかかわらず――あるいは努力が必要だったからこそか――テッパーは大学時代のことを良き思い出として語る。「今でも大学生でいられたらいいのに。人生で本当に楽しい時間だったということだけは覚えている」

一九七八年、テッパーは成績最優秀者として経済学の学位を授与されて卒業し、ピッツバーグにあるエクイバンクの信託部門で信用アナリストおよび証券アナリストとして働き始めた。二年後、その仕事に不満だったテッパーは、カーネギーメロン大学のビジネススクールに入学した。「カーネギーメロンはかなり優秀な学校だったから、とても緊張したよ。出身大学がピッツバーグ大学だから、ほかの生徒よりも頭脳で劣っているんじゃないかと思ったりしたが、

カーネギーメロン大学で新たに命名されたデビッド・A・テッパー・スクール・オブ・ビジネスの2004年卒業生たちと（カーネギーメロン大学提供）

実際にはそんなことはなかった」。ビジネススクールでの一年目の成績はオールAだった。「進学するたびに成績が上がっていったのは、どんどんどん真剣になってきたからだ。学費がどんどん高額になったことも関係あるかな」と笑って会話を締めくくった。

近ごろ、テッパーは子供たちから大学の学費を払ってほしいという嘆願書を大量に受け取る。これについて、二〇一〇年九月にニューヨーク誌に掲載された自身の紹介記事のなかで、「だれかに返事のひな形を作ってもらうつもりだよ。みんな自立するべきだと思うんだ。仕事をして、自分のことは自分でする。私はそうしてきた」

一九八二年に今のＭＢＡ（経営学修士）に当たるＭＳＩＡ（産業経営学修士）を取得したテッパーは、本当の教育を受ける機会を得た。オハイオ州のリパブリック・スチールという会社の財務部で二年間働いたのだ。そこで、投資不適格の格付けの負債に対して資金供与をする仕事をし、ジャンクボンド市場に足を踏み入れた。一九八四年、ボストンにあるキーストーン・ミューチュアル・ファンズに雇われ、ワング・ラボラトリーズに勤めていたマリーンと出会い、二人は後に結婚した。そして、約一年ほどキーストーンのジャンクボンド部門でアナリストとして働いたのちに、ゴールドマン・サックスに転職した。

長年にわたり、テッパーは大学生を対象にした寄付奨学金や、大学が運営する地域奉仕活動プログラム、そして研究センターなど、大きな寄付をピッツバーグ大学に対して何度か行っている。テッパーが正式に億万長者に仲間入りしてから一年後の二〇〇四年三月、今度はカーネギー大学の大学院にある工業経営学部に五五〇〇万ドルの寄付をすると発表した。テッパーの大学時代の師であり、後に学部長となったケネス・ダンの勧めによるものであった。それを受けて、この学部の名前はデビッド・A・テッパー・スクール・オブ・ビジネスに変更された。

勇猛果敢

「私はものぐさな競争相手なんだ」。ニュージャージー州ショートヒルズのヒルトンホテル向かいに、アパルーサのオフィスがある。ある冬の日の午後、そこで昼食のピリ辛のツナ巻きを食べながら、テッパーはそう語った。三〇人ほどいるスタッフはほとんど男性で、一見、高級男子寮の雰囲気だ。しかし外見がどのように見えようと、テッパーが考えていることは、勇猛果敢な事業を運営することである。「アパルーサは深い分析力を持ち、信念に従ってだれよりも先に果敢に動く行動力もあるという点で、競合会社よりも優れている。これまでの会社の功績を見れば、アパルーサがいろいろな国や状況の先駆者に何度もなっていることが分かるだろう」とテッパーは言う。

二〇一〇年一月の時点で、アパルーサ・マネジメントは約一二〇億ドルをアパルーサとサラブレッドという二つのファンドに分けて運用している。一九九三年の創業時に五七〇〇万ドルだったファンドは素早く成長し、一九九六年にはすでに七億ドルを超えていた。テッパーの言う「ものぐさな競争相手」とは、日常生活はのんびりしているという意味である。仕事となれば、テッパーは勝利を狙う。彼にとって長年の経験のなかで最も痛手を受けたことは巨額の損失を出したことではなく、「大きく勝つ」機会を逃したことだと言うのもうなずける。長年の経験から学んだことは、厚かましい投資家の言うことは聞かない、ということである。「ポートフォリオについて判断を下すのはマネジャーであり、投資家ではない」とテッパーは言う。そしてある話に言及する。テッパーは二〇〇〇年にナスダックで大きな空売りのポジションを建てた。しかし、常に投資家に圧力をかけられていたために、インターネットバブルがはじける前のわずか五週間前に買い戻してしまった。出した損失はそれほど大きくないが、それでもこれまでの投資人生のなかで最悪のトレードに入ると考えている。大金を稼ぐチャンスを逃したことを後悔しているのだ。

「競争の場では、のんびりとした気持ちで競争意識を持つことだ。イヤホンをつけて競技場に現れて、音楽に耳を傾けるスポーツ選手がいるだろう。だがフィールドに立つと集中し、そして果敢に攻める。競技をしていないときにはものぐさな私だが、いったんフィールドに立てば勝利を狙う。そして実際に多くの勝利を収めている」とオレンジソーダをすすりながら、片方の口角を持ち上げてニヤリと笑う。

大勝利

たしかに、テッパーの言うとおりである。ヘッジファンドマネジャーのなかでテッパーは最高の成績を収めているだけでなく、一九九三年以来、アパルーサの投資家は平均二八・五％の純リターンを得ている。さらに、さまざまな取引の内容を見ても、アパルーサのファンドは常に業界の一歩先を行っている。二〇一〇年にはネットで二八％増という素晴らしい成績を収め、二〇一一年初めのアパルーサの運用資産総額は一六〇億ドルほどに上った。二〇〇九年の成績はさらにそれらを上回っていた。バンク・オブ・アメリカやＡＩＧ、シティグループ、ウェルズ・ファーゴなどの企業が最も衰弱していたときに、銀行からの証券や株式に投資をし、それが実を結んでネットで一三二％増、そして八〇億ドル近くの利益を記録したのである。

設立以来、アパルーサは二〇％以上の損失を出したことが三回ある――一九九八年（マイナス二九％）、二〇〇二年（マイナス二五％）、二〇〇八年（マイナス二七％）だ。しかしいずれの年も、その六カ月以内にはハイ・ウォーターマーク（基準価額の最高値）を更新して、素晴らしい年で終わっている。どうやら、アパルーサの投資家たちは、損失で終わる年を「楽しみに」するように鍛えられているようだ。損失で終わったいずれの年も、その翌年には記録的な成績を収めているのだ――一九九九年はネットでプラス六一％、二〇〇三年はプラス一四九％、そして二〇〇九年はプラス一三二％という具合である。二〇一〇年二月、ヘッジファンド情報雑誌のアブソリュート・リターン＋アルファのなかで、テッパーは次のように語っている――「市場がパニック状態になったらアパルーサに来るといい。基準価額が二〇％下落したときにこのオフィスに来ても、普段と違うところなど何もないだろう。そういう日もあるさ、という程度なんだ。私のもとで投資するなら、私が損失を出しているときが最高のチャンスだよ」。

二〇〇八年の金融危機のときも、アパルーサの社内に動揺の色はなかった。アパルーサにとって、金融危機は想定内の出来事だったということだ。社員は、その状況をどのように切り抜けるか、きちんと分かっていた。「最後の金融危機はそれほどつらくなかった。その前にも二回、金融危機を乗り越えているからね。一九九八年の金融危機は、アパルーサが初めて直面したものだったから大変だった。ポジションの一部を閉じて現金を調達し、それまでやったことのないことをいろいろやった」。二〇〇八年の第4四半期の間、テッパーは安い商業用モーゲージ担保証券やクレジットカード債務、政府保証の学生ローンなどを買った。当時、不健全と思われてだれも欲しがらなかったものが、翌年、アパルーサの八〇億ドルという利益の大きな源となったのだ。

アパルーサには投資委員会もなければ、毎日開かれる定例会議もない。「会議は年がら年中、毎日、毎秒行われている」と二〇一〇年二月のブルームバーグ・マーケッツ・マガジンの記事でテッパーは語っている。「アパルーサには隠れる場所なんてない」。二〇〇九年に記録した八〇億ドルの利益から、テッパーは四〇億ドルの報酬を受け取った。それはヘッジファンドマネジャーが一年間に稼いだ額としては史上最高の部類に入ると言われている。その後、テッパーはお金を投資家に返すなどしてファンドの規模を一二〇億ドルにまで減らし、テッパーが呼ぶ、ヘッジファンドの「究極のスイートスポット」となる金額に近づけた。「一〇〇億ドルの資金ならば、大規模ファンドの利点をすべて享受できる。それ以上になると、運用するのが難しくなる」

アパルーサが他社よりも優れていてこれほど輝かしいリターンを生み出すことができるのは、損失を恐れていないから、とテッパーは考える。テッパーとパートナーが会社の約五五％の資産を所有しているが（残りの四五％は機関投資家や裕福な個人投資家や外国人投資家など外部の投資家が所有している）、それに加えて必要とあれば三年間、資産の七五％をロックアップすることができる。これまで実際に実行したことはないが、ロックアップができるようになっているのにはそれ相当の理由がある。テッパー曰く、こうすることで安定性が確保され、「一時的な投資家」ではなく長期投資をしてくれるクライアントを得ることができるからだ。「多くのファンドと同じように、われわれは物事の価値を重視し、そして成績を基本にしている。他社と異なる点は、きちんと分析をしているので、いろいろな状況でマイナス面があってもそれを恐れないということだ。損失を出すことをとても恐れている人たちは、利益を得ることができない」

自分の投資実績について、点つなぎパズルに似ているとテッパーは言う。パズルとの違いは、終わりがなく、もらえる賞品が数十億ドルになるというだけだ。「ゴールドマンに入ったとき、私はゴールドマンにおけるジャンクボンドのトレード方法を変えた。マーケット全体で考えるのではなくセクターごとで考えたトレードにする、という抜本的な変更だった。以前は償還日を基準にトレードしていたのだが、それではドレクセル・バーナムのマイケル・ミルケンの独占状態を助長するだけだった」とテッパーは説明する。米国のジャンクボンド市場でこのような手法をとったことが、アパルーサの世界進出につながる良いチャンスをもたらした。

国際戦略

一九九〇年代半ばに、テッパーがエマージングマーケット（新興国市場）の世界に足を踏み入れたのはごく自然な成り行きだった。テッパー曰く、ゴールドマン時代から「いろいろな資本市場や世界中で起こっている出来事」の中心にいたからである。ゴールドマンではエマージングマーケットのクレジット担当者の隣に座っていたため、多くを学ぶことができた。しかしこれも、種類の違うクレジット分析にほかならないと言う。「基本的には国の分析をしているんだ。われわれにとっては、それほど難しくなかった。あとはほかと同じように、いろいろな種類の投資について分析する。そうして曲線に変化が現れる点を見つけるんだ」

悪い意味で忘れがたい思い出となった、初のフランス出張についてテッパーは語る。一九九五年、テッパーはパリに招待された。大富豪ゲッティ家のカストディアンとフランスのある銀行との会合に出席するためである。通常の飛行機の倍の速さで飛行できるコンコルドにパートナーらとともに搭乗したのだが、離陸して一時間もしないころ、ファーストクラスで朝食が配られた直後に、テッパーは機体の後ろで爆発音を聞いた。後ろを振り向くと、搭乗客が皆、顔を真っ青にしていた。テッパーはパートナーのロニー・ゴールドスタインのほうを見て言った。「かなりまずい事態のようだな」。すると、ゴールドスタインは、「どうせ死ぬなら朝食をたいらげてからだ。満腹にならずに死ねるもんか」と答えた。テッパーは「本当に彼らしい」と笑う。エンジンのひとつが不能になったにもかかわらず、パイロットは機体を方向転換し、奇跡的に全員をケネディ国際空港に無事に帰還させることができた。「滑走路で別のコンコルドが乗客を乗せるために待機していたが、それに再搭乗したのは私とゴールドスタインを含めて五人くらいしかいなかった。生きて帰れたのは幸運だったと言われたよ。そのくせ、迷惑をかけた謝罪の印として提示されたのは、一人当たり五〇〇ドルだけだ。信じられなかったよ」。真夜中近く、ようやくパリに到着したので、ホテルに直行して休みたかった。「それなのに、フランスの銀行のセールスマンはわれわれと会合をしようとずっと待っていたんだ！　気分は乗らなかったが、仕方ないから行くことにしたよ。自分たちの存在の重要性が高まってきていることに、そのとき気がついた」

アルゼンチン、ブラジル、ベネズエラに大きなポジションを持っていたアパルーサは、一九九五年以降、ラテンアメリカで起きた通貨危機の間に多くの利益を得た。人々がようやくラテンアメリカの曲線に変化が現れたことを認めた証拠だ、そうテッパーは考えた。その後、マーケットは上昇した。それ以降、アパルーサはほかの国々でも同じような戦略をとった。例えば、アルゼンチンでは銀行預金に注目するべきだと考えた。「資金が国に戻り始めたら、このマーケットは急伸した。つまり、どの変数に注目すれば正しい動きが分かるか、それをわれわれは理解していたんだ。そしてその変数が変わったとき、素早く動いて大きな利益を得ることができた」。アパルーサの勇猛果敢な姿勢は投資家にも利益をもたらした。一九九七年、アパルーサは企業として初めて韓国の国債を買った。テッパーは韓国の状況を知るために韓国にアナリストを数人送り、その調査結果に驚いたと言う。「韓国は輸出大国だった――正真正銘の工業国だ。国益のために貴重なものを犠牲にしていたんだ。正直、その犠牲の大きさに驚いたよ」

とテッパーは言う。

危険なロシアン・ルーレット

一九九七年、テッパーはモスクワにあるルネッサンス・キャピタルのオフィスでロシア人投資家のボリス・ジョーダンと会うことになっていた。しかし、到着してもジョーダンは来ておらず、それどころか、いつの間にか一階でマシンガンを持った五人の男と対峙していた。テッパーは高校時代に少しロシア語を学んでいたので、片言で「上の階に行くんです！」と伝えた。その後、ジョーダンの助手から電話が入り、待ち合わせしていたそのビルで爆破予告があったので、会合はキャンセルしたいと伝えられた。「冗談かと思ったよ。そんな死と隣り合わせの危険な場所で待ち合わせをしておいて、われわれが到着するまで教えてくれないなんて」

今思えば、一九九八年初め当時、テッパーはロシアを買いすぎていた。一九九六年に大勝利を収めたが、その後はリスクの計算を誤った。ロシアルーブルの価値が下がり、IMF（国際通貨基金）との取引のあとに国がデフォルト（債務不履行）となった。テッパーは、ロシア国債の価格は上昇すると踏んでいたのだが、実際にはわずか一日半だけ上昇したのちに、急落した。ロシアのデフォルトで世界規模の金融破綻が起こりそうになっていたなか、アパルーサはマーケットの流動性がそれほど速く失われていることに気づいていなかった。当時、アパルーサは一七億ドルの資産を持っていたが、全体で資産の約二九％を、ロシアでは八〇〇〇万ドルを失った。

「間違いなく、私の投資人生で最大の失敗だった。エマージングマーケットとジャンクボンドの大きなポジションを持っていたので、最悪の事態をまぬがれるためにそれを売った。そうやって、幸いにも素早く動くことができた。最大の誤算は、マーケットがこれほどまでに素早く非流動的になることに気がつかなかったことだろう。あのときに、多くのヘッジファンドが倒産した。私もアパルーサが生き残れるか疑問に思ったことがある。多くの人にとって良い教訓になっただろう」とテッパーは言う。

しかしテッパーは、一九九九年になるとすぐに立ち直ることができた――デフォルト後のロシアの国債を再び買って、ネットで六一％増を記録したのだ。銀行はすぐにでもロシア債を手放したがっていたので、アパルーサは一ドル当たり五セントでロシア債を集めることができた。「まるでお金を鋳造しているようだった。それまでの地獄のような状況すら価値があったと思ってしまうくらいだったよ」と笑いながら語る。

破綻企業への積極投資

テッパーのやり方にはある程度のリスクが付き物だが、たいていの場合、それに見合う最高の結果がついてくる。二〇〇一年は、経営に行き詰まっている会社の債券に集中投資をして、六七％の純リターンを生み出した。その後もＭＣＩやミラント、マルコーニなど、ほかの投資家が見過ごしているような株を見つけては投資をし、毎年のようにファンドに大きな利益をもたらした。特に、二〇〇三年のマルコーニ・コーポレーションへの投資は、アパルーサがいかにうまく再建プロセスの間に入り、安い資産をだれよりも速く自分たちのものにしているかを示す、典型的な例である。しかもこの投資は、すぐあとにやってくる大規模な破綻の準備運動にしかすぎない。マルコーニへの投資は、その年の旗艦ファンドの利益率に五％以上貢献しているはず、とテッパーは考えている。しかし、二〇〇三年の増益のほとんどは、当時としては史上最大だった三大企業破綻――エンロン、ワールドコム、そして巨大保険会社のコンセコ――のディストレス債券の買いで得たものだ。これら三企業が破綻から立ち直って負債の価値が上がると、アパルーサの二〇〇三年の成績はネットでプラス一四九％というとてつもない数字になった。

アパルーサの元社員で現在は六〇億ドルのペナント・キャピタルを運用しているアラン・フルニエは、テッパーの成功を祝って彼にぴったりのプレゼントを贈った。それはなんと、「史上最も価値のある一組」と刻まれた飾り版に取り付けられた、静脈が浮き上がる巨大な真鍮製の精巣だった。テッパーは大きなトレードを仕掛けようとしているときにはいつもフルニエに電話をし、電話口で「君の幸運の玉をなでているぞ！」と叫ぶのだと言う。

デルファイのジレンマ

テッパーは直観像記憶と呼ばれる非常に正確な記憶力を持っている。これは彼の持つ数ある能力のなかでも特に貴重なものであるが、同時に苦痛をもたらす種でもある。重要な局面で失敗してしまったプロスポーツ選手のごとく、テッパーは自分の出した損失の場面を頭の中で思い出す。そして、「失敗から学ぶにはこの方法しかない」と言う。死ぬほどつらい経験は人間を強くする、という格言がアメリカにある。ミシガン州を拠点とする自動車部品メーカーのデルファイ・コーポレーションで四年間も苦労した経験は、まさにその格言どおり、テッパーに痛みだけでなく学びのチャンスも与えてくれた。

二〇〇五年一〇月、当時自動車業界では史上最大となる破産法の適用をデルファイが申請した。そんな折の二〇〇六年三月、この自動車部品メーカーの再建にあたり、デルファイの最大株主のひとりがほかの株主の利害関係を代表する委員会を作りたい、という申し立てを起こし、それが破産裁判所の判事によって承諾された。このとき、アパルーサはデルファイの九・三％の株を保有しており、さらに別の委員会の設置を申し立てた。そして、二〇〇五年一〇月にデルファイが破産法適用を申請したときに、デルファイは負債を実際よりも多く申告したと主張したのである。

二年にわたり交渉は続けられたが状況は好転せず、アパルーサは希望を見いだせずにいた。

そこでテッパーは、もう十分だという判断を下したのだ。「あれ以上は時間の無駄だった。アパルーサは最後の最後まで戦いぬくことで知られているが、戦うことしか目的のないような戦いはしたくない。必要ならば戦うが、本来の私は好戦的ではなく、友好的な人間なんだ」。最終的に、アパルーサと投資連合はデルファイに対して八二五〇万ドルの手数料と経費を支払うように命じられた。

「デルファイは非常に大きな利益をもたらす可能性があると当時は思っていたが、すぐに状況は悪化した。何も間違ったことはしていないと思っていたんだがね」とテッパーは認める。

二〇〇九年にアパルーサが手を引くと、デルファイのＣＥＯ（最高経営責任者）のロドニー・オニールがテッパーに電話をくれた。「アパルーサがデルファイを救済するために手を尽くしたことに対する感謝の電話だった。とても興味深かったね」と笑みを浮かべながら語る。

ワシントン・ミューチュアルでの勝利

二〇〇七年は、ディストレス投資の戦略を実行する方法をいろいろなマーケットで探す年だった。まず一月に、サブプライムに少し亀裂が入り始めていることにテッパーは気がついた。これは金融業界で起こりつつある事態の兆しだった。ここに投資チャンスがないかとアパルーサが詳しく調べ始めると、特に住宅ローンでリスクにさらされている銀行が浮かび上がった

――それがワシントン・ミューチュアルである。それまでにもアパルーサは、困窮状態にある金融機関のひとつとしてワシントン・ミューチュアルに注目していた。

シアトルを拠点とするこの銀行は、それまで国内最大の貯蓄貸付組合だった。しかし、高リスクのローンやサブプライム住宅ローンの損失が積み重なり、株価は二〇〇七年に高値を付けてから下落していた。二〇〇八年四月になると、未公開株投資会社のＴＰＧキャピタル率いる投資家グループが、企業の安定を目指して七〇億ドルの資本を提供するという救済案を提示した。しかし、増え続ける滞納と住宅ローンの損失から、貯蓄金融機関監督局によってワシントン・ミューチュアルの銀行部門は業務停止となり、管財人の管財下に置かれ、Ｊ・Ｐ・モルガンに一九億ドルで譲渡された。二〇〇八年九月、二二〇〇の支店と一八八〇億ドルの銀行預金を持つワシントン・ミューチュアルは破産法の適用を申請し、米国最大の銀行破綻となった。

このときアパルーサはどうしていたのだろうか。「アパルーサはワシントン・ミューチュアルの動きを細かく追っていた。ＴＰＧからの現金が持ち株会社にまだ置かれたままになっていて、それが銀行に渡らないことは分かっていた。それから、税金の還付があるかもしれないことも」とテッパーは言う。つまり、営業損失を前年の収入に計上すれば減税される可能性があったと言うのだ。「ただ辛抱強く待ちさえすれば、それだけの見返りがあると思った」

そこでアパルーサは、ワシントン・ミューチュアルが破綻する直前に、上位債務を一ドル当たり五〇～六〇セントで買い始めた。「破産法適用の申請後は、アパルーサがワシントン・ミユーチュアルの最大の債権者となった。ワシントン・ミューチュアルの資本構造も会社組織もよく理解していたから、資金を取り戻すだけの資産があることは分かっていた。銀行よりも、持ち株会社のほうが債券の投資分を回収できる可能性が高いと考えた」とテッパーは言う。二〇一二年二月一七日、デラウェア州ウィルミントンの破産裁判官メアリー・ウォルラス判事によって、ワシントン・ミューチュアルの七〇億ドルの再建計画が承認された。債権者は銀行預金と税金の還付金から七〇億ドル以上の現金を受け取る権利を与えられ、その最初の支払いは一番早いもので同年三月八日から始まった。アパルーサの忍耐が大きな利益となって報われた瞬間だった。しかしテッパーは、「かなり長期にわたる、本当につらい破産プロセスだった」と振り返る。

金融機関の裏に潜む力

信用恐慌が高まっていた二〇〇六～〇七年の間、いつもならディストレス投資分野で真っ先に動くアパルーサだが、デルファイとのやりとりにかなりの時間を費やしてしまい、史上最大級のチャンス――つまりサブプライム市場で空売りをして儲けるチャンス――を逃してしまった。ポールソン・アンド・カンパニーやハービンジャー・キャピタルなどのヘッジファンドは、すかさずマーケットで空売りをしてポジションを積み上げ、それぞれが数十億ドルの利益をかき集めた。しかしその間、鋭い視点を持っているはずのアパルーサが、このときばかりはサブプライム市場における空売りのチャンスに気がつくことができなかったのだ。「アパルーサもトレードをしなかったわけではない。しかし、最善の投資方法を考えるだけの時間が十分になかったんだ。デルファイとのくだらないやりとりで時間を取られていなかったら、サブプライムのトレードをもっとうまくやっていたはずだ」とテッパーは説明する。

二〇〇八年二月になると、金融危機がさらに加速した――銀行株がマーケットの圧力を受けていたからである。大半の投資家はパニックを起こして金や現金に集中投資していたが、アパルーサは金融機関の負債や株式に飛び込む準備を進めていた。テッパーがサラブレッド・ファンド用に集めた一五億ドルほどの資金が、九〇％ほど現金で残っていたのだが、このファンドはサブプライム市場で投資して利益を得るチャンスを逃してしまった。そのため、二〇〇七年のアパルーサの成績はネットでわずかプラス八％で、二〇〇八年にはマイナス二七％だった。

しかし、テッパーは焦るどころか、やる気を出し始めていた。「二〇〇八年九月の時点でアパルーサには十分な現金があった。金融業界は一大事になっていたが、アパルーサはそのなかでドンと構えて、真実が暴かれるのを待っていたんだ。たしかに、マーケットがあれほど下落したことには少し驚かされたが、それはみんな同じだろう。ちょうど、その前の九カ月にわたるイライラが募っていたところだった。債券市場でのスプレッドはとても小さかったし、サラブレッドのために資金集めをしたばかりでかなりの流動性を確保していた。あとはきちんと調査もして、手に入るすべての信託契約を読みあさった」

その調査の結果、アパルーサが最初に取りつかれたのは、保険事業の魅力だった。資本構成の上位にいれば、損失の可能性はかなり少ないことが保証されていると考えたからだ。そこで二〇〇八年、ＡＩＧが最後に発行した債券の一部を買った。ところが、ファンダメンタルが原因でスプレッドが広がり、現金担保が必要になった。テッパーはすぐさまこの経験から教訓を得て、ＡＩＧの別の側に大きく投資する準備に取りかかった。「最初に損失を出したものが、あとから最高のポジションになった」と彼は言う。最終的に、ＡＩＧのポジションサイズはファンドの一〇％以上を占めるほどになった。

投資のABC——AIG、バンカメ、シティ

金融業界を取り巻く問題は二重化していた——つまり、何らかの形で金融機関が生き残るためには、並外れた手段をとる必要があったのだ。そして最大の上昇を見るために、アパルーサが最初に投資すると決めたのは債券だった。株式と違って、「債券」であれば、銀行でも大丈夫だろうという前提があったからだ。「プラス面とマイナス面がゆがんでいたわけだ。投資家が知っているいないにかかわらず、マーケットはどれも、そのときの金融機関への賭けだ。何を買ったとしても、同じ賭けなんだよ」とテッパーは説明する。

そして二〇〇九年二月、米財務省は政府の資本支援制度について、インターネットに白書と条件概要書を掲載した。政府がこの白書を発行するということは、つまり銀行を国有化するつもりはないのだという結論をテッパーは導き出し、それならば今が買い時だと考えた。政府が効率的に投資していた普通株を、テッパーは大幅な割引額でマーケットから買うことができるのだ――シティグループは三七％の割り引き、そしてバンク・オブ・アメリカは二一％の割引価格だった。

「白書を出すことで、政府は自らの手の内を明かした。政府が銀行のために資金を調達するつもりだったから、株の底値を定めて、その価格がいくらかを示した、と仮定することができた。基本的には銀行を破綻させるつもりはない、という政府の意志を伝えていたんだ」

そこで、アパルーサは通常の負債から優先債務、下位劣後債と手に入るあらゆるものを買い始めた。ＡＩＧ、バンク・オブ・アメリカ、シティグループの証券に加えて、フィフス・サード・バンコープ、コメルツ銀行、そしてロイズ・バンキング・グループなども買い、最も安いものは一ドル当たり五セントで手に入れた。「証券がたくさんあふれていたうえに、自分たちは正しいという強い確信も持っていた。どれも、信じられないほど割安になっていたよ！」。二〇〇八年後半～〇九年にかけては、ポートフォリオの半分以上が金融機関で占められていた。「通常、大事な投資は一度に一〇～二〇のポジションを建てる。二〇〇八～〇九年は、金融機関以上に大事なトレードはなかった」

年末にかけて株価が急上昇し、バンク・オブ・アメリカが三三〇%、そしてシティグループが二二〇%も上昇すると、この二社だけでファンドの利益は一〇億ドルに上った。AIGだけでさらに一〇億ドルの利益を得て、最終的にはこれが最も良い成績を残すトレードとなった。この二〇〇九年の記録的な収益が認められ、テッパーはバニティ・フェア誌の「二〇一〇年に最も影響力のあった人物一〇〇人」の七六位に選ばれた。ヘッジファンドマネジャーとしてこのリストに入ったのは、テッパーただ一人だった。

二〇一一年の第2四半期にバンク・オブ・アメリカのポジションをすべて手仕舞ったテッパーだが、自分が選んだ金融機関に対する自信は変わらない。海外企業の成績次第では、シティグループの株価は五〇%以上も上昇する可能性がある、とテッパーは考えている。「シティグループ内のエマージングマーケット事業の大きさは、いまだに過小評価されていると思う」とテッパーは語る。

スイートスポットのサイズアップ

テッパーの希望は、アパルーサが巨大化しすぎて投資家ではなく資産収集家になってしまわないことである。そのために、どのように大きくなるかを考えるのではなく、資産額を減らす努力をしている。「自分たちが投資できる額を超えてしまうような規模にはなりたくない」とテッパーは言う。「どのくらいの大きさだとマネジャーへの手数料が増えるばかりになってしまうのか――それを考えるのだ。規模が大きくなったからと言って、それが投資家にさらなる利益をもたらすとは限らない」

たいていのファンドはある一定の額を超えるほど成長するとだれの利益にもならない、とテッパーは考える。「債券を扱うファンドは、株式などを扱うファンドに比べると自然と少し大きくなる。すべてが見える程度の十分な大きさを保ちながら、大きくなりすぎて自滅しない程度の小ささを保つのが理想的だ。ファンドの種類によって、それぞれに合う規模というのがあると思う」

例を挙げて説明する。「例えば、二〇億ドルの会社の五％を買って、大きいポジションを作りたいとしよう。この場合、一億ドルのポジションになるから、一〇〇億ドルのファンドであれば一％に当たる。そういう株式ファンドが大きくなり続けて二〇〇億ドル規模になってしまうと、そのポジションの割合は〇・五％にしかならなくなる。一％のポジションですらファンドに与える影響は少ないのに、〇・五％ではそのさらに半分の影響力になってしまう。だから特に株式ファンドの場合は、サイズに敏感にならざるを得ないんだ」

二〇一一年三月、アパルーサのファンドがあまりにも巨大化してしまったので、テッパーは六億ドルを投資家に還元することに決めた。しかし、サラブレッド・ファンドについては三年間のロックアップがある。このファンドは二〇〇八年七月に開始したもので、資産の七〇％を債券に投資することが義務づけられていた。投資家を対象に行った調査によると、サラブレッド・ファンドは二〇〇九年にネットでプラス九六％を記録し、二〇一〇年にもプラス二二％を記録している。ロックアップ期間は二〇一一年末で終了した。

テッパーは、リターンを得るゲームをしているのであって資産を持つゲームをしているのではないという点を繰り返し強調しながら、厳選した数人のマネジャーにテッパーの個人資産の運用を任せることも考えていると言う。しかし、この投資ゲームをやめるつもりはまったくないようだ。「私の資産は多すぎるから、やめられないんだ。だれかが私の資金を運用しなければならない。自分の資金の一部をほかのマネジャーにも任せて、もっとバランスの取れた運用額になるように調整するつもりだ」と語る。あまりにも規模を小さくしすぎると自分の資金しか運用するお金が残らなくなるのではと聞くと、その心配はないと答える。「いつかはそうなるかもしれないが、すぐにではない。私はこの仕事が大好きだから、アパルーサ以外の投資家の規律があるのは良いことだ」

「稼ぎが大きくなればなるほど、寄付する額も増えるだろう」とテッパーは言う。テッパーはＢ４ＮＪＫＩＤＳという非営利団体を通して、ニュージャージー州の公立学校教育を改革する努力を続けている。また、食料援助を行うフードバンクやユナイテッド・ジューイッシュ・アピールなどのユダヤ教関連の活動にも大きく寄与している。実際、ユダヤ教の指導者である正統派ラビが毎月、テフィリン（祈りの道具）を持ってアパルーサのオフィスを訪れ、テッパーとその同僚たちと一緒に祈りをささげることが知られている。テッパーは日が沈むのをオフィスの窓から眺める。

「いいかい。世の中はどんどん複雑になっている。儲けるチャンスがあるかと思えば、損失を出さなければ万々歳というときもある。昨年は、損失を出さなければ良い年だった。今年はどうなるか、それはこれから分かることだ」

第6章 ウィリアム・A・アックマン——アクティビストの答え

The Activist Answer -- William A. Ackman, Pershing Square Capital Management

「これはブラックボックス戦略ではない。投資するときはたいてい、今後の展望をみんなで議論している」——ウィリアム・アックマン（2011年2月の会談より）

2008年、アルゼンチンに魚釣り旅行に行ったウィリアム・アックマン（ウィリアム・アックマン提供）

「何が人を成功へと駆り立てるのか？」

この質問は、四五歳のヘッジファンドマネジャーであるウィリアム・アックマンがウォートン・ビジネス・スクールの不動産業界における企業家精神を学ぶ授業のなかで投げかけたものである。晴れやかな一〇月の昼下がり、全八回のうち最後の授業だった。学生たちは、クリスティン・リチャード著の『コンフィデンスゲーム（Confidence Game）』を読んで授業に臨んでいた。アックマンと金融保証会社のＭＢＩＡの六年間に及ぶ奮闘について、詳細に語ったものである。しかし、その苦労話を数百ページ読んでも、さらにニューヨーク州司法長官のエリオット・スピッツァーとアックマンの確執について学んでもまだ、生徒たちはアックマンの問いに答えることができなかった。

「答えはセックスだ。みんな認めたがらないが、それが人間の行動力の源だ」とアックマンは生徒たちに教えた。

教室は水を打ったように静まりかえった。少しずつ、教室の後ろのほうから笑い声が聞こえ始めた。アックマンはスーツの上着を脱ぎ、シャツの腕をまくり、そして顔を上げて時計を見た。一一〇億ドル規模のファンドであるパーシング・スクエア・キャピタル・マネジメントの創業者であり、ＣＥＯ（最高経営責任者）のアックマンは、常に度がすぎるほど首を突っ込んでしまうことで知られている。その日、朝からずっと大学近くのペンシルベニア全域で会合をしていたアックマンは、すでに活力を使い果たしていた。

パーシング・スクエアの目標は投資先となる企業に密接に働きかけながら、事業の価値を高めることだ。その方法はいろいろあるが、営業成績を改善したり、主力ではない部門の売却やスピンオフをしたり、新しい経営陣を採用したり、企業戦略の方向性や事業形態を変更したり、といったことをする。そのような変更がやがて株価に反映される。「ひとつの企業に投資するとき、その企業の八～一〇％を買う。それは長期的な価値があると感じたときや、個々の事業のほうが事業全体に比べてはるかに価値が高いと思われるとき、あるいは、オペレーションの変更が必要だと思われるときなどだ。いつ株式市場が上がるか下がるかを予想したり、その原因が何かを探ろうとしたりはしない」とアックマンは言う。「だから急いで手仕舞う必要はないんだ」

アックマンの会社が行う投資のほとんどは、特に積極的にかかわっている投資の場合、自らのファンドで長年保有するつもりだと言う。パーシング・スクエアはたいていの場合、企業の筆頭株主かそれに近い立場であるため、非流動的な長期ポジションを大量に建てていることになる。この戦略は明らかにうまくいっている。ファンドがこれまでレバレッジに頼ったことはなく、二〇〇四年の設立以来、二一・四％の平均リターンを記録している。

かたわらに置かれた水を一口飲んだアックマンは、机で体を支えるようにして教室の正面に立ち、そしてもう一度時計を見上げた。あと一時間半残っている。「そもそも――、ほとんどの人間の行動をかき立てているものは、大体、前戯なんだ」。生徒たちはどう反応してよいか分からず、互いを見渡していた。間を置いて教室が爆笑に包まれると、アックマンの声はかき消され、アックマンは少し頬を赤らめておどけたように笑った。

若白髪に黒く濃いまゆ毛、そして淡いグリーンの瞳を持つことから、アックマンにつけられたあだ名は「シルバーフォックス」だった。二〇〇八年に行ったターゲットの委任状争奪戦中に、不満を募らせたターゲットの従業員たちが付けたものだった。長期にわたったこの委任状争奪戦は最終的には不成功に終わり、従業員の目には、アックマンは裕福で危険な人物として映ったのだろう。しかし、アックマンの生活は分かりやすい部分もある。例えば、親友は二五年間も変わっていない。仕事では高慢な人物ではなく、価値を生み出す人物として知られたいと思っているが、アックマンをよく知らない人にはその自信がゆえに勘違いされてしまうこともあると言う。

友人たちも同意見である。「アックマンは生まれつきの自信家で、それが自然と彼の力になっている」とジョナサン・グレイは言う。グレイは未公開株投資会社ブラックストーンのグローバル不動産の責任者で、かつシニア・マネジング・ディレクターでもある。アックマンとグレイの娘たちが同じテンプル・エマニュエルという保育園に通っていたため、お互いの妻を通じて二〇〇〇年に知り合った。「彼の自信がアックマンを他者に迎合しない優秀な投資家にしている。さらにその自信が彼を二社間を取り持つ究極の仲介人に、そして世界を良い場所に変えることができる、そして実際に変えてくれる慈善家にしている」。その一例がショッピングモールを所有しているゼネラル・グロース・プロパティーズへの投資である。アックマンは二〇〇九～一〇年にかけて、この破産プロセスのかじ取りをして企業価値を高めることに成功し、それを誇りに思っている。「株価が五〇セントのときに買った株を保有し続けている人たちから、感謝状が届いた。買った物が四〇倍も値上がりしたら、その人の暮らしは大きく変わる。仕事を失ったあと個人退職年金の運用でゼネラル・グロース・プロパティーズに投資したところ人生が救われた、という人たちから手紙が届くんだ」とアックマンは言う。

いつでもエネルギーにあふれたアックマンだが、低迷企業の頭の固い幹部たちに対しては攻撃的な態度をとる一方で、家族同然のパートナーや従業員たちに対しては親切で魅力的な態度に変わる。しかし、目をつけた企業の追い詰められた幹部と自分の間にどのような力関係が存在するかは、よく理解している。企業の取締役会のことも、招待されたから渋々行く社交クラブのようなものと言っている。「いくら自分の会社の株をたくさん買ってくれたからって、有利に交渉を行おうともくろんでいる外部の人間を、快く招待する気持ちになれるかい？　役員のなかにはそういう風に考えている人もいるんだ」とアックマンは説明する。それでも、レーザーで正確に焦点を当てるような自分の仕事のやり方を変えるつもりはない。

アックマンと対談をしたのは、ある秋の日だった。彼は失敗をテーマに講義を行うためにウォートンに来ていた。億万長者のアックマンでも、失敗についてはよく知っている。過去に失敗した記憶があるから、今でもできるかぎり地に足を付けていられる。出張に出掛けるときには自家用機を使うこともあるそうだが、大金持ちになった今でもアックマンはボルボを運転している。ほかには気まぐれで購入したフェラーリを所有しているが、それはニューヨーク州北部にある別荘に保管している。約二〇年という長い間、自分のヘッジファンド――最初がゴッサム・パートナーズでその次がパーシング・スクエア――を運用し、億万長者の仲間入りを果たしたが、その過程では相当の苦労や困難があったのだ。

「創立したてのヘッジファンドのために資金を集める行為は、お見合いデートによく似ているんだ。初対面の人に限られた時間内で売り込みをして、さらにそのあとには契約をまとめなくてはいけない。魅力的な人間かどうかも重要なポイントだ」とアックマンは笑いながら言う。

「いくら最高のアイデアを持っていても、お見合いデートは苦手という人だっている。学校を出てヘッジファンドを運営しようと決めたとき、私のところで投資してもいいと同意してくれたのは、一〇〇人中せいぜい一人か二人といったところだった。成功するためには、断られたくらいではまったく落ち込まないような心意気が必要だ。例えば、私が大学生のときの話をしよう。デートに行って相手の女の子に好かれなくても、私は全然気にしなかった。私のことを好きになれないような女の子は、どう考えても運命の人じゃないと考えていたからだ。仕事でも私生活でも、自分を信じてくれる人たちのなかに身を置くようにしなければね」

希望に満ちた始まり

ウィリアム・アルバート・アックマンは、父親のラリー・アックマンと母親のロニー・アックマンの第二子として一九六六年五月一一日に生まれた。ニューヨーク州チャパクアという裕福な郊外の町で育ったアックマンは、ホレス・グリーリー高校に通い、野心的で遠慮知らずで負けず嫌い、そして、もちろん自信満々の生徒だった。テニス部の主将を務め、ニューヨーク州の大会では準々決勝に残るほどの実力を持っていた。さらに学業と遊びも両立させながら、学年四位の成績で卒業した。ＳＡＴ（学業成績達成テスト）で満点を取ったら二〇〇〇ドル、という賭けを父親としたところ、負けることを恐れた父親が試験前日の晩に賭けを取り下げてしまった。結局、満点を取ることはできなかったが、持ち前の自信と能力を武器に、満点に近い点数を取った。

アックマンの姉のジーンが一九八三年にハーバードに入学し、その一年後にアックマンも姉に続いてハーバードに入学した。姉はエール大学の医学部に進学し、その後はブリガム・アンド・ウィメンズ病院でフェローシップを経て、ボストンで医療に従事している。弟のアックマンは大学を卒業したのちにニューヨークへ戻り、姉とは大きく異なる道を歩むことになる。

アックマンはハーバード大学時代を振り返り、「かなりの自信家だった。楽天主義だから自分が大きな成功を収めると思っていた。あるとき、自分の本質的な価値は、実はあのころから上昇していない、と話したことがある。若いころから自分は大成功すると思っていたからだ。つまり、将来どれほど稼ぐと思うかがそのときの自分の価値になるということさ。年を重ねるごとに、私の自己資産は思い描いていたものに近づいていった」と笑いながら語る。「どうしても成功したかったんだ」

若くから企業家精神にあふれていたアックマンは、大学一年生のときに本のネタを思いついた。ハーバード大学の入学許可を勝ち取るまでの道のりがどれほど激しい競争だったかを自らの経験をもって知っていたので、その知識を生かして入学エッセイの書き方から合格へと導くエッセイ約五〇例、そしてアイビーリーグの試験官たちのインタビューまでを掲載した本を執筆した。家族の知り合いに執筆家がいて、その人物のつてをたどって数社の出版社にそのアイデアを売り込んでみたが、結局、どこも買ってくれなかった。「七つの出版社に本を送ったら、六社から断りの手紙が来た。残りの一社、ワークマン・パブリッシングからは仕事の誘いが来たんだ」。それから間もなく、エール大学の卒業生二人が驚くほど似たような本を出し、しかもそれがニューヨーク・タイムズのベストセラー欄に載った。それを知ったアックマンは驚いた。「エール大学の二人が私のアイデアを聞いてまねしたんだ。そのとき誓ったよ。自分のアイデアが追求に値しないなんて、否定的に考えることはもう絶対にするもんかって」

生涯の親友となるホイットニー・ティルソンにアックマンが出会ったのは、ハーバード在学中のことだった。ティルソンはアックマンを追って投資の世界に入り、T2パートナーズというファンドを設立した。一九八六年夏、まだハーバードの学生で一〇代だった二人は『レッツ・ゴー（Let's Go）』という旅行本シリーズの広告セールスの仕事を通じて知り合った。

「アックマンはすご腕のセールスマンだったよ。ものすごく賢くて、説得力があって、まだ一〇代後半なのにやり手のビジネスマンだった。若いながらもビジネスと投資に対する情熱を持っているのは明らかだった。この仕事は経験が大きくものを言う。若くてもアックマンの経験度は間違いなくトップクラスだった」とティルソンは言う。

自立したいという思いが若いころの自分を駆り立てた、と語るアックマンにとって、自分の会社を経営することは特に満たされる行為だった。「言いたいことは何でも言いたかったし、したいことは何でもしたかった」と当時を振り返る。何か特別な要因がこのような欲望をかき立てたわけではない。両親の言うことを聞くようにと育てられた、どこにでもいるような子供だった。

「投資を始めたころから、いつも何かを立て直すということをしていた」。実際、困窮している企業を立て直すアックマンの腕前は、私生活でも現れている。大学寮の同じ部室に、見た目がイマイチの男がいた。アックマンは彼にコンタクトレンズをさせたり、皮膚科に連れて行ってひどいニキビを治療させたりし、もっと健康的な食生活に変えて運動計画を立てるように勧めた。「個性の強い男だったんだよ」。イメチェンをしたその友人は、以前よりも自分に自信を持てるようになった。ある晩、アックマンとほかの寮生たちは、彼を名門女子大のウェルズリー大学に連れて行った。そこでその友人は一人の女子学生に出会い、やがて二人は結婚した――アックマンはそう笑顔で語る。

アックマンが初めてバリュー投資について知ったのは、アッパーイーストサイドに住む両親がアパートで開いたカクテルパーティーでのことだった。レナード・マークスという成功を収めている投資家に出会ったアックマンは、彼を通じて投資の世界を知った。学ぶことに積極的だったアックマンはマークスに勧められたとおり、ベンジャミン・グレアム著の『賢明なる投資家』（パンローリング）を読んだ。これはウォーレン・バフェットに刺激を与えた本としても知られている。アックマンにとって初となるこの投資本は、大学で読んだジャン＝ポール・サルトルの『エッセイ・イン・エグジスタンシャリズム（Essays in Existentialism）』に似ていたという。「読者は刺激を受けるか、まったく受けないかの二つに分かれる。私には理屈が通っていた」。当時、アックマンは不動産仲介業に不満を持っていたため、投資の世界に魅力を感じた。不動産仲介業では取引ごとに手数料を稼ぐことができるので、その点は気に入っていたが、起業している人たちのほうがもっと稼ぎが良く、しかも楽しんでいるように思えてならなかった。少なくとも自分には仲介業者の顧客と同じくらいの能力はあると考えたアックマンは、仲介ではなく投資の判断を自ら下す仕事をしようと考えたのだ。

ハーバード・ビジネス・スクールに在籍中、アックマンは投資関連本を読みあさった。出版直後だったセス・クラーマンの『マージン・オブ・セイフティー（Margin of Safety）』も読み、これに感銘を受けたアックマンは、バウポスト・グループの創立者である著者に連絡した。「初めまして。私はハーバード・ビジネス・スクールに通う生徒で、最近あなたの本を読んだ者です」。アックマンはクラーマンに対してそう言ったことを思い出す。「仕事が欲しいと言っているのではなく、ただあなたのもとで学びたいんです。一度お目にかかって、私の考えを聞いていただくことはできませんか？」。こうして始まった二人の交流は今なお続いている。当時、アックマンは不動産業で稼いでためたお金のうち、自由に使える資金として四万ドルほど持っていた――それを投資のための学費に充てたのだ。この資金は大体、一年分のビジネススクールの学費や寮費、そして食費と同じぐらいになると判断した。「投資家になる方法を学ぶためにビジネススクールに通ったのと同じだ。職業として投資家という道を選んだのさ」

ハーバード・ビジネス・スクールに入学してすぐの一九九〇年一〇月、アックマンはフィデリティに証券口座を開いてウェルズ・ファーゴ株を買い、初の株式投資をした。投資を始めたばかりのこのころ、ほかに百貨店チェーンのアレキサンダーズ（一九九二年に会社更生手続きを申請）も買った。当時は、ボルネードの会長だったスティーブン・ロスがアレクサンダーズ株の二七％を保有していた。アレクサンダーズが会社更生手続きを申請すると、アックマンは一株当たり八・三七五ドルで二〇〇〇株購入した。当時のアックマンの財産の、約三分の一に値する。アレクサンダーズは赤字の店舗をすべてたたんだが、不動産のほうはかなり高価なものを財産として所有していた。特に最高の物件は、マンハッタンの五九丁目とレキシントン街の交差点の不動産だった。アレクサンダーズは最終的には不動産投資信託（REIT）に転換し、株価は最終的に一株当たり四〇〇ドルを超すまでに上昇した。

この株を買ってから一年足らずのとき、アックマンは一株当たり二一ドルで株を売った。この経験から、破産した会社に投資をしても、利益を得ることがまだできるということが証明された。また、急いで売ると大損する可能性があることも学んだ。会社に支払い能力があるかぎり、あるいは、負債額以上に価値のある資産を持っているかぎり、たとえ破産していても株主のために価値を作り出すことができるということをアックマンは知ったのだ。この投資は若いアックマンに大きな影響を与えた。「手に入れた利益は相当なものだった。あのとき資金の半分でも失っていたら、今ごろは弁護士になっていたかもしれない」とアックマンは思い出す。

ハーバード・ビジネス・スクール在籍中にアックマンが最も大きな影響を受けた出来事、そしてアックマンという人間を形成した出来事が何かと言えば、ウォーレン・バフェットとリチャード・レインウォーターが学生たちに向けて行った演説だった。「バフェットは企業の価値を見いだす方法を教えてくれるのかと思ったが、そういう話ではなかった。代わりに人間性について話をしてくれた。毎日の生活のなかで良い判断を下していくだけで、自分の評判が上がるような性質をすぐにでも身につけることができる、とバフェットは言ったんだ。それから、評判はたった一晩で悪くなることもあるので、必死になって良い評判を守りなさいとも教えてくれた。その教えを忘れたことはないよ」

一方で、リチャード・レインウォーターは自分のファンドを設立する勇気をアックマンに与えてくれた。隠れた伝説的投資家として知られるレインウォーターは、テキサス州のバス一家の五〇〇〇万ドルを短期間で数十億ドルにまで増やしたと言われている。レインウォーターと話そうと並ぶ学生たちの行列にアックマンも並び、自分の番が来ると自信満々でこの億万長者を昼食へと誘い出した。昼食の席でアックマンはレインウォーターに、卒業してすぐに自分のファンドを立ち上げるのは愚かだろうかと聞いてみた。「するとこう言われたよ——『正しくあるために年を重ねる必要はない』ってね」。アックマンを奮い立たせるのに必要な言葉はそれだけだった。これを機に、アックマンは自分のファンドを立ち上げる決心を固めたのだ。

ゴッサム設立

「ビジネススクールを卒業したばかりで自分のファンドを立ち上げるなんて本当にバカだ、ってみんなに言われたよ。だからこそ、それがかえって良いアイデアだと確信できたんだ」。アックマンの父親も反対で、自分のファンドを立ち上げる前にもう少し経験を積むように勧めた。しかしだれが何と言おうと、自分の決めた道を進むのがアックマンだ。本人曰く、「向こう見ずに成功を求めていた」のだ。約二〇年後の二〇一一年、アックマンはロン・ジョンソンにアップルを辞めて小売店のＪＣペニーのＣＥＯとして会社を完全に変えてみないか、と持ちかけていた。そのときも、同じ話をした。

アックマンの同級生の一人にマサチューセッツ工科大学で学んだデビッド・バーコウィッツというエンジニアがいた。バーコウィッツはいつも授業中に興味深い質問をしたり鋭い意見を述べたりしていたので、アックマンはぜひとも自分の仲間になってほしいと考えた。アックマンとバーコウィッツは二人だけで投資クラブを立ち上げて、授業のあとに株の分析や投資を始めた。一年と少しの間、一緒にクラブ活動をしたあとに、二人はパートナーとして独自のファンドを立ち上げることを決めた。

卒業が近づくと、アックマンとバーコウィッツは投資家を探し始めた。政治雑誌ニュー・リパブリックの編集長で、アックマンが大学の卒業論文を書くときに助言してくれたマーティ・ペレスが最初の投資家として二五万ドルを提供してくれた。「人に投資をしないかと聞くことは、最初から恐れていなかった。資本金はどこにでもあるものだが、良い投資のアイデアは貴重な資産だと思っていたからね」とアックマンは思い出しながら語る。

アックマンとバーコウィッツはあらゆる人脈と資源を駆使して投資家を探し続けた。アックマンの将来の義母となった不動産ブローカーのマリリン・ハースコビッツの紹介を受けて、一〇〇万ドルを投資してくれる顧客を見つけることすらできた。そうして三〇〇万ドルをかき集めると、仲介業者のファーマン・セルツからヘルムズリー・ビルの窓のない部屋を間借りして、自分たちの店舗を構えた。

なぜ有名な投資家に弟子入りせずに独自の道を歩む必要があると感じたのか、と質問すると、「投資は独学で習得できる数少ないものだから。投資家として成功するために必要な基本的な能力は持っていると思っていた。自分がピカソだったら、ほかのアーティストから何かを学びたいと思うだろうか。私はごく普通のバリュー投資をしていた。複雑でもなければ特にリスクが高いわけでもない、レバレッジも効かせていない戦略を使っていた。最悪の場合、失敗したとしても、別の仕事を得ることはできるだろうと思ったんだ」。そしてハーバード・ビジネス・スクールを卒業してすぐの一九九二年、アックマンは二六歳でゴッサム・パートナーズを設立した。

ロックフェラー投資で得た学び

大学の学士課程を修了してハーバード・ビジネス・スクールに入る前、アックマンは父親が経営する不動産仲介会社であるアックマン・ブラザーズ・アンド・シンガーで二年ほど働いた。不動産のオーナーデベロッパーのために資金調達をする仲介の仕事だった。一九八八年後半、大学を卒業して間もないアックマンは最初の大きな取引をした――ワシントンDCにあるユニオン・センター・プラザというオフィスビルの売却だ。この複雑な取引で得た経験は、アックマンに大きな成果をもたらすことになる。アックマンは不動産業界の複雑な利益関係を学んだのだ。これが将来、かけがえのない財産となるのである。「ユニオン・センターの仕事をしていなかったらロックフェラー・センター・プロパティーズのことなんて何も理解することができなかっただろう」。一九九六年、アックマンはニューヨーク市を代表する建造物であるロックフェラー・センターの支配権を得て、再建させようと試みた。結局、ロックフェラー・センターの支配権を手中に収めることはできなかったが、積極的に追求する姿勢と優れた計画で、アックマンは二八歳の若さにして世界最大の不動産王たちから一目置かれる存在になった。そしてだれもがあこがれる、クレインズ・ニューヨーク・ビジネス紙の「四〇歳以下の注目するべき四〇人」に選ばれたのだ。

アックマンは今でも、ロックフェラー・センターの取引がこれまでの投資人生のなかで最も重要な投資のひとつだったと考えている。何カ月もこの会社を分析し、研究すればするほど、この企業の持つ「素晴らしい」構造に感心させられた。一九八〇年代半ば、ロックフェラー家はこの不動産を担保に一〇億ドル以上の融資を受けたがっていたのだが、それほどの資金を貸せる銀行がなかった。そこで彼らはロックフェラー・センター・プロパティーズという公開会社の構造を持つＲＥＩＴを設立した。その会社がロックフェラー・センターに対して、唯一の資産である担保付きローンを一三億ドル融資した。

ロックフェラー・センター・プロパティーズは複雑だった――この公開会社の資金は負債と株式で調達されていた。担保付きローンはパーティシペーション型の転換権付モーゲージで、いろいろと珍しい特徴を持っていた。さらに取締役会の会長がデビッド・ロックフェラーとあって、投資家たちは配当金の支払額の多さもさることながら、ロックフェラーと手を組めるというアイデアが気に入って株を買った。しかし、一九九〇年代初めに不動産マーケットが崩壊し始めると、ロックフェラー・センター・プロパティーズは配当金を減らす必要に迫られた。するると株価は暴落し、大きな借金を抱えながらも短期の金銭を繰り越すことができないREITは大きな財政圧迫を受けた。

世界で最も古いファンド・オブ・ファンズのLCHインベストメンツNVの会長、リック・ソーファーは当時を振り返って言う。「一九九五年に紹介を受けてアックマンに出会った。エドモン・ドゥ・ロスチャイルド・セキュリティーズでロックフェラー・センター関連の仕事をしていたからだ。アックマンが私を通して債券をいくつか買ってくれないだろうか、と願ったりしたものだ。わずか数日で私の想像をはるかに上回る量のリサーチをしてくるなど、アックマンはこの相当混乱していた状況に驚くほどの意欲で取り組んだ。アックマンはロックフェラー・センターのビルについてひとつひとつ確かめたり、リースについてくまなく調べ上げたりと、ロックフェラー自身も完全に理解していなかったとても複雑な問題を明らかにしていった。その後も、アックマンのハングリー精神と創造力には衝撃を受けたよ――普通の投資家ならば割安の債券をいくつか買ったところで満足するものだが、アックマンはまだ若いのに驚くほど果敢で野心にあふれていて、さらに大きな富をもたらす計画を提示していた。アックマンのような外部マネジャーと投資をすることに私がこれほど熱中するようになったのは、一九九五年にアックマンと出会ったことが大きく寄与している」

アックマンは思いついた――証券取引所でロックフェラー・センター・プロパティーズの株を買えば、非常に安い価格でロックフェラー・センターの担保権を作ることができると。「そしてこのモーゲージの担保権を行使すれば、長期価値と比べてごくわずかな費用でロックフェラー・センターを所有することができる。約五六〇〇万平方メートルのオフィススペース、それから世界中で最も価値がありながらも安く管理されている小売りスペースや、約一八・六万平方メートルの空中権、年間一ドルで借りられていたラジオシティ・ミュージックホールなど、いろいろあった」――一月のある寒い日の朝、七番街の八八八番地にある四二階建てのオフィスで、アックマンは腰掛けて語る。午後になってアックマンのオフィスからニューヨークの摩天楼を眺めると、眼下に雪がちらついていた。アックマンの目はまるで、ずっと前のその計画について考えているだけで再び興奮しているかのように輝いていた。

「ロックフェラーをまるごと買収してロックフェラー・センターを所有できるように、ニューヨーク中を走り回って一緒に投資してくれる投資家を探しまわったんだ」とアックマンは詳しく話す。ところが、アックマンの話に興味や理解を示す人は一人もいなかった。「リチャード・レインウォーターやスティーブン・ロスなど、自分の知っている最も賢い不動産投資家にも話を持ちかけた」。そんなとき、株式公開されている投資持ち株会社のリューカディア・ナショナル・コーポレーションの社長であるジョセフ・スタインバーグに電話をしてみたらどうか、と父親が提案してくれた。スタインバーグはアックマンに会うことを承諾し、当初三〇分の予定だった会合は、二人が取引について話し合いを始めたために四時間に長引いた。最終的に、アックマンとスタインバーグはロックフェラー・センターの件でパートナーを組むことになり、リューカディアはアックマンと平行してロックフェラーの株を大量買いした。これがアックマンにとって初の注目すべきアクティビスト投資となり、同時にリューカディアとの重要な付き合いの始まりとなった。リューカディアとはその後も多くの取引を行った。約一〇年後にアックマンがパーシング・スクエアを設立する際に、五〇〇〇万ドルの投資をして助けてくれたのも、リューカディアだった。

ロックフェラー・センターの所有権を得るというアックマンの提案を実行するには、ゴッサムとリューカディアの支持を得て一億五〇〇〇万ドルの株主割り当て増資をし、REITの資本再構成をしなければならない。取締役会は、アックマンとリューカディアによるこの提案を却下し、大手グループとの取引に応じた。そのグループには、デビッド・ロックフェラー、ティッシュマン・スパイヤー・プロパティーズ、そしてホワイトホール・ストリート・リアル・エステートLPなどが含まれていた。ホワイトホールはゴールドマン・サックスが運用する不動産投資ファンドで、一九九五年一〇月一日に、ロックフェラーに対して一株当たり七・七五ドル、合計二億九六五〇万ドルを支払うことを提案した。この投資家グループは同時に約八億ドルとなるＲＥＩＴの負債を引き受けたが、そのうちの一億九一〇〇万ドルがホワイトホールとゴールドマン・サックスの子会社分の負債だった。

ゴールドマンの取引が終了する前に、アックマンは、ゴールドマン・サックスはロックフェラー・センターを盗もうとしているんだと主張するドナルド・トランプからの電話を受けた。「何とかして手を打たなければ。君のオフィスに私が出向こう」と、トランプは言った。自分のみすぼらしいオフィスを見せるのをためらったアックマンは、タクシーでトランプタワーに出向くと提案した。トランプのアイデアは、ロックフェラー・プラザ三〇番を住居用分譲マンションに変えるというものだった。しかし、タワーはすでに複数のテナントとの長期リース契約でほぼすべて埋まっている状態だったので、この戦略を実行するのは不可能だった。

一九九六年七月、ゴールドマン・サックス、ティッシュマン・スパイヤー、アニェッリ家、そしてデビッド・ロックフェラーはこの取引を終え、一二億ドルの現金でこの複合施設の支配権を得て、負債を引き受けた。ゴッサムはこのＲＥＩＴ投資で相当額の利益を得た。

アックマンはこの不動産を所有することができなかったが、投資の過程で得た経験と人脈に価値を見いだした。取引が終了したあと、リューカディアからアックマンに五〇万ドルの小切手と、パリ行きのコンコルド旅客機のチケット四枚が送られた。

スタインバーグはその後もアックマンと数多くの取引をした。二人は良き友人となり、異国の諸島の海岸まで男だけで連れだってスキューバダイビングに行くほどだった。またこの経験

ニューヨーク州ニューヨーク市
ロックフェラー・プラザ30番地
5600号室　　　　　　　　　　　　　　　　　　　(212) 649-5600

1996年12月5日

親愛なるアックマンへ

手紙を受け取りました。また、私に関する新聞の切り抜きや対談の内容を1977年1月にまでさかのぼってまとめてくれてありがとう。コンピューターで見つけたそうですね。そんなことができるなんて、私はまったく知りませんでしたが、あなたの言うとおり、私が回顧録を作るときにはこれが役に立つことでしょう。

あなたと、それからジェリー・スパイヤーも交えた昼食会はとても楽しかった。また同じような機会が持てることを願います。あなたがゴッサム・パートナーを通じてロックフェラー・センターにかかわっていたことについて、私はほんの少ししか知らなかったものですから、詳しい話を聞いて驚きました。私も含め、現在のパートナーらは皆、あなたの理解と自制心に感謝しています。

それでは。

敬具

ウィリアム・アックマン様

ニューヨーク州ニューヨーク市東42丁目110番地
ゴッサム・パートナーズ・マネジメント
デビッド・ロックフェラー

2010年、インドネシアでスクーバダイビングをするウィリアム・アックマン（ウィリアム・アックマン提供）

がきっかけとなり、アックマンはデビッド・ロックフェラーからフォーシーズンズでの昼食会に誘われた。ジェリー・スパイヤーも交えたこの昼食会のあと、アックマンはロックフェラーから一つの手紙を受け取った。手紙のなかで、ロックフェラーはアックマンに、大量の株を保有していることを利用して取引の邪魔をしないでいてくれてありがとう、と感謝している。アックマンは今でもこの手紙を額に入れて、自分の仕事机の上に飾っている。

記念すべき大きな投資だったにもかかわらず、アックマンは今でもこの取引のことを考えてしまうと言う。「何年かは、ロックフェラー・センターの前を歩くたびに、史上最高の投資チャンスを逃したんだ、と落ち着かない気持ちになったものだ」と思い出す。しかしアックマンはこの経験から学んだ。「株式投資家として、破綻寸前の会社に投資して多くの利益を得ることができると知った」。この学びを生かして、アックマンは彼の投資人生で最高の投資をすることになる。

名を上げる

一九九八年、店舗を構えて五年間でゴッサム・パートナーズは運用額を三〇〇〇万ドルから五億ドルにまで増やして成長した。ロックフェラー・センターの取引が終了すると、アックマンの味方をしてくれる有力者が数人現れた。ボルネードのスティーブン・ロスはアックマンに、今度また良いアイデアが浮かんだら電話をくれと言った。公にされている情報源によると、著名で評判の高い投資家をリミテッドパートナーとして誘うことに、ゴッサムは成功している。ヘッジファンドの伝説的人物であるジャック・ナッシュは、アックマンに投資資金として一〇〇〇万ドルを渡した。数年後、ナッシュが自身のファンドを辞めると、ナッシュの投資家の多くはゴッサムへと移った。デビッド・ロックフェラーですらゴッサムで投資をした。

ファースト・ユニオン・リアル・エステートの取締役会の主導権をめぐって、アックマンは初めて委任状争奪戦を行った。しかし、これは最終的には良い結果に終わらなかった。それでも、そこから得た経験は貴重だった。アックマンはこの投資から、「頭を使いすぎた分のリターンを計算する方程式」を生み出すことができたと言う。つまり、投資に値するかどうかを計算するためには、それにかかる時間とエネルギーも考慮しなければならないということだ。

一九九七年七月一四日、ゴッサムはファースト・ユニオンの取締役会宛てに手紙を送った。そのなかで、ファースト・ユニオンの方向性について懸念しているということと、評議会との会合を開くことを検討してほしいという要望を伝えた。アックマンはファースト・ユニオンへの出資額を一年ほど前から増やしており、この会社の現況に不満を感じていた。しかし、数回に及ぶ要求にもかかわらず、ファースト・ユニオンは会合を拒んだ。「ファースト・ユニオンはペアードシェアと呼ばれるREITだった。これは新法令の適用から外れる企業構造を持っていた。『○○会社』にREITがくっついている格好だ」とアックマンは説明する。つまり、どのような事業でも所有できる従来の企業ということだ。この会社の株を買うと、実際には二つの企業の株主になる。この構造のおかげで、通常のREITでは持つことができなかった不動産重視の事業をファースト・ユニオンは所有し、そして法人税を減らすことができた。そのようなペアードシェアREITは四つしか存在していなかったため、その独自構造がこの企業に不動産資産よりもはるかに高い価値を与えている、とアックマンは信じていた。

そこで、ゴッサムはファースト・ユニオンの株主たちに、一九九八年五月一九日に行われる選挙で、評議員を三人を除いて全員入れ替えるように要請した。そして、ゴッサムからの推薦人としてアックマンとデビッド・バーコウィッツを、さらにミシガン・ナショナル・バンクの会長であるジェームズ・ウィリアムズとニューヨーク出身で賃貸ブローカーとして大きな成功を収めているメアリー・アン・タイらを含む七人の役員たちを指名した。ゴッサムがファースト・ユニオンの取締役会に入ったときの印象について、「めちゃくちゃだった」とアックマンは語る。すでに取締役会は焦土作戦に出ていて、一億ドル分の債券を発行するなどして負債を増やして企業価値を下げ、主導権を取り戻そうとしていた。「そこで取引先の銀行と交渉して、株主たちからつなぎ融資として九〇〇〇万ドルを借り、公債を支払い、株主割り当て増資を行ってローンの支払いを行い、それから新しい経営陣を迎えたんだ」。アックマンは委任状争奪戦に勝利して会長になった。

この委任状争奪戦の間、ファースト・ユニオンのペアードシェア構造は税法の変更によって厳しい制限を受けた。ペアードシェア構造は競争上の優位性を与えるため不公平だと主張したマリオット・コーポレーションやほかのホテル会社らがロビー活動を起こしたからである。

ゴッサムの取締役員は投票で圧勝を収めて企業の主導権を握ったが、それはペアードシェア構造の利点がほぼすべて失われたあとだった。借入金が多く、三億ドルにも及ぶほどのリコースローンがデフォルト（債務不履行）状態かプッタブル債だった。前の取締役会が新しい取締役会を承認しなかった結果である。また、Ｂマイナス以下の不動産資産も多く所有していた。この状況を切り抜ける良い手段が何もなかったことから、取締役会は会社を大きく解体する道を選んだ。現金の山と、そして価値を付けることが難しい偶発負債など、売ることのできない資産を残し、すべての資産を売って負債を支払ったのだ。

しかし、これらの売れない資産や複雑な偶発負債のために、解体にはかなりの時間がかかってしまった。そこでファースト・ユニオンはその公開株と現金資産を武器に勧誘を試みようと、投資銀行を雇った。九〇近くの企業が秘密保持契約を結び、詳細を知りたがるなど興味を示したが、ファースト・ユニオンとの合併を提案してくれる企業はひとつも現れなかった。

これを受けて取締役会はアックマンに、ゴッサム・パートナーの所有するゴルフ場会社と合併してはどうかと提案した。未公開株投資会社アポロの代表者やサーベラス、さらに現在はフェアホルム・ファンドのマネジャーとなったブルース・バーコウィッツらを含む取締役会と数カ月にも及ぶ交渉を経て、二〇〇一年九月にファースト・ユニオンはゴッサム・ゴルフとの合併を発表した。二〇〇二年後半、ニューヨークの判事が暫定的な差し止め命令を言い渡したことでこの取引は失敗に終わるが、九カ月以上たった二〇〇三年九月にその判決は控訴審で覆えされた。

ファーマーマック買い

二〇〇二年半ば、アックマンはファーマーマック（連邦農業抵当公社）という会社に初めて公に空売りのポジションを建てた。ちょうど注目を集め始めていたCDS（クレジット・デフォルト・スワップ）を使った。CDSならばリスクは限定されるのに、利益はリスクよりも大きくなる可能性がある。だから企業を空売りする場合には、CDSのほうがより魅力的な投資法だとアックマンは考えた。きっかけは、二〇〇二年初めごろ、大学時代から親しい友人だったホイットニー・ティルソンに、長期投資の候補としてファーマーマックの株を調べてみるように勧められたことだった。そこで、アックマンは調査を始めたのだ。

ファーマーマックは農業金融の流通市場（セカンダリーマーケット）を生み出すために米国政府によって設立された会社だ。詳しく調べていくうちに、アックマンはどんどんこの会社に興味を引かれていった。この会社は事業資金の多くを短期融資に依存しており、会社の存続は資本市場にアクセスする能力次第だった。アックマンは、この会社の融資ポートフォリオの質とレバレッジの率に疑問を抱いた。格付け会社による格付けはされていなかったものの、その負債はまるで、国債と比べて非常に小さいスプレッドを持つトリプルAの格付けを持つ債券のようにトレードされていた。この会社と米国政府の関係についてマーケットで誤解があり、それが原因でブルームバーグが誤って、ファーマーマックの負債はトリプルAの格付けである、と報道してしまったほどである。

アックマンはファーマーマックのCEOに会って質問を投げかけた。その結果、自分の調査から得た洞察が正しいことを確認した。そして、CDSを通じてファーマーマック株や負債の空売りポジションを積み上げ始めたのである。

しかし、この空売りのアイデアには一つの欠点があった。それは、「王様は裸だ」とだれかが声を上げなければ、何年間も話が先に進まない可能性があることだった。

弁護士たちの助言を得ながら、アックマンはこの企業の弱った財政状況とまずいビジネスモデルに関する白書を書いて発行することにした。『バイイング・ザ・ファーム（Buying the Farm）』と呼ばれるアックマンの最初のこの報告に、マーケットは素早く反応した。白書の冒頭には弁護士に書かせた免責事項を掲載し、そのなかで自らの空売りのポジションについて公開している。この報告書に反論する電話がいくつもかかってきたが、アックマンはその後すぐに報告書の第二部と第三部も発行した。

これによって株価は値下がりし、クレジットスプレッドも広がって、ゴッサムは七〇〇〇万ドルほどの利益を得た。その後、上院の農業委員会の調査に答える目的で政府説明責任局（GAO）が報告書を発行したのだが、それによってアックマンの抱いた疑問の多くが正しかったことが証明された。アックマンによるファーマーマックの空売りは、まるで未来を暗示しているかのようだった。似たようなビジネスモデルを持つ住宅ローン会社のフレディーマックとファニーメイも、二〇〇八年の金融危機で無価値と化したのだ。アックマンはこの二社についても、二〇〇二年にCDS市場を通じて空売りしていた。

アックマンはファーマーマックの投資で得た利益に満足し、高すぎる格付けを受けている企業のCDSを買うことで得られる利益にさらに興味を持った。そして二〇〇二年半ば、空売りできる企業がほかにもないかと候補を探し始めた。そんなとき、リーマン・ブラザーズの信用部門で働く営業マンでアックマンにファーマーマックのCDSを売ったマイケル・ノイマンが金融保証会社を詳しく見てはどうかとアックマンに提案した。

アックマンはMBIAに狙いを定めた。MBIAは米国最大の金融保証会社で、地方債の保証人としてはどこよりも大きかった。MBIAはもともと、リスクの低い地方債を保証していたが、近年ではいろいろと付加されたエキゾチックと呼ばれるリスクの高いCDO（債務担保証券）や、ほかのストラクチャードプロダクト（仕組み商品）など、より儲かるものにも手を出し始めていた。MBIAは引き受けているリスクに見合うだけの資金を持たず、債務過剰で、さらに損失を隠して利益を多く見せるためのさまざまな会計操作をしている――そうアックマンは考えた。そして、今に大暴落するだろうと予想したのだ。いくらトリプルAの格付けをもらっていても、この事業は破産寸前に違いないと結論づけたアックマンは、この株を空売りし、CDSで大きなポジションを建てた。

ファーマーマックのときと同じように、MBIAのビジネスモデルの弱点と会計の穴について、詳しく記した白書をアックマンは書いた。それを公開する前に、その白書の詳細を、当時インスティテューショナル・インベスター誌で保険アナリスト第一位に選ばれたアリス・シュローダーに見せた。シュローダーはアックマンの研究結果をMBIAのCEOであるジェイ・ブラウンに送った。すると、ブラウンはアックマンに一対一での会合を要求してきたのだ。その会合のなかで、ブラウンはこの報告書を公表することをやめるようにアックマンに勧めた。そして、もしこれが公表されるようなことがあれば、ニューヨーク州とニューヨーク市の地方債の最大の保証人であるという強力な人脈を使って、アックマンを窮地に追い込むことをほのめかした。「君はまだ仕事を始めて間もない若造だ。その報告書を公表する前に、よく考えてみるべきだ」とブラウンは警告した。

それにもかかわらず、アックマンは報告書を公開した。すると、その直後から「いろいろな問題が身に降りかかってきた」と言う。アックマンはそれまで順風満帆な人生を送ってきた。ハーバードで出会った妻のカレンとの結婚生活は順調で、二人の女の子に恵まれ、相当の資産を持ち、セントラル・パーク・ウエストに立つ有名なマジェスティックという名のマンションに、八部屋もある家を構えていた。

約一カ月後の二〇〇二年一二月、ニューヨーク州の判事がゴッサム・ゴルフとファースト・ユニオンの合併を中断させる暫定差し止め命令を出したことで、ゴッサムは存続の危機に陥った。アックマンとパートナーのバーコウィッツはちょうど、ジフ家が保有するゴッサム株を買い取る話をジフ家と交渉中で、さらに別の新しい投資家とは、五〇〇〇万ドルをファンドに投資してもらう代わりに会社の一五％を所有させようという取引を交渉しているところだった。投資資金を返してほしいと言い出す投資家が出てきたことと、ゴッサムとファースト・ユニオンの合併が暗礁に乗り上げたことで、ゴッサムは投資家たちに償還するための資産を評価しようと思ってもそれが難しくなってしまった。

「最終的に、投資家たちにとって公平な方法を考えたら、ファンドを縮小するしかないという結論に達した」とアックマンは語る。

しかし、状況はさらに複雑になった。ＭＢＩＡがニューヨーク州の検事総長のエリオット・スピッツァーに対して、ゴッサムがＭＢＩＡについて誤解を招くような誤った情報を広めている、と訴えたのだ。二〇〇三年一月、スピッツァーはゴッサムに召喚令状を出し、そのすぐあとにＳＥＣ（証券取引委員会）がゴッサムに対して取り調べを始めた。同年三～六月、アックマンは検事総長のスタッフに対して六日間に及ぶ供述をしなければならなかった。この戦いが最終的には六年にも長引くことになるとは、アックマンは予想すらしていなかった。ただ、いずれ金融保証会社ＭＢＩＡの砂上の楼閣は崩れ落ちるということだけは、分かっていた。

ゴッサム・ゴルフをファースト・ユニオンに売る計画がニューヨークの最高裁判事によって止められたうえに、アックマンは世間の厳しい目にもさらされた。当時、「エリオット・スピッツァーの次の標的はゴッサムやヘッジファンドだ、とほぼ毎日のように新聞に書かれたよ。

娘を保育園に連れて行くのもいやだった。園舎に入ると、ほかの親御さんたちが自分の子供を私から遠ざけようとしていると感じることもあった。好戦的な取締官が私を何としてでも有罪にしようとしているというのは、たとえ自分は潔白だと分かっていても、恐ろしいものなんだ」とアックマンは言う。

「この国では、被告人は有罪判決が下されるまでは無罪である、という原則がある。そんな国で訴えられるというのは非常に興味深い経験だったよ。取締官たちの仕事も大変なんだろう。マーケットの警察官としての重要な仕事だからね。ただ、被告人は有罪か無罪か、それを決めるのが目的であることを忘れないでほしい。有罪を証明しろという圧力が強すぎるせいで、不当な有罪判決が下されてしまうんじゃないかと心配になる」

それから数カ月後の二〇〇三年五月、デビッド・バーコウィッツはゴッサムを去った。十年も共にゴッサムを作り上げてきたバーコウィッツだったが、ストレスに嫌気がさし、この業界で前進し続ける気力がうせてしまったのだ。「ストレスが多すぎて、仕事に行くことを楽しめなくなってしまったようだ」

アックマンの肩にはＭＢＩＡの問題がまだのしかかり、評判は地の底まで落ちていたが、投資家に対してひとつの義務があると感じていた。そこで二〇〇三年の間は無償で働き、問題を解決したりファンドを縮小することに努めた。それから数年かけて、投資家たちには流動性のあるすべての投資を市場価格で、そして、ゴッサムへの出資金は額面の三倍近くで返済した。

復活劇

そこからの復活はアックマンにとって簡単なことではなかったが、当時の困難な状況を考えればまだましだった。「一番大変だったのは、世界で最も好戦的な取締官として知られるエリオット・スピッツァーが私に照準を定めていたことだろう。さらに、私が無罪だろうが有罪だろうが関係ないと思っている取締官が三～四人、机を隔てて私の前に座っていた。ただ私を有罪にしたい一心でね」とアックマンは言う。しかしそれでも、アックマンの決意は鈍らなかった。最終的に、SECとスピッツァーは、ゴッサムにもアックマンにも、そしてバーコウィッツにも不正行為はなかったと結論づけた。

つらい一年だったが、その後もスピッツァーのオフィスからはアックマンとゴッサムの身の潔白を証明する手紙などが送られてくることはなかった。それでもアックマンはこの業界にとどまりたかった。二〇〇三年二月、アックマンは妻と一緒にメキシコのリゾート地、カボサンルーカスを休暇で訪れた。すると、偶然にも休暇に訪れていたリューカディア・ナショナルの会長のイアン・カミングに遭遇した。カミングはまだ若いアックマンに、何か新しいことをするときはリューカディアがパートナーになるぞ、と言ってくれた。ただ条件がひとつだけあった。それは、リューカディア以外のパートナーは持たないことだった――それはつまり、アックマンはこれまでの投資家からはお金を受け取ることができないことを意味していた。

二〇〇三年の秋、アックマンはその条件をのんで交渉し、リューカディアから五〇〇〇万ドルの支援をもらってパーシング・スクエアという新会社を立ち上げることにした。「あのころ、ひとつだけ良いことがあったとすれば、一九七九年から現在までバフェットよりも好成績を残している評判の良い投資会社が、五〇〇〇万ドルの投資に同意してくれたことさ」とアックマンは言う。

こうして二〇〇四年一月にパーシング・スクエアは誕生した。アックマンは同じ過ちは二度と犯さないことを誓った――これからは上場している証券にしか投資しないと決めたのだ。

リューカディアとの取引が成立すると、アックマンはすべての投資家宛てに手紙を出した。新しい会社を立ち上げるがリューカディア以外の投資家からの資金提供は受けていないことを知らせるためだった。ゴッサムの縮小を迫られた難しい時期でさえも、アックマンは投資家たちに対して常に情報を明示してきた。そのおかげか、新しいファンドに投資できないと聞いて失望した投資家から苦情の電話が入った程度で、事なきを得た。これにはアックマンも驚いた。

パーシング・スクエアという社名はオフィスの所在地であるグランドセントラル駅前の通りに由来している。しかしパーシング・スクエアという有名なカフェがあり、会社設立当初は笑い話になるほど多くの混乱が起こった。ある日の午後、その同名のカフェで昼食をしていると、カフェの接客主任がやってきて、非常に著名なビジネスマンから電話がかかってきている、とアックマンに告げた。電話を受けたアックマンは相手に、どうしてカフェにいると分かったのか聞いた。すると、「いや、アックマンをつかまえてくれって秘書に頼んだら、電話帳で見つけたパーシング・スクエアの番号にかけたようなんだがね」と答えたと言う。

二〇〇四年六月、パーシング・スクエアはシアーズ・ローバック・アンド・カンパニーへの出資を開始した。「会社が行った最初の大きな投資のひとつが、シアーズだった。三〇〇億ドルものクレジットカード事業を売ったあと、この会社の価値は急激に下がった。そこに魅力を感じた。クレジット事業を売ったお金で負債を払い、自社株をたくさん買い戻したが、それでも株価は下落し続けていた」とアックマンは言う。

「だからシアーズの株を買ったんだが、うちは火力の小さな極小ファンドにすぎない。シアーズの事業戦略は終末期を迎えているが、それぞれの構成要素――不動産、そしてクラフツマンやケンモアなどのブランド名、シアーズ・ホーム・サービス、棚卸し資産など――は、取引されている株価よりもはるかに高い価値があるはずだ。そこで、われわれが仲立ち人となってこの会社を戦略的に売りに出せば、不動産投資家やほかの小売会社などに対する価値を再び高めることができるだろうと考えたんだ」。以前、ボルネード・リアルティー・トラストのスティーブン・ロスから、今度良い戦略が浮かんだら会いに来いと言われていたことを思い出し、アックマンはロスに電話をした。そしてロスにこの戦略を売り込んで、彼をうまく仲間に引き込んだ。ボルネードは約四億ドルをシアーズに投資し、パーシング・スクエアと合わせて四・九％を所有した。そして二〇〇四年一一月、シアーズがKマートに売られたことで、パーシング・スクエアは仲立ち人の役割を終えたのだ。

パーシング・スクエアは、この取引の発表時にKマートにも大きなポジションを建てていた。だから、Kマートとシアーズが合併したことで大きな利益を得た。「ファンドの歴史のなかで最高の一カ月だった」とアックマンは説明する。この輝かしい投資から得たのは利益だけではなかった――さらに広いオフィスも手に入れることができたのだ。

スティーブン・ロスのボルネードはマンハッタンのあちこちに高級オフィススペースを所有していた。七番街八八八番地の超高層ビルもそのひとつだった。このビルには、ジョージ・ソロスのソロス・ファンド・マネジメントやディナカール・シンのTPGアクソンなど、世界で最も裕福なヘッジファンドや未公開株投資会社のオフィスが入っていた。カーネギーホールの真向かいにそびえ立つこのビルはすでに全面改装され、大理石が敷かれてセントラルパークを見渡せるようになっている。ロスは二九階の九三〇平方メートルほどのスペースを割安でアックマンに提供してくれた。アックマンは満足だった。一九九三年当時の窓すらなかった最初のオフィスに比べると、大きな前進だった。

二〇〇五年一月、パーシング・スクエアはリューカディア以外の投資家も受け入れ始めていた。一九九〇年代半ばのロックフェラー・センター投資で、アックマンの粘り強い仕事ぶりにかなりの感銘を受けていたLCHインベストメンツNVの会長であるリック・ソーファーは、真っ先にこの機会に飛びついた。「アックマンがパーシング・スクエアを設立したとき、私はすでにレバレッジド・キャピタル・ホールディングスを運営していた。世界で最も長い歴史を持つマルチマネジャーファンドだ。最初の会合の時点でもう投資することを決めているということはほとんどないのだが、パーシング・スクエアの目論見書のコピーを最初に受け取ると、すぐに署名したよ」

ファストフードで記録的な結果を残す

二〇〇五年の四月半ば、アックマンはオプション取引を通じて株のポジションを増やす方法でウェンディーズに投資をした。そして、ウェンディーズに対して、カナダにある子会社のティムホートンズをスピンオフするように勧めた。「ウェンディーズは、パーシング・スクエアが独自に行った最初のアクティビスト投資だった。この会社の時価総額は五〇億ドル。パーシング・スクエアの投資家たちが共同で投資するファンドを立ち上げて、ウェンディーズ全体の一〇％近くに当たる株を買った。ちょうど、ウェンディーズのチリビーンに人間の指が入っていたとかいう騒動が起こったころに、株を買い始めたんだ」とアックマンは語る。

「あの騒動があったからウェンディーズ株を買えるだけの流動性が生まれたわけなんだがね。ちょうど、株を買い上げている真っ最中に、あの事件が起こったんだ。ウェンディーズに注目した理由は、カナダにあるコーヒーとドーナツチェーンのティムホートンズをウェンディーズが一〇〇％所有していたからだ。当時、ティムホートンズは四億ドルの営業利益を生み出していた。その企業価値は五〇億ドル以上に上ると思われた。それなのに、ウェンディーズ全体を五〇億ドル以下で買える状況だったんだ。そこで、ウィンディーズを買ってティムホートンズをスピンオフすれば、ウェンディーズをタダで手に入れるのと同じだと考えたわけさ。しかも、ウェンディーズの価値は数十億ドルになる」

「数字で説明すると、一株当たり三八ドルを支払って買った株価が、ティムホートンズをスピンオフすることで、いずれ二倍の一株当たり七六ドルになるだろうということだ」とアックマンは語る。

その年の七月半ば、パーシング・スクエアは提案書を提出した。内容は、ティムホートンズをスピンオフすることや、ウェンディーズのレストランの多くをフランチャイズ加盟店に売ること、そして株の買い戻しプログラムなどを推薦するものだった。しかし、ウェンディーズ株を一〇％所有しているアックマンのこの提案について、ウェンディーズ側は議論を拒否した。

「ウェンディーズのＣＥＯは、われわれに会おうとすらしてくれなかった」

そこでパーシング・スクエアは投資助言会社のブラックストーンを雇った。公正な意見書を書いてもらうためだ。「ブラックストーンを雇って、もしもウェンディーズがわれわれの計画を実行したら会社の価値がどう変わるかという分析をしてもらったんだ。その分析結果を取締役会に送ったうえで、自分たちの大量保有報告書（スケジュール13Ｄ）にも記録して公にした」とアックマンは言う。

六週間後、ウェンディーズは二〇〇六年第1四半期の間に、ティムホートンズの一五～一八％を非課税のスピンオフで売ることを発表した。

二〇〇五年一二月、ネルソン・ペルツやピーター・メイ、エド・ガーデンらが率いるトライアン・パートナーズが、パーシング・スクエアに続いてウェンディーズ株を大量に買ったことを発表した。そしてトライアンも独自の白書を発行し、なるべく早くティムホートンのすべてをスピンオフするべきだとした。さらに、バハ・フレッシュやカフェ・エクスプレスなどの付随的なブランドを売り、ウェンディーズの独立型レストランのほうも大幅なコスト削減や賢明な増収でマージンを改善させ、さらにこれまでに発表されていた戦略的取り組みについても考え直すべきだと提案した。二〇〇六年初め、ウェンディーズのCEOが取締役会でクビになると同時に、トライアンはウェンディーズの取締役会でその代理人を定めた。

二〇〇六年一一月、アックマンが保有していたウェンディーズ株を現金化したことが報道された。二〇〇五年四月半ばにウェンディーズ株を買ってから現金化するまでの間に、株価は三八ドルから約七一ドルに上昇していた。

「ウェンディーズはファンドに数億ドルをもたらし、とても良い投資となった。当時の資産全体に対する割合はかなり大きかった。ウェンディーズのおかげでマクドナルド投資ができたんだ」とアックマンは言う。

マクドナルドを説得して得た利益

一九九〇年代後半から、アックマンのゴッサム・パートナーズはマクドナルド株を少量保有しており、どのようにすればマクドナルドがより効率的に運営できるかを模索し始めていた。二〇〇五年後半になると、アックマンは再びマクドナルドに投資を始めて、より積極的にかかわっていくことにした。まず、マクドナルドを三つの要素――フランチャイズ事業（全店舗の七五％にあたる）、店舗事業（マクドナルドが所有する店舗で残りの二五％にあたる）、不動産事業（全店舗の三七％近くと全建物の五九％の土地所有権）――に分けて考えた。

アックマンはウェンディーズと同様に、まずはオプションを通してマクドナルド株のポジションを建て始めた。マクドナルドが運営する店舗をフランチャイズ加盟者に売るか、あるいはスピンオフするように説得することがアックマンの第一目標だった。フランチャイズのほうが企業家精神にあふれていて店舗の事業成績を大幅に改善することが期待できるためである。さらに、そうすることでマクドナルド側に残る資産からフランチャイズ加盟店の賃貸料やロイヤリティーなどの現金が生み出され、マクドナルドの収益やキャッシュフローの質が改善されるという利点があった。

「マクドナルドはブランド名を売ってロイヤリティーを取る会社だ。これは、われわれがウェンディーズで達成しようとしていたものに近い。マクドナルドはブランド名およびフランチャイズ加盟権と引き換えに、フランチャイズ加盟店から総収益の四％を、そして賃貸料として九～一〇％をもらっている。最初にフランチャイズ加盟店に店舗を売るのは良い考えだとマクドナルドを説得しようとしたとき、マクドナルド所有の店舗でも利益を出していると反論された。しかし、マクドナルドは不動産を所有していたから、自分たちに賃貸料や加盟料などを課していない。だから、マクドナルドが運営する店舗は、実際よりもずっと利益を出しているように見えたんだ」とアックマンは言う。

「世界中のすべてのマクドナルドが生み出す総収益の一三～一四％を所有すれば、これ以上ない最高の年金になる。だれかがコカ・コーラを買うたびに、マクドナルドはすぐさま一四セントを儲ける。コカ・コーラ社よりも儲けているよ。問題は、以前に自分たちの事業が『悪化するのを食い止める』目的で廃業を決めた加盟店の多くを買収したことだ。われわれが投資をしたときには、ほぼ三〇％の店舗をマクドナルドが所有していた。フランチャイズ加盟店と同じように会社側も店舗を所有して、何らかのリスクを負うことが重要だ――そういう意見を持っていたんだ」

「世界で最高のフランチャイザー本部は数えるほどしか店舗を持っていない。サブウェイが最高のフランチャイザーだと思う理由は、彼らが一つも店舗を所有していないからだ。フランチャイズ加盟店にとっても取引内容が良い。そして良い仕事をしてくれる。うまく運営されているフランチャイザーならば、店舗を持つ必要性などほとんどない。店舗を運営する事業よりも、ブランド名と引き換えにロイヤリティーを受け取る事業のほうが、ずっと魅力的だからだ」とアックマンは言う。

「マクドナルドには、ブランド名でロイヤリティーを取る会社になってほしかった。だからマクドナルドに出向いてこう言ったんだ。『いいかい、事業全体が割安で取引されている。ブランド名でロイヤリティーを取っているフランチャイズ事業と不動産事業を合わせたものと、それから社内でＭｃＯｐＣｏと呼ばれている会社が運営している事業がある。本当にやるべき事業はブランド名でロイヤリティーを取る事業であって、店舗運営事業ではないはずだろう』とね。すると、『だがな、店舗事業でかなりの利益を得ているんだ。一〇％後半の利益だぞ』という答えが返ってきた。だから指摘してやったのさ。それは賃貸料や加盟料などを引いていないからだ、って。加盟料の四％、それから賃貸料の八～九％を引いて、さらに諸経費や設備投資の額を引いたら、店舗運営ではまったく利益を上げていないことを教えたんだ」

「そして伝えたさ。『考えてみてほしい、これらの店舗を加盟店に売れば、ロイヤリティーとして一四％を受け取ることになるし、加盟店のほうが店舗運営がうまいから売り上げが上がって、さらにロイヤリティーが増える。店舗を加盟店に売って、店舗経営がはるかにうまい加盟店に売り上げを大幅に上げてもらう――これがマクドナルドの成功の秘訣なんだ』って」

「もちろん、そう言われたマクドナルドは、ニューヨークのヘッジファンドなんかに指図されるのは気に入らない、って拒否したがね」とアックマンは言う。二〇〇五年一一月にアックマンは提案書を修正して提出したが、マクドナルドはそれを拒否した。そこで、パーシングはマクドナルドの株主と会議を開き、マクドナルドの選択肢について話し合った。さらに、この事業についてもっと学び、そして加盟店の信頼を得るために、アックマンは長女と一緒にマクドナルドのハンバーガーを焼いたりもした。

二〇〇六年一月半ば、パーシングが最初の提案書を出してから三カ月後、そしてその提案書が拒否されてから二カ月後、アックマンは最新の計画書を作り上げた。そこには新たに、IPO（新規公開）株でMcOpCoの二〇％を売ること、IPOで得た資金とすでにある現金を使って中国とロシアにおける店舗展開をさらに進めること、配当金を三倍の一株当たり二ドルにし、無担保債務をすべて返済し、自社株買いを拡大すること、今後二～三年の間に成熟したマーケットでマクドナルド所有の一〇〇〇店舗をフランチャイズ化すること、そして、マクドナルドが所有する店舗の業務成績についてもっと情報を公開することなどが含まれていた。

マクドナルドは表向きにはアックマンの第二の提案書も拒否したが、最終的には裏で静かにフランチャイズ加盟店に店舗を売るプロセスを開始した。

「もっと素早く動いてほしかったところだが、それでも二年間で株価は二倍に成長した。大型株にしては大きな動きだ。マクドナルドの運営や財政は今なお改善され続けている」

ボーダーズとターゲット——さえない二社

二〇〇六年一一月、パーシング・スクエアは、書店チェーンのボーダーズの株価が過小評価されていて、二三・九二ドルから三六ドルまで上昇する可能性があるとして、全体の一一％に当たる株を購入した。当時、アックマンはインターネットの小売業者アマゾン・ドット・コムの脅威について「大げさだ」と言っていた。しかし、あとから考えると、「あれは間違っていた。どうにかしてボーダーズを救おうとしたが、どうしてもダメだった」とボーダーズ投資に失敗したことについて語る。

二〇〇七年四月、今度はターゲット・コーポレーションを「世界で最高の小売業者だ」と言って、一株当たり五四ドルで買い始めた。ターゲットは会社の規模が大きかったため、それとは別にほかのヘッジファンドとパーシング・スクエアの投資家たちから共同投資として合計二〇億ドルも集めた。主体となるパーシング・スクエアはレバレッジを使わずに運用したが、共同投資のほうはリターンの増幅を狙って、オプションやマージン、トータル・リターン・スワップ（ＴＲＳ）などを使う個々の株を集めたファンドでレバレッジを掛けていた。メーンのパーシングのファンドと一緒に、最初の三つの共同投資ファンドではシアーズ・ローバック・アンド・カンパニーやウェンディーズやマクドナルドに共同投資をし、高いリターンを投資家にもたらしていた。

そして、メーンファンドと四つ目の共同投資ファンドで、オプションと普通株を組み合わせてターゲット株を買った。最大時には、ターゲットの九・九七％をパーシング・スクエアが保有していた。株を買い始めた直後の二〇〇七年八月、アックマンはターゲットのＣＥＯであるグレッグ・スタインハフェルとＣＦＯ（最高財務責任者）のダグラス・スコバナーと会合を開いた。その会合でアックマンは、八〇億ドル近くに上るクレジットカード債権を売ってクレジットカード事業が持つリスクをターゲットから取り除き、そして売却で得た資金でほかの事業や自社株に再投資するように提案した。

最初、ターゲットは改善に向かっているように見えた。二〇〇七年九月には、クレジットカード債権の売却について検討することと、その後も三年かけて一〇〇億ドルの自社株を買うことが発表された。そして二〇〇八年五月、ターゲットはＪ・Ｐ・モルガン・チェースにクレジットカード債権の三六億ドルを売ったことを発表した。しかし残念なことに、それはクレジットカード債権全体の半分以下にすぎず、パーシング・スクエアの助言の大事な部分は無視された。この取引ではクレジットカード事業の信用リスクは事実上すべて残り、資金リスクも半分残ることになる。アックマンは不満を覚えながらも、小売業者としてのターゲットの修復に、それまで以上に徹底して取り組んだ。

ターゲットを絞る

二〇〇八年五月、アックマンはＲＥＩＴを作って上場する計画をターゲットに提案した。そして、そのＲＥＩＴが一年以内に一株当たり約三七ドルの価値を持つだろうと予測した。ターゲットのＲＥＩＴに全ターゲット店舗が建つ土地の所有権を持たせ、それを再びターゲットに対して七五年間のトリプルネット・リースをするという仕組みだった。リース料は消費者物価指数によって上昇し、支払いは年間二回にする。この構造ならば、負債のないＲＥＩＴを作ることができる。このＲＥＩＴは、米国財務省が発行するインフレ連動債のＴＩＰＳにできるだけ似せて作られたので、デザインしたパーシング・スクエアはこれを企業型ＴＩＰ　ＲＥＩＴと名付けた。これならば、配当金を増やす非常に安定した流れが生まれる。

この取引がターゲットにもたらす利益は多大なものだとパーシング・スクエアは考えていた。すべての建物の支配権を持つことで、店舗の開店や閉店、改装、そして移動などが柔軟にできる。しかも同時に、立地条件の良い不動産ポートフォリオには大きな価値（ターゲット社自体の市場価格の約七五％に相当）が組み込まれ、それを収益化できるのだ。

パーシング・スクエアのＴＩＰ　ＲＥＩＴは、最初こそターゲットの上層部経営陣とその助言者であるゴールドマン・サックスにも歓迎された。しかし二〇〇八年九月、ターゲットの取締役会がＲＥＩＴの取引の可能性について話し合った結果、パーシングにとって残念な結論が出た。ファニーメイやフレディーマック、ＡＩＧ、そしてリーマンが破綻した直後の会合だったため、金融工学に基づく取引のようなパーシング・スクエアの案には、取締役会が乗り気になれなかったのだ。

ターゲットに拒否されたアックマンは、対話形式の集会を開いてこの案を公開することにした。二〇〇八年一一月にこのプレゼンテーションが行われたが、その直後に、ターゲットはいくつもの懸念事項を挙げてパーシングの提案を拒否した。数週間後、アックマンは二回目の公開プレゼンテーションを開いてこの計画に対するターゲットの不安を取り除こうと試みたが、ターゲットはそれも再び拒否した。前年の間に五〇億ドルの自社株買いをしていたターゲットは、その後の一一月一七日に自社株買い計画を停止した。株価は三一・六八ドルで引け、パーシング・スクエアが買った五〇ドル以上から大きく下落した。

二〇〇九年二月、アックマンは、マクドナルドの元ＣＦＯで定年退職してからパーシング・スクエアの諮問委員会の仲間入りをしたばかりのマット・ポールとアックマン自身のターゲットの取締役会に入れようとしていた。二〇〇九年三月、株式市場が底に近づくと、ターゲット株は一株当たり二五ドルにまで下落した。小売業そのものを避けたい投資家や、パーシングがターゲットに売るように勧めていたターゲットの大きなクレジットカード事業を避けたい投資家が、次々と株を手放したからである。

パーシングがレバレッジを掛けていたターゲットの共同投資ファンドのほうは、この株価の下落で打撃を受けたとき、ターゲットのみのファンドは九三％下落し、投資家は時価評価額で一八・六億ドルの損失を被った。

この大きな損失を受けて、ファンドに投資していた数多くの投資家たちがまだロックアップが数年残っていたにもかかわらず、手仕舞いたいと言い出した。アックマンは投資家たちに、今は良い売り時ではないと伝えたうえで、手仕舞いたい投資家には全員にその機会を与え、そして個人の資金を投じて手仕舞う投資家の株を買い取った。投資家たちの株を買い取ることができるこの機会をアックマンは魅力に感じたため、ファンドに投資している投資家すべてに売る機会を与えた。しかし、それを利用したのはわずか数人だった。アックマンは同時に、ファンドにとどまる選択をした投資家に対して、手数料を無料にする措置をとった。なかでも特に評価されるべき対応策は、ターゲットのみのファンドに投資しているすべての投資家に対して、被った損失額と同額のクレジットを与え、パーシング・スクエアのメーンファンドで将来利益が出たときにそのクレジットを使えるようにしたことだろう。この損失の繰り越しがあったおかげで、投資家はターゲットのみのファンドにおける損失を取り戻すまでは、メーンファンドの成功報酬を一切支払わなくてすんだのだ。

二〇〇九年三月、アックマンは取締役会の役員を一三人とし、自分を含め五人の候補者を推薦することに決めた。ターゲットは取締役会は一二人のままで、既存の役員の四人が再選されるのが支持されたとして、アックマンが推薦した候補者を拒否した。ターゲット側もアックマン側も、規制当局に二〇以上の報告書を提出し、株主に対しても独自の主張を展開したが、五月二八日に開かれた年次株主総会にてアックマンの候補者は敗退した。

最終的に、ターゲットの株価が再び一株当たり五〇ドル以上に上昇したので、安値でターゲットのファンドに大量の資金を投入した投資家以外は、大きな実りを得ることができなかったが投資成績も大きく回復した。ターゲットで損失を出した投資家も、パーシング・スクエアがこの失敗を受けて講じた対応策にその多くが感謝をし、ファンドにとどまった。二〇〇九年と二〇一〇年にパーシング・スクエアのメーンファンドで非常に良い成績を収めると、ターゲットのファンドに投資してパーシング・スクエアにとどまった投資家の多くが、手数料が無料になる制度を利用して、ターゲットの損失を取り戻した。アックマン自身は「自分の投資人生のなかで最大の失敗のひとつ」と語るが、公平に扱われた投資家の満足度は高まった。

アックマンとデビッド・バーコウィッツが別の道を歩み始めたすぐあとのころ、現在はニュー・レガシー・キャピタルでCIO（最高投資責任者）を務めるアダム・ガイガーがアックマンのファンドで投資をしていた。当時、ガイガーはアイビー・アセット・マネジメントというニューヨークを拠点とするファンド・オブ・ヘッジファンズのマネジャー会社で働き、グローバル投資部門の責任者を務めていた。そして、その運用額のうち少なくとも一億ドルをパーシング・スクエアの旗艦ヘッジファンドに割り当てていた。「ターゲットやウェンディーズなど、個別の株だけに投資するファンドに投資をしなかったのは意図的だった。ほかの株のために流動性を確保しておきながら、ひとつの株に投資して手数料を払うというのは、効率的な構造ではないからだ」とガイガーは言う。ガイガーがアックマンのファンドに資金を配分した大きな理由は、付加価値を探す分析手法や、伝説的なヘッジファンドマネジャーと仕事をした経歴や人脈、そしてアクティビストとしての信頼性があったからだと言う。

委任状争奪戦の失敗とターゲット投資で最初に大損失を出したことが大きく世間に知れ渡ったことで、アックマンはマスコミにたたかれ、投資家の一部を失った。しかし、一連の騒動は新たな投資家を味方に引き込む促進剤にもなっていたのだ。あるニューヨークを拠点とする六億ドルのファンド・オブ・ヘッジファンズのマネジャーに注目されて、二〇一〇年に二・五〜三億ドルをパーシング・スクエアが配分として受け取ったことなどがその良い例である。

ウィリアム・アックマンを二年ほど観察していた、ある匿名希望のファンド・オブ・ヘッジファンズがある。彼らは、アックマンがターゲット投資に失敗したあとから勢いを増していることに気がついた。一〇〜一二ポジションを建てるというアックマンの集中型投資の手法が合理的であると感じただけでなく、自分たちが投資しているファンドを補完していると考えた。その匿名希望ファンドはイベント投資のファンドに投資することを好み、そのほとんどが資本構造全体に対する投資だった。アックマンはイベント投資のマネジャーに似ているが、ほかのマネジャーと違って株式に注目していた。ターゲットに焦点を絞った投資ファンドは失敗に終わったが、それはアックマンのエゴが投資手段や運営リスクに悪い影響を及ぼしたからなのだろうか？　この疑問について、この匿名希望のファンド・オブ・ヘッジファンズが評価したところ、最終的に、アックマンは自信と謙虚な態度の両方をちょうど良い割合で兼ね備えているという結論が出た。匿名希望のファンド曰く、アックマンは自分の力を証明して見せた良いマネジャーであり、投資する企業の取締役会とうまくかかわり合いながら、会社に良い変化をもたらす。匿名希望のファンドは、ポジションに追加する資金があれば、パーシング・スクエアに対する配分を増やしていくつもりだと語っている。

「アックマンは投資の世界で最も魅力的なビジネスモデルを作り上げた。アックマンは公開株式と非公開株式の投資を組み合わせることで、強力なモデルを作った。非常に高い割合の投資をすることで変化を生むことができる。大量の株を買って、必要であれば委任状争奪戦に参戦する態度を見せるからだ。けれど、通常ならばそこまでする必要はない。アックマンはいつも良いアイデアを持っていて、とても説得力があるからだ」と、アックマンの友人であり投資仲間のホイットニー・ティルソンは言う。

MBIA

エリオット・スピッツァーと規制当局による苦々しい調査の引き金となったのがMBIAだったことは前述のとおりだが、その空売りをアックマンはあきらめていなかった。ゴッサムのときの共同投資ファンドでＭＢＩＡのＣＤＳを保有していたので、このファンドはそのままにしてあった。さらに、パーシング・スクエアを設立した直後から、アックマンはＭＢＩＡの株を大量に空売りしたり、ＣＤＳで大きなポジションを建てるなどし始めた。パーシング・スクエアが設立されてから約四年間は、ＭＢＩＡのポジションは損失を出し続けていた。アックマンは、ＭＢＩＡのビジネスモデルには欠点があることや、さらに、サブプライムのＣＤＯに投資していることや、公表されている情報が少ないという事実、そして意図的な経理操作についてなど、ＭＢＩＡについて驚くほどの詳細を公表した。これに対し、ＭＢＩＡは反論し続けていたが、二〇〇八年二月ごろになると、そういった事実を否定することは難しくなっていた。株価は二〇〇七年初めから八〇％以上も下落した。しかし、アックマンの主張が紛れもない真実であることが証明されても、まだＭＢＩＡはアックマンを形勢不利に陥れようと必死だった。

ＭＢＩＡは下院金融委員会の小委員会に宛てた書面による証言のなかで、アックマンのような空売り投資家が金融保証会社に対するマーケットの信頼を弱めようと必死になっていると述べている。あからさまにアックマンを名指しにしたこの証言は、さらにこう続く――下院の資本市場に関する小委員会とＳＥＣは協力体制を敷いて、ＭＢＩＡの市場信頼を弱めて株価をゼロに近づけようとしている「空売り投資家による無節操で危険な市場操作」を抑制すべきだ――と。しかし、ＭＢＩＡのトリプルＡの信用格付けについて五年以上も異議を唱え続けたアックマンのほうも、ＳＥＣとニューヨークの検事総長とほかの規制当局らにＭＢＩＡを調査するように求め、ついに形勢は逆転した。MBIAに対する調査は四年にわたった。その結果、SECと検事総長によって証券詐欺の民事訴訟を起こされたMBIAは、ようやく和解して多額の罰金を支払うことに同意した。

MBIAの株価は急落し、CDSは急上昇した。CDSのスプレッドは二〇〇七年初めの一五ベーシスポイントから、わずか二年足らずで二〇〇〇ベーシスポイントも上昇した。そのおかげで、パーシング・スクエアが二〇〇七年に投資家にもたらしたリターンは大きく、二〇〇八年のポートフォリオから出た損失も軽減することができた。

「われわれの帝王は裸の王様だ、そう言いたければ言える、そしてそのことを六六ページの白書という形で書きたければ書ける、それが資本市場の健全な姿だ。ジェームズ・チェイノスが『中国がバブル状態にあると考える理由』を語ろうが、デビッド・アインホーンが『リーマンは過剰なレバレッジで崩壊に向かっている、だから資本再構成をする必要がある』と語ろうが、それはマーケットにとって良いことなんだ。これはとても重要な点だと私は思う」とアックマンは言う。

二〇〇八年末、アックマンはMBIAの投資を手仕舞った。六年間にわたる戦いを経て、アックマンは一一億ドルの利益を生み出し、そのうち一・四億ドル以上をアックマン自身が手に入れた。アックマンはその全額をパーシング・スクエア財団に寄付している。

数カ月後の二〇〇九年五月、メリルリンチ、J・P・モルガン、シティグループ、そしてU

BSなど一八の金融機関がMBIAに対して訴訟を起こした。MBIAがMBS（モーゲージ担保証券）の補償請求で必要となる資産を、新しい地方債の保険会社を作る目的で移動したという主張だった。

MBIA投資は素晴らしい結果に終わったが、アックマンの投資人生のなかで最も高い利益の投資かというと、そうではない。アックマンは早熟の若い投資家としてロックフェラー・センターの件で不動産業界の大物たちと組み、早くから経験を積んだ。それがいよいよ、近い将来役立つことになる。しかしその前に、いくつか乗り越えなければならない壁があるのだった。

失敗に終わった投資

二〇〇八年三月、ボーダーズは買収をしてくれる会社を探し始めた。バーンズ・アンド・ノーブルが興味を示したが、実際にはどこも買収してくれなかった。パーシング・スクエアはボーダーズの三％を保有していたが、投資規模としては小さかった。それでも、アックマンは何とかしてこの会社を助けようとした。「われわれの投資チームから一人、取締役会に仲間入りした。そして会社の資金を貸し出し、新しいCEOを雇ってから、ボーダーズを再び売りに出したんだ」とアックマンは言う。しかし買い手がつかず、バーンズ・アンド・ノーブルも去っていくと、アックマンもボーダーズを深追いすることはやめた。

　二〇一〇年になってベネット・レボウがボーダーズの支配権を買うことに興味を示した。だれかがこの会社を建て直すために資金と労働力を費やしてくれることに、パーシング・スクエアも喜んだ。結果的にレボウは立て直しに失敗し、ボーダーズは二〇一一年に破産申請を余儀なくされた。パーシングは合計約二億ドルを失った。これは資本の約二％に当たる。しかし、アックマンはこの失敗について自分を責めてはいない。「間違いは避けられない。ボーダーズを買ったのは失敗だった。所有したい事業の基準を満たしていなかったのさ」

「投資の世界に入ったばかりのときは、見切りを付けるタイミングが分からなかった。しかし、考察時間収益率の意味がよく分かったからね。じっくり考えた時間と労力に値するだけの高いリターンが得られないのなら、考えても時間の無駄さ」

最高のトレード

　二〇〇八年一一月、アックマンは、全国のショッピングセンターの不動産合わせて一三万平方メートルを所有するGGP（ゼネラル・グロース・プロパティーズ）のREITを買った。この会社が破産法の適用を申請する五カ月前のことである。それから数カ月かけて、パーシング・スクエアは少しずつポジションを増やしていった。ビジネススクール時代に投資したアレキサンダーズに始まり、ロックフェラー・センターへの投資、そしてゴッサム時代に失敗に終わったファースト・ユニオンとの取引――アックマンはこれまでの経験の集大成ともなる人生最高の投資をする目前まできていた。

アックマンは、一九九八年からGGPに注目していた。「ファースト・ユニオンの債権に取り組んでいたころ、資産の一部をGGPに売っていた。そのときにGGPの投資責任者だったジョエル・ベーアと会って、それ以来、連絡を取り続けていた」とアックマンは言う。アックマンはそのころからずっと、GGPの株価の値動きを見守り続け、二〇〇八年後半～〇九年前半に株価が下落すると、そこに注目した。GGPは金融恐慌のさなかに負債を借り換えることができず、六〇ドルだった株価は最終的に〇・三〇ドルにまで下がってしまった。そこでアックマンの出番になった。破産法適用を申請して負債を再構築できれば、投資の歴史のなかでも最高の返り咲きを果たすことができる、そうアックマンは悟ったのだ。

GGPが破産法適用を申請していても良い投資になる可能性はある――アックマンはそう考えていた。それはこの会社の資産が負債額をはるかに上回っていたからだ。アイラ・ソーン・インベストメント・リサーチ・コンファレンスで、アックマンは投資情報サイトのインフォベスト二一の取材に答えた。二〇〇九年五月二五日付けの、その記事はこう記されている――「歴史的に見ても、モール事業は安定した高いキャッシュフローを生み出している。GGPはモール運営会社のなかでも、占有率は第二位を誇っている。Aクラスのモールならば、知名度の高いものも含めて七三も所有している。二〇〇中五〇のモールは営業純利益が五〇%だ。これなら裁判所による強制破産の可能性は少ない。商業不動産やほかのREITにとても大きな影響が及ぶからね」。

アックマンはGGP創業者のいとこであるマデリン・バックスボームと、一九八〇年代に開かれた慈善行事で面識を得ていた。アックマンがGGPの二五％に当たるポジションを集めると、約二〇年ぶりにバックスボームから電話がかかってきた。そして助けが必要になったら、自分にできることは何でもすると言ってくれたという。

GGPの株を買ったアックマンは、次に経営陣に働きかけた。GGPに対して、企業を立て直す最善の方法は破産であること、そしてその方法について、これまでに成功している企業の例をいくつか挙げながら説明した。「私を取締役会に入れてくれと説得したんだが、GGPの代理人がゴールドマン・サックスでね。そのゴールドマン・サックスに反対されたんだ。『鶏小屋にキツネを入れてはいけない』とさ。私とゴールドマン・サックスの関係は良好だが、私のような人間から企業を『守る』ことが彼らの仕事だ。だから、代理を務めるGGPの取締役会に私が入ることに反対するのも無理はない。それが彼らの仕事なんだから」とアックマンは淡々と述べる。

アックマンを取締役会に入れるまいとゴールドマンが奮闘していたころ、GGPのジョエル・ベーアが会社に働きかけて、アックマンこそがふさわしい人物だと説得してくれた。最終的に、アックマンが取締役会に入るべきかを投票で決めることになった。しかし、意見が二分していることを知り、アックマンは驚いた。「信じられなかったね。私はGGPの二五％を所有しているんだ。それに助けの手を差し伸べている。株価は一ドルを切っている。そんな状況で私を取締役会に入れてくれないなんて」。そこで、アックマンはいつでも助けると言っていたマデリン・バックスボームに電話をした。マデリン・バックスボームはアックマンに投票するようにと、いとこのジョン・バックスボームを説得した。その一票が決定打となり、アックマンは二〇〇九年六月に取締役会に入ることができたのだ。

取締役会に入ったアックマンは、GGPの経営陣や相談役とも折り合いを付けながらGGPの負債を再建しようとした。「ブルックフィールド・アセット・マネジメントがこの取引に興味を示したが、彼らが最初に出してきた提案書はあまり良くなかった」とアックマンは言う。そこで、アックマンはGGPを二つの企業に分けるのはどうかと提案した。「最終的に、それがブルックフィールドの提案書の基礎となった」

二〇一〇年四月、GGPはさらなる資本を必要としていた。GGPの負債のうち二〇億ドルを所有していたブルース・バーコウィッツは、自分もかかわりたいことを以前からアックマンに伝えていた。そのため、ブルックフィールドの取引が発表されると激怒した。アックマンは、ブルックフィールドの取引は、バーコウィッツの分も考えて設計していること、そして二五億ドルではまったく足りないほどの資金を必要としていることを説明した。そしてバーコウィッツに、「七〇億ドルが必要だから、君の助けがいるんだ」と言った。マイアミにいたバーコウィッツはすぐさま飛行機に飛び乗り、アックマンのほうもブルックフィールドと会合の準備を始めた。アックマンはこう言った――「バーコウィッツがこちらに向かっている。彼が着いたら私はひとつの提案をするから、それについて話し合おう。バーコウィッツがその内容を公平だと思えば、同意してくれるだろう。そして握手を交わせば、この件は終わりだ。すべて解決する」。

アックマンはバーコウィッツの同意を得ることに自信を持っていたが、ブルックフィールドのほうは最初から懐疑的だった。「バーコウィッツはグッチのローファーを履き、ジャケットも着ずに、カジュアルな装いでやってきた。パートナーのチャーリー・フェルナンデスと、着の身着のままでマイアミから飛んできたんだ」とアックマンは思い返す。

その会合は、アックマンが予言したとおりに進んだ。「ブルース・バーコウィッツと私は、ブルックフィールドに提案する取引内容について二人で話し合った。バーコウィッツが満足できる内容で、私も同意できる条件がまとまると、ブルックフィールドが待つ部屋に戻った。そしてバーコウィッツが『これが私たちの考えだ』と言うと、みんなで握手を交わした。バーコウィッツは、ものの三五分ほどで帰ってしまった。あれほど短い取引はなかったよ」。ブルックフィールドはそれでもなお、バーコウィッツが信頼に値するのか懐疑的だった。「ついさっき二七億ドルを出すことに同意した男だ。バーコウィッツは本気さ、と教えてやったよ」。アックマンの言うとおりだった。

二〇一〇年一一月、ＧＧＰは倒産状態から脱却し、ハワード・ヒューズ・コーポレーションという新しい企業をスピンオフした。この会社はＧＧＰの特定の資産を所有していたが、ＧＧＰの潜在的な資産価値に関連する現金はほとんど生み出していなかった。アックマンは今でもハワード・ヒューズの取締役会の議長を務めている。

ＧＧＰの株価は一株当たり〇・三四ドルから二三ドルにまで上昇した（ＧＧＰ、ハワード・ヒューズ、ラウス・カンパニーの三社を合わせた現在価値）。モール運営で苦しんでいたこの企業に投資をした結果、アックマンのファンドは二六億ドルの利益を得た。この投資は業界からも大きな注目を集め、二〇一〇年のＨＦＭウィーク誌が選ぶアメリカ国内で業績の良かった企業の「五億ドル以上のファンド部門」で、パーシング・スクエアは株式の買いと売りのパフォーマンス賞を受賞した。

ＪＣペニーについて考える

「ＪＣペニーのどこに、私たちが魅力を感じたと思うかね？」とアックマンはある日の冬の午後、自分のオフィスで大げさに問いかける。椅子の背にもたれて、机の上の小物で遊ぶ。部屋の角にはオフホワイトの大きなピカピカのソファーがあり、近くのコーヒーテーブルの上にはクリスタルのチェスセットが置かれていて、アックマンの癒やしの空間になっている。そこは床から天井まで大きな窓に覆われていて、外にはセントラルパークが見渡せる。アックマンの大きな木製デスクとブルームバーグのスクリーンの後ろ側には幅広の引き出しがあり、写真や思い出の品がところせましと飾られている。ハーバード・ビジネス・スクールのボート部の副将だったころのもの、白黒の幼少時代の写真、そして美しい妻カレンとの結婚式の写真、ポール・ヒラルや父親と行った釣り旅行での特別な思い出の品などが飾られている。ポール・ヒラルはアックマンと同じハーバードの同窓生で、アックマンの親友でもあり、今はパーシング・スクエアのシニアパートナーを務めている。

「私たちは長年の間に多くの百貨店の小売業に携わってきた。JCペニーは一〇八年の歴史を持つ象徴的なブランドだ。その不動産の大部分は自ら所有するか、とても安く借りている。基盤コストがとても安いんだ。最高のブランドだとは思われていないが、シアーズと違って悪いブランドだとも思われていない。なのに、この会社はその潜在的な利益を得ていない。収入はもっと大幅に増すはずだし、経費は安くすむはずだ。つまり、この会社の運営から生まれるチャンスはたくさんある。そう思ったんだ」

二〇一〇年一〇月、アックマンは二〇〇五年にシアーズに投資したときのパートナーであるスティーブン・ロスにそのことを話した。すると、ロスもこの投資アイデアに共感し、二人はJCペニーの二六％を買った。アックマンは、JCペニーの戦略や経営を変更する可能性についてJCペニーやほかの投資家と話し合うつもりでいる、と大量保有報告書（スケジュール13

D）のなかで公表している。

アックマンとロスは、自分たちを取締役会に入れてほしいとJCペニーに打診した。「JCペニーは検討の末、われわれを迎え入れることにした」とアックマンは言う。二〇一一年一月、JCペニーはアックマンとロスを取締役会に加えることを発表した。「ほかの取締役とも良い関係で、みんなで力を合わせて前に進むことができた」

アックマンがかかわり始めたのち、JCペニーは利益を改善する計画案を発表した。業績の悪い店舗を閉店し、商品数や販売事業を縮小し、コールセンターを合理化し、コスト削減の一貫として事業を変えていくという内容だった。

もしかすると、アックマンの「やればできる」という姿勢が取締役会に受け入れられる一因となったのかもしれない。友人のマーク・アクセロウィッツ曰く、「大きな出資をするときのアックマンはかなり詳しくデュー・ディリジェンスをするので、ほかの人では見つけられなかったことも見抜くことができる」という。アクセロウィッツはUBSプライベート・ウェルス・マネジメントの投資部門のマネジングディレクターであると同時に、アックマンと共にハーレムにあるボーイズ・アンド・ガールズ・ハーバーの実行委員も務めている。「それが天才の印なんだ。アックマンの取締役会での行動やチャンスをつかむ方法などを観察していると、会合ではどうしても自分がリードしたいらしい。それはエゴから来るものではなく、変化をもたらすことのできるチャンスを見抜いて熱心になっているからなんだ。わずかな期間にアックマンはボーイズ・アンド・ガールズ・ハーバーの理事長になった。ＪＣペニーの取締役会にしてみれば、アックマンの持つリーダーシップ能力を利用しようと考えるのは当然だろう。アックマンは豊かな創造力をもってアイデアを提供し、そしてよく熟考したうえで賢い判断を下すんだ。そしてすぐに行動に移し、一日が終わる前にその仕事を片付けてしまう。だからみんな彼の言うことに耳を傾けるのさ」

アックマンは言う。「ほかにも、ＣＥＯの後継者交代を手伝った。マイク・ウルマンはすでに六〇代半ばだったから、ずっとＣＥＯでいることはできなかった。そこで小売業者のＣＥＯとして国内で最高の人物を探し始めたんだ。するとロン・ジョンソンの名前が持ち上がったので、本人に電話をした。もともと、われわれには取締役会で第三者のディレクターを指名する権利があった。そこでジョンソンに言ったんだ。『いいかい、まずは会社の雰囲気が分かるように君を取締役会に入れる。そうすれば、ウルマンが退くときになったら、君がＣＥＯになれるかもしれない』って。しかし、ジョンソンはまだアップルで働いていた。だから、同時にＪＣペニーの取締役会に入ることは難しかった。ジョンソンも、『いや、もしこれを引き受けるのなら、全力でやりたい』と言っていた。そこで、ジョンソンがアップルからＪＣペニーに移れるように手はずを整えた。取締役会全体がかかわって、役員一人一人がジョンソンと面談した。マイク・ウルマンはジョンソンと時間をかけて話し合った。取締役も同じだ」

「いいかい、ジョンソンはこれまでの企業歴史のなかで最高のＣＥＯになると思う。ＪＣペニーを完全に変えていくだろう」とアックマンは興奮気味に語る。

カナダ太平洋鉄道を軌道に乗せる

二〇一一年一〇月、アックマンはカナダ太平洋鉄道の一二・二%に当たる株を手に入れた。SECへの届け出によると、パーシングはカナダ太平洋鉄道について「過小評価されている」、そして「魅力的な投資」と考えていた。アックマンが株を買った報道を受けて、カナダ太平洋鉄用の株は時間外取引で上昇したが、NYSE（ニューヨーク証券取引所）では一日中弱い値動きだった。

アックマンは、カナダ太平洋鉄道のCEOフレッド・グリーンは辞任するべきだと言って譲らなかった。そしてその後任として、カナダ太平洋鉄道の最大の競合会社であるカナディアン・ナショナル鉄道の元CEOハンター・ハリソンを推薦した。近年の営業係数（かかった営業費用に対する売り上げを割合で示す鉄業業界の指数）が七〇台半ば～後半というカナダ太平洋鉄道は、大規模な一級鉄道とされる北米の鉄道会社と比べると、すべての業績指標において大幅に劣っていた。アックマンは、営業係数が高い原因は会社の構造ではないと考えた。イリノイ・セントラル鉄道やカナディアン・ナショナル鉄道で同じような改良を数多く行ってきたハリソンをCEOに迎えれば、カナダ太平洋鉄道も大幅にコスト削減を果たし、二〇一五年までには六五％という営業係数を達成できる。そして、それによって企業の収益力とマーケットでの評価を大幅に高めることができる、と考えた。

カナダ太平洋鉄道は二万四〇〇〇キロ弱の鉄道網を持ち、カナダのバンクーバーからモントリオール、そしてシカゴ、デトロイト、フィラデルフィア、ニューヨーク、ミネアポリスなどのアメリカの産業中心地まで操業している。穀物、石炭、彫刻、肥料などの荷物や、林産物、工業製品、消費者製品、そして自動車などの商品を運んでいる。また、旅客鉄道もあり、ロイヤル・カナディアン・パシフィックという限定線で豪華旅客鉄道の旅を提供している。パーシング・スクエアはカナダ太平洋鉄道のマネジメントや取締役会、そしてそれ以外の株主たちと話し合いをして、会社の事業と経営、そして業務なども含めたさまざまな点について議論するつもりである――先に述べたSECへの届け出には、そのように記されている。

二〇一四年一月二四日、アックマンは、五月一七日に行われる年次総会で自分が指名する経営者をカナダ太平洋鉄道の取締役会に対して推薦すること、そして二月の第一週に企業の業績について話し合うための株主総会をトロントで開く予定であることを発表した。アックマンが取締役会に指名したのは、アックマン自身と、企業再建会社CRSの社長であるゲイリー・コルター、パーシング・スクエアのパートナーのポール・ヒラル、ジャスト・エナジー・グループ創業者のレベッカ・マクドナルド、戦略顧問会社ネベルの会長兼CEOのアンソニー・メルマンであった。

アクティビストとしてのアックマン

アックマンは自分の投資スタイルについてこう語る――「ほかの人がどう考えていようが、私は気にしない。利益の大きさと損失の大きさを比べたうえで、投資をするかしないかの判断をしているからだ」。

多額の投資や注目度の高い投資をしているアックマンだが、仕事でストレスを感じることはほとんどないと言う。それよりも家族や世界中の人々の健康と平和のほうが心配のようだ。人生のことを考えると感情的になるが、投資となるとそうではない。「オリンピックを見ると泣いてしまう」と笑いながら認める。「映画館に行くと一〇〇人中一人くらいは泣いているだろう。それが私だ。感情的な人間なものでね。しかし投資では違う。投資に感情を持ち込むのは良くない」

一方で、慈善事業にかかわるときは、感情的でありながら行動第一だ。「涙が出たら寄付をする」と告白する。二〇〇六年に、アックマンは妻のカレンと一緒にパーシング・スクエア財団を設立した。貧困や教育、環境、医療、人権などの問題に取り組むためである。これまでに、財団は一・三億ドル以上をニューヨーク近辺と世界中のさまざまな目的に費やしてきた。

この慈善活動では、難しい問題に対して画期的な解決策を考え出せるような、賢くて才能のある人々も支援している。財団は非営利団体に対してもいくつか重要な投資を行っている。例えば、ワン・エーカー・ファンドでは東アフリカの何万という自作農たちに訓練を行ったり、質の良い種や、技術、肥料、農業技術などを提供しながら生活の改善を支援している。ファウンデーション・フォー・ニューアークズ・フューチャーに対しては、ニューアーク市の市長で、アックマンの友人のコリー・ブッカーやフェイスブックのマーク・ザッカーバーグと手を組んで、ニューアークに住む四万五〇〇〇人の子供たちとその家族により良い教育の機会を与える活動をしている。また、不当に有罪判決を受けた人々の身の潔白を証明するためにＤＮＡの証拠を使うイノセンス・プロジェクトも支援している。

どの慈善事業に資金を提供するにしても、ファンドの投資先を調べるのと同じように、アックマンはまず慈善団体を十分に調べ、そして寄付した資金が最大限に活用されるような事業を支援するようにしている。まだ未熟な組織に対しては、実際に事業が実現可能であることを証明できるように指導し、そして事業レベルの向上や影響力の拡大につながるように手を差し伸べることもよくある。ほかの慈善団体では助けられない、あるいはだれも助けたがらない、また、すぐには資金が作れないような事業でも、長期的に寄付するだけの価値があり、素早く動けるような事業であるならば支援をしていきたい、とアックマンは考えている。そして当然のことながら、ファンドのポートフォリオに入っている企業にするのと同じように、慈善団体に対しても厳しい質問をしたり、自分の考えや提案を言ったりすることには遠慮ない。

アックマンの財団は、ＭＢＩＡの投資から得た個人利益を慈善事業に寄付するというアックマンの約束を果たすものだが、同時に、この世界から大きな金銭的利益を得られるほどの幸運に恵まれている人間は、その利益を大義のために再分配する義務があるというアックマンの信条を反映している。

アックマンが仕事に感情を持ち込まずにいられるのは、仕事とは関係なく、財政面で余裕があるからだ。「持っている資金をすべて投げ出すような人とは一緒に投資したくない。間違えたらいけないという相当のプレッシャーを感じているはずだから。持っているものすべてをリスクにさらすような人と、どうして投資なんかできるだろう？　そんなのは良識的なやり方とは言えない。財政面で独立していて余裕があり、流動資産の大部分を一緒に投資してくれる、そういう人が理想なんだ」とアックマンは説明する。

投資家たちもそのような考え方に賛同しているようだ。HFMウィーク誌の記事によると、二〇一〇年一月にニューメキシコ州の公務員の退職組合が四つ目となるヘッジファンドポートフォリオを追加し、二〇〇〇万ドルの資金をパーシング・スクエアに割り振った。二〇一一年三月末には、ニューヨークの投資協議会が一億ドルをパーシング・スクエアに追加投資する計画だと報道された。

J・トムリンソン・ヒルは四五〇億ドルを運用するブラックストーン・アセット・マネジメントのCEOだ。この会社はブラックストーンのファンド・オブ・ヘッジファンズのポートフォリオで二〇〇五年以来、パーシングスクエアに投資をし続けてきた。そのヒルが、アックマンには矛盾をかぎわけ、そして、企業を作り直す独特の能力が備わっていると言う。「未公開株を扱う事業にはある秘密がある。それは、企業は喜んで財務諸表その他の情報を開示するということなんだ。企業が自ら分析を行うよりも、アックマンのほうが優れた分析をしてしまう。それがアックマンの本当の才能なんだ。しかも、アックマンは公になっている情報にしかアクセスできない。だれにもできないやり方で、アックマンは価値を生み出している」とヒルは語る。

アックマンのパーシング・スクエアのほうは、将来的にIPOの可能性がある。二〇一一年五月二五日付けでアックマンから投資家たちへ当てた手紙のなかでその可能性が示唆され、それがマスコミに漏れた。内容はこうだ――「今年の初め、数カ月かけてファンドの永続的な資本を作る選択肢を調査してきた。もう少しで解決策を見つけることができそうだが、良いタイミングが訪れるまでは実行を待つことにした」。

さらに手紙にはこう書かれていた。「現在、ファンドが持っている本当の意味での永続的な資金というのは、長期的に働いてくれている従業員や関係者のみだ。そういった人々がわれわれの資本の約八％を占めている。永続的な資金の量を増やせば、マーケットや投資家たちにとって難しい時期でも柔軟に対応することができるし、もっと多くの株を大量に買うこともできる」

アックマンはさらに手紙のなかで、自分のアクティビスト的なアプローチは、投資家が資本を引き出せない状態にあると、最もうまく作用するとも説明している。その理由は、「ある企業が過小評価されているからと公にその企業の改革を推し進めているときに、投資家たちの解約に対応するために持ち株を現金化する必要性に迫られてしまっては、目標達成の妨げになるから」である。さらに、「資本の安定性は、われわれの戦略を長期的に成功させるために重要なのだ」と加えている。

アックマンの個人的な目標は最高の投資成績を残すことだが、投資業界では年ごとにしかマネジャーの評価をしないことが多い。それはアックマンも理解している。どんなに素晴らしい年のあとでも、「毎年またゼロからやり直し！」なのである。

第7章 ダニエル・ローブ
——毒舌で有名なマネジャー

The Poison Pen -- Daniel Loeb, Third Point

「悪いプロセスを使ったにもかかわらず自信過剰になっているマネジャーというのは、ロシアンルーレットを3回やっても一度も銃から発砲されなかったから自分はロシアンルーレットの達人だと思い込んでいる人間と同じだ。4回目には脳が吹っ飛ばされるに決まっている」——ダニエル・ローブ（2011年10月の対談より）

1995年、最初のオフィスでのダニエル・ローブ（サード・ポイント提供）

リスクに対して自信があると呼ぶのか、攻撃的と呼ぶのか、あるいは情熱的と呼ぶのか。九〇億ドルのヘッジファンドであるサード・ポイントの創業者であるダニエル・ローブの人生には、何か一貫性がある――少年時代にサーフボードに乗ってマリブビーチの波に挑戦したこと（このビーチの伝説的なブレイクがサード・ポイントの名前の由来になった）、一二歳のとき、ロサンゼルスのポールリビア中学校でいじめっ子に立ち向かうために、お小遣いから一日二五セントを出して同級生のボディガードを雇ったこと、大学生という若さで株式市場で一二万ドルを儲けたものの、そのすべてを一回の失敗トレードで失ってしまったこと。さらに、一九九二年にジェフリーズ・アンド・カンパニーでジャンクボンドのセールスマンとして働いていたときの話もある。ある日、ローブはデビッド・テッパーが独立して自分の会社を立ち上げるために、ゴールドマンのハイイールド担当のヘッドトレーダーの職を辞めるつもりでいることを聞きつけた。ハングリー精神旺盛な若者だったローブは、すぐにテッパーの自宅に電話をし、「手伝わせてください」と伝えた。

「残念だが、君の助けは必要としていない。私は会社を辞めたばかりなのでね」とテッパーは答えた。相手がローブでなくとも、そう答えていたのだろう。アパルーサはまだ設立されていなかったのだ。

「それでもいいんです。個人口座で債券を五〇口買いたいときでもいい。お役に立ちたいんです。いずれにせよ、だれかに頼む必要があるでしょうから」

ダニエル・ローブは自信満々だった若いころを思い返しながら笑みを浮かべ、「世の中のセールスマンには、攻撃的になれと言いたい。私はテッパーが無職の時に自宅に売り込みの電話をかけた。だからテッパーがアパルーサを設立したころには、すでに彼との人脈ができていた。テッパーは私にとって最大のクライアントになり、そして私はテッパーにとって最高のセールスマンになったんだ」と語る。

ローブはその投資スタイルや、企業幹部に宛てて書く手紙で知られている。そういったところでも、このような自信にあふれた態度は健在だ。自分が投資をしている企業の幹部に対して、ローブは率直で洞察に富んだ内容の文書を送りつける。それは、業績の悪い企業やその取締役会にとって恐るべき存在で、新しい文学芸術の形を生み出した「一陣の風」とも呼べるものである。一九九五年にサード・ポイントを設立して以来、経営陣の失敗が原因で業績不振に苦しむ企業の上層部に宛てて、ローブは公平で単刀直入な手紙を定期的に書き、それを喜んで公表している。ローブの主張は注目の的で、批評の内容は多岐にわたる。例えば、「経営不振という世界で、あなたは輝かしい地位を得ることを約束しましょう」と書いて無能力を非難したり、「オルセン姉妹のサインをもらおうとしている群衆を見下ろせるボックス席で、ドレイマン氏が仲間と連れだって、夏の日差しを楽しみながらスポーツ観戦に興じている姿を見かけましたよ。親しげに会話をしながらエビのカクテルをつまみ、冷えたゲヴュルツトラミネールのワインを飲んでいましたね」と怠惰を指摘したり、「今の時代でもなお、この企業の取締役会があなた方二人に失敗の責任を取って辞任するように促さなかったことが、そしてだれもあなた方二人の背中を使い古したブーツで蹴らなかったことが、不思議でなりません」とコーポレートガバナンスに言及したり、といった具合である。

これまでのローブを見てきた人々は、彼の「毒舌ペン」がここ四年ほどおとなしくなっていることに気がついている。そんな人々が代わりに注目し始めたのが、創業されて以来、サード・ポイントが世界中の典型的なスペシャル・シチュエーションで株の売買をしたり、企業の信用や不動産抵当証券、テールリスクを伴う取引などにその時間の九五%を費やしてきているという事実である。ローブは厳密な投資プロセスを一八年近くかけて磨き上げ、それをアナリストたちにも集中的に教え込んできた。それがボトムアップ式の投資アイデアを生み出した。結果として、サード・ポイントは創業以来、投資家に二一・五%の年率リターンをもたらした。それはつまり最初に一ドルを投資していたら、それが二六倍にも増えたことを意味している。

ローブの投資家がローブを慕っているのは、多くのリターンをもたらしてくれるからである。しかし大衆がローブを慕うのは、その扇動的な行動からである。ローブは投資家宛てに四半期ごとの手紙を書いていたのだが、二〇一一年にそれをやめると発表した（それはもちろん、公の知るところとなった）。この手紙は活気にあふれ、ローブの「ヘッジファンドのポピュリズム」が表現されている、とニューヨーカー誌も評していた。サード・ポイントは二〇一一年後半まで四年ほど、注目度の高い言動主義からも遠ざかっていた。

アクティビストであるかどうかはさておき、ローブは自分の信念を遠慮せず口にする、影響力を持ったマネジャーである。特に最近では、市民生活についてよく意見している。ローブはコロンビア大学で同級生だったバラク・オバマを大統領選挙戦が始まった二〇〇七年から熱烈に支援していた。ウォール街でだれよりも早くオバマを支援した人物でありながら、オバマを批判するのもだれよりも早かった。ローブはオバマ大統領の政策に反論し、その主張はウォール・ストリート・ジャーナル紙のトップページを飾った。ニューヨーク・タイムズ紙のビジネス面でも、時代精神に変化が訪れた象徴として紹介された。政治に関心を持ち、選挙戦ではオバマ大統領を支えてきた若いヘッジファンドマネジャーたちは、ローブが大統領の政策意図を「成長ではなく再分配だ」と述べるのを見て、オバマ大統領に背を向け始めたのだ。共和党の候補者に支持を変えたローブだったが、そのときまず最初にしたことは、民主党のニューヨーク州知事アンドリュー・クオモと協力して、ニューヨーク州における同性婚の合法化を熱心に推し進めたことだった。ローブは自信を持って信念を貫き、思ったことに対して率直で、積極的に制度に立ち向かい、損切りをして満足できる。そして常に予測不能な人物である。つまりそれが、高リターンを生み出すヘッジファンドマネジャーの完璧な青写真なのだ。

天職を見つけた青二才

ロープはカリフォルニア州のサンタモニカで育った。三人兄弟で、父親は弁護士、母親は歴史家である。カリフォルニア大学バークリー校に入学したが、のちにニューヨークにあるコロンビア大学に編入した。ウォール街でキャリアを築くためにニューヨークにいたかったから、というのがその理由である。大学を卒業してから数年間、一九八〇年代半ばにはウォーバーグ・ピンカスで未公開株投資会社を行い、そこでバリュー投資や企業分析、企業評価などの基本的な要素について学んだ。その後、ひょんなことからアイランド・レコードの仕事を受けて音楽業界に入り、かつての全盛期にはそこでボブ・マーリーやU2など多数の大物と契約を交わしたレーベルの創立者であるクリス・ブラックウェルの主任ファイナンシャルアドバイザーとなった。このとき、アイランド・レコードは企業再編の最中で、ロープはリストラを成功させ、ボブ・マーリーの音楽の権利などの遺産を獲得するのに一役買った。その後は再び金融業界へと戻り、ジェフリーズ・アンド・カンパニーで有意義な三年間を過ごした。ここではアナリスト兼債券セールスマンとして働き、主にディストレス債券を扱いながら、その買い手との人脈を築いた。そんな買い手の多くが、まだ当時は新しかったいわゆる「ヘッジファンド」を運用していた。一九九五年、ロープは過去最大の飛躍をし、三三〇万ドルの資本金でサード・ポイントを設立した。

実は会社の設立については、やめることも考えた。しかもその理由は、自信家で知られるローブにまるで似つかわしくないものだった。「ファンドを始める前日に、ものすごい緊張に襲われてね。資金は家族五～六人と数人の友人から集めた。あとは、それまでウォール街で一〇年間働いてためた三四万ドルを自分の資金として持っていた」とローブは語る。もちろん、最終的にはファンドを設立したのだが、ファンドの責任を負ったことで、大きなプレッシャーがローブにのしかかった。デビッド・テッパーがウエートトレーニングに使っている部屋の片隅を月一〇〇〇ドルで間借りし、そこに古びた中古デスクを置いて仕事をするなどして、ファンドの経費は安く収めた。「帳簿は自分でつけた。マーケティングもすべて自分でやった。投資家向けの広報活動も自分の足で動いた。秘書すらいなかったよ。手紙もすべて自分で書いて、そして、この手で投函したんだ」。最大の壁は資金の調達だったと言う。「最初は本当に難しかった。初めて小切手を受け取ったときのことを覚えているよ。投資情報紙のバロンズで対談をした記事が掲載されたときに、テネシーを拠点とする穀物取引ビジネスの起業家から五〇万ドルの小切手が送られてきた。普通郵便で届いて、しかも契約書すら入っていなかった。だから私が直接、送り主に連絡して契約書を送ってもらったんだ。その人は今でもうちで投資をしている」とローブは言う。

二〇年ほど前と比べて、今のほうがヘッジファンドを設立するのは難しいか、それとも簡単か――この質問に対してローブは、当時のほうが経費は安くすんだし、コンプライアンスやオペレーションに関してもいろいろと要求されなかったと言う。しかし、資金集めは今よりも、昔のほうがずっと難しかったという。「今は経験のあるマネジャーたちが、比較的経験の少ないマネジャーたちに資金を渡している。私が一億ドルの資金を集めるには五年もかかったが、最近は、みんなそれくらいの資金で始めている。実力を証明する実績が何もないマネジャーでも、大企業の出身で経歴がピカイチならば、何十億ドルという資金を集めることができる。だから、資金集めは今のほうがずっと簡単だろう」。しかし残念なことに、それが本当に質の高いファンドの設立につながるとはかぎらない、とロープは言う。「投資事業というのは、資金提供者がどう思うかとか、短期の結果をマネジャーたちが過剰に気にしてしまう状況があり、それが問題なんだ。私たちが成功したのは、会社の投資スタイルと私個人の投資スタイルや哲学が一致しているからだ。そういった基本的な要素は、約一八年間ずっと変わっていない」

サード・ポイントを設立したときにはすでに、ハイイールドのクレジットやディストレス債券、そしてリスクアービトラージの分野で多くの経験を積んでいたロープだが、それでも必要に応じて専門分野をさらに広げていった。「サードポイントのことを特定のスタイルの運用に特化したヘッジファンドだと定義づけたことは、これまで一度もない。柔軟なアプローチは常に持ち続けていた。だが、調査プロセスをより深くまで行う方法に改善し、異なる地域や産業や資産区分の専門家を雇った。債券から株式まで、あらゆる資本構成のなかで、産業や地域の枠を越えて機会があれば便乗して投資していく――それがサード・ポイントの哲学だ。スペシャル・シチュエーションがあったり、投資機会をもたらしてくれるイベント、またはチャンスを現実化できるようなイベントを見つければ、それに投資していく」

そういったチャンスを見つけるために、ローブはまず、投資のフレームワークを作った。常に大きなリターンを生み出してきたイベントのパターンを見極めるために、財務面から調べるのである。「ヘッジファンドの世界は、いわゆるイベント投資を専門としている人々であふれている。そういったことにだれも注目しなかった、あるいは注目しても理解できない時期もあった。サード・ポイントはそれを事業の中心に据えたので、評価の判断をほかよりもうまくやってきた」。ローブによると、二〇〇八年以降、サード・ポイントは公共政策にも注目している。「財政規制や医療改革など、いろいろな産業規制に変化があると、上場企業の評価にも多大な影響が起こる可能性がある。われわれはその影響を予測しようとしているんだ。そうすることで、買いと売りの両方でチャンスが生まれる」

サード・ポイントでは、業界や産業、そして景気動向についてトップダウンの手法も生み出している。ローブはその一例を挙げる。「一九九〇年代には、インターネットの成長が大きな影響を与えることに気がついた。しかし、ただインターネット新興企業に注目するのではなく、インターネット部門を持っている老舗企業をたくさん買ったんだ。それなら株価が高くなりすぎたインターネット企業を買うリスクを背負わずにすむ。それでなかなか良い結果を出した。もっと最近では、スウォッチやフォルクスワーゲン、メルセデスなど、大きなエマージングマーケット（新興国市場）部門を持っている欧米企業を買った。おかげで、国内の市場評価でありながらも、エマージングマーケットの成長の恩恵を受けることができたんだ」

また、レバレッジを管理することでリスク管理も行っている。サード・ポイントは適度なレバレッジを使っているが、株式の組み入れ比率はネットで三〇～七〇％だ。「その間の数字で運営している。それよりさらに大きいレバレッジを掛けているものと言えば、それほど不安定ではないクレジット債券だ。全体として、買いの組み入れ比率は一一〇～一二〇％を少し超えるくらいで、売りの組み入れ比率はそれよりも二〇～四〇％ほど低い。平均すると、大体ネットで七〇％となる。しかし、グロスならば、買いと売りを合わせて一五〇％を切るくらいになるだろう」

サード・ポイントが慎重に避けていること――それは、大して良くもない投資から十分なリターンを絞りだすために、個々のポジションにレバレッジを使う習慣だ。「ハワード・マークスという有能な投資家が、『すでに行っている投資のレバレッジを増やしても、リターンが増えると思ってはいけない』というようなことを言ったんだ。ある証券で一〇％のリターンがあるとする。そのレバレッジを四倍にしても、手数料などを差し引くと一五～二〇％のリターンになる。これだと、実際にリターンは増えていない。単にレバレッジを増やして、リスクをずっと大きくしただけだ。しかも、二〇～二五％ほど下落する恐れもある。つまり、もしもトレードが思惑とは逆の展開に進んでしまったら、資本の一〇〇％を失うことになる。レバレッジを掛けていても変動率が低かったファンドが、二〇〇八年に次々と破綻しただろう――あれはレバレッジを掛けすぎたからだ。サード・ポイントではレバレッジに頼らない。レバレッジなしの状態で物事を考えている」とローブは言う。

サード・ポイントが設立されてから七年の間に、一年だけ六・六％というリターンがあったが、それ以外は五二・一％、四四・三％、四二・二％、三七・〇％と当たり続けて、ネットで年利一五％以上の利益を得ていた。このリターンでローブは注目を集め、投資家たちがその輝かしいリターンを求めて集まるようになり、ファンドも成長した。その間に、ローブはある会社を空売りして有名になった。このときはバリュー投資に加え、「三つのＦ――Fads（流行）、Frauds（不正）、Failures（失敗）」と自らが呼ぶものを専門的に投資する手法を使った。ＩＴバブルがはじけたとき、ローブは空売りのポジションを正しく取っていたので、大儲けすることができたのだ。二〇〇〇年にはＳ＆Ｐの指数を二六・二％上回る成績を残した。二〇〇一年は二六・八％上回った。現在、サード・ポイントには空売りを専門に扱うトレーダーがいて、マーケットの状況にかかわらず、常にアルファ値を生み出している。空売りをヘッジ取引の目的だけに使う多くのヘッジファンドとは異なり、ローブは「アルファ値を生み出す空売り」という技術を規律化して、チームのメンバー一人一人に教え込んでいる。このような取り組みは、サード・ポイントが年間を通して利益を生み出す重要な手段となっている。

二〇〇二年になり、ＩＴバブルで空売りをして儲ける最盛期が終わると、ローブはディストレス債券投資家という自分のルーツに戻った。そして、二〇〇一年の不景気に端を発して起こった信用市場の混乱に乗じて、利益を「積み上げ」始めたのである。二〇〇三年、サード・ポイントのメーンファンドは投資家のために五一・五％増、続く二〇〇四年は三〇・二％増を記録した。そのすべてが、ディストレス債券や、当時の破綻企業が再建プロセスを経たあとの証券から得た利益だった。

特に好成績だったのが、デイド・ベーリングへの投資だった。この会社は医療診断用の検査機器や用品を製造する会社である。サード・ポイントはデイド・ベーリングの債券や銀行ローンなどを買い、ローブ曰く「注目度の高いディストレス取引」にかかわった。「この会社のことを知れば知るほど、気に入った。ジム・リード・アンダーソンが経営するこの会社を、私は一度訪ねて行ったんだ。アンダーソンは並外れて明敏な男だったが、彼だけではなく、彼の抱えるチーム全体も素晴らしい資質を持っていた。この会社が破綻から回復したとき、株価は下落していたが、サード・ポイントは株を買い増した。それから四年かけて、経営陣は事業を成長させ、利益を増やし、競合会社からマーケットシェアを奪い、そして新製品を導入していったんだ」

「通常ならば、長いこと同じ会社を保有したりしない。しかし、デイド・ベーリングは本当に良い会社で、カタリストが次々と現れ続けた。必ずこの会社は魅力的な合併対象になると考えていたら、そのとおりになった」。二〇〇七年、デイド・ベーリングはシーメンスに買収された。サード・ポイントは、四年前に支払った額の六〇〇％の利益を得た。「これまでで最高の投資になった」とローブは言う。

ほかの投資家がそうであったように、ローブもまた、金融危機とその直後に起きた混乱には苦しめられた。二〇〇七年七月、楽観主義のローブは公開会社のサード・ポイント・オフショア・インベスターズ・リミテッドを設立した。これはヨーロッパで上場されながらもアメリカに住所を持つ最初のパーマネント・キャピタル・ビークル（ＰＣＶ――特定の期間を決めずに長期投資を行うもの）で、かつ世界初のイベント投資ファンドとなった。複数の大きなファンド・オブ・ヘッジファンズや自己資本を多く持つ投資家たちから出資を受け、さらにＮＹＳＥ（ニューヨーク証券取引所）やダイムラー・クライスラー、フィリップスエレクトロニクスなどの株も買って保有していた。しかし、市場暴落の最初の波に直面し、目標としていた資本金はなかなか集まらなかった。そんな状況だったが、ロンドン市場に予定よりも二四時間遅れでファンドをＩＰＯ（新規公開）で上場すると、五億二五〇〇万ドルが集まった。目標の六億九〇〇〇万ドルには届かなかったが、当時のマーケットが直面していた先行き不安を考えれば、悪い結果ではなかった。

このロンドン市場に上場したファンドの資金集めでは苦労したが、それでもローブは二〇〇七年をプラスで終えた。同年九月、業界に暗雲が立ちこめていたとき、ある大きな未公開企業が上場するため取引において魅力的なスプレッドが発生していることに、ローブは気がついた。

もしも資金調達市場が開かれたままならば、リスクアービトラージ取引で大きく儲けるチャンスがある。ローブは、大きな取引がいくつか完了する日が近いと判断し、金融不安が強まるなか、一五億ドル、つまり会社の資本の約二八％をリスクアービトラージ投資につぎ込んだ。そしてその六週間後、一億二五〇〇万ドルの利益を手に入れたのだ。ほかにも、ヨーロッパやインドの大企業への投資や、ＡＢＸ指数（サブプライムローン担保証券のリスク指標）への空売りポジションを建てるという、よく考えられた、しかもかなり重要な投資を成功させ、サード・ポイントは二〇〇七年を一六・六％増で終えた。

金融危機の年には、サード・ポイントの成績は過去最悪を記録した。リーマン・ブラザーズが破綻する直前の九月、サード・ポイントの運用額は五〇億ドルで、その年の収益はプラス四％だった。しかし、年が終わってみると運用額は二〇億ドルで、収益は三〇％も減っていた。「多くの投資家が現金を必要として資金を引き出したからだ。それを止めるつもりはなかったから、すべて清算に応じた」とローブは語る。

サード・ポイントもほかのファンドと同じように、安定した資金を必要としていた。だからといって、大恐慌以来最大と言われる金融危機のさなかに投資家の資金を人質にすること――「ゲーティング」と呼ばれる業界の慣習――はしたくない。「ポジションを素早く現金化することができず、投資家の希望に応じることができなかったファンドもなかにはあった。しかし、それは少数派だ。意図的に『ゲーティング』することを選択したファンドの多くは、自分たちの運用会社とそこから得られる手数料のほうを優先したんだ。投資家とのパートナーシップという最も貴重な資産よりもね。つまり、投資家の利益よりも、自らの利益を重要視したということだ。そういうファンドは、そのときの成績がどうであるにせよ、パートナーの信用を裏切ったんだから、今では見向きもされないはずだよ」

荒波にうまく乗る

「このようなことは今まで一度も見たことがない。経済はがけから落ちるように減退してしまった」──二〇〇九年三月にニューヨーク・ポスト紙に掲載されたウォーレン・バフェットの有名な言葉だ。このとき、ローブは「かなり弱気」だった。ニューヨーク・ポスト紙にバフェットの記事が掲載された翌日、ローブは投資家に対して手紙を書いた。「『衝撃に備えるように』と書いたんだ。そして、ハルマゲドンがやってくるから自分の資産を守らなければならないというようなことを延々と語った」。そのころ、サード・ポイントはほとんどすべての株を手放していて、ファンドの投資額はネットでもグロスでもこれまでで最低だった。四月初めのサード・ポイントの資産は、約一六億ドルにまで落ち込んでいた。

この厳しい時期の真っただ中、二〇〇九年二月に、財務省がアメリカ国内最大級の一九の銀行持ち株会社に対して「ストレステスト」を行うと発表した。このテストに不合格となった銀行は「資本支援プログラム」の対象となり、これに参加すると政府の資金が注入されるというものだった。同じころ、最も弱い銀行のひとつであるシティバンクが優先株を普通株と交換する案を発表した。このトレードは分かりにくく注目を集めたが、銀行の中核的自己資本を強化するという効果があった。

三月半ばになると、米国経済が少しずつ改善していることを示す景気回復の兆しがポツポツと現れ始めた。米国の金融機関の出血を止めようと、政府が主導した結果、マーケットは急激に二〇％も動き、ストレステストの結果すら発表されないうちに「安値からの大きな上昇」を記録した。「本当にしっかりと考えて、自分の弱気の見方を再評価する必要があった。もしもマーケットが回復しているのであれば、それはそれでいい。しかしこれがデッド・キャット・バウンス（大きな下落のあとに起こる一時的な回復）だとすれば問題だ。投資における重要なルールがひとつある。それは、常にすべてのことを理解している必要はないが、本当に重要な一点はきちんと理解していなければいけない、というものだ。あのとき私が理解しなければいけなかったのは、金融制度の健全状態だ。リーマンやＡＩＧやベア・スターンズを繰り返すのか？　それとも、『ストレステスト』というごまかしだけでマーケットは落ち着きを取り戻すのか？」

その質問の答えを得るには、政府が施行するストレステストについて、自分でもかなり詳しく理解する必要がある、そうローブは考えた。そこで、首都ワシントンＤＣに電車で出向き、ストレステストの基本的な原理に対する独自の見解をローブに説明してくれるコンサルタントやロビイストを初め、多くの人に会った。テストの結果によって銀行から既存の証券を中核的自己資本に転換する動きが出ることは、もともと財務省の計画どおりだろう、という考えで彼らは一致していた。

ワシントンDCにいる間に、ローブはあることにひらめいた。金融機関は今の難しい状況から脱出するために、将来きっと、何らかの形で現金を生み出そうとするに違いない。つまり、不良資産を取り除き、実質的に社内の「ヘッジファンド」として機能している自己勘定取引部門や、クレジットリストラクチャリング部門などのリスクの高い事業を大幅に削減することによって、貸借対照表（バランスシート）をきれいにするわけである。ローブは物事のパターンを見つけることに慣れていた。だから、二月末に話題をさらったシティの取引を見たときに、気がついたのだ――それが資本金不足の問題を銀行が解決するための青写真として、財務省が暗黙の了解を出しているものであることに。

ローブは考えた。もしも今、金融機関の多くが最低水準にあるのならば、今後は上昇するしかない。しかし、大勢の意見はその逆だった。「ヌリエル・ルービニなどの経済学者たちは、これを間違った角度から見ていた。彼らは、金融システムが無一文だと考えていたんだ。たしかに、主要銀行のいずれかがすぐさま清算を余儀なくされていれば、理論的にはそうなっていたかもしれない。ルービニは、S&Pが六〇〇ポイントまで下落すると予測したんだ。しかも、五〇〇ポイントまで下落する可能性すらあるってね！　だが、ルービニもほかの経済学者も間違っていた。みんなストレステストの構造を理解していなかったからだ。財務省は一定期間のバランスシートだけではなく、損益計算書も合わせて注目していたというのに、経済学者たちはバランスシートにしか注目していなかったんだ」

二〇〇九年四月初めは重要な転換期だった。ローブはこれまで以上に強気の予測をしていた。そして、それから四週間かけて、サード・ポイントは数億ドルという資金をつぎ込んでハートフォード・グループやリンカーン・ナショナルなどの保険会社の優先株を買いあさっていった。また、バンク・オブ・アメリカやシティグループの優先株や、さらに過小評価されて下位四分の一に位置付けられている多くの銀行の負債も買っていった。

サード・ポイントは設立当初に投資していたディストレス債券にも注目して資金を注入した。そして、二〇〇八年の金融危機直後に破綻して再建中にあるような企業のポジションを大量に買い始めた――フォード、クライスラー、CIT、デルファイなどの行き詰まった企業の負債を大量に買ったのである。さらに、激安価格で取引されていた高品質のモーゲージ担保証券も買い始めるという、二〇〇七年にモーゲージ市場に賭けて成功したときとは逆方向の投資を行った。こういったディストレス債券の大きなポジションと、個別の不動産抵当証券で作られた大型ポートフォリオが中心となり、それから二年間はクレジット分野の投資で素晴らしい成績を上げることができた。

あれはサード・ポイントの決定的な瞬間だった、とローブは言う。「私はこう言うことができたんだ――みんな、合図のベルが鳴ったぞ。二～三週間の後れを取ったかもしれないが、これはデッド・キャット・バウンスでも弱気市場の最中の上昇でもなく、本物の上昇だ。今こそ投資しなければ――とね」。八カ月後の二〇〇九年末、サード・ポイントは四五％上昇し、ファンドは年間三九％の上昇を記録した。続く二〇一〇年も三五％の上昇を記録した。二〇一〇年と二〇一一年にサード・ポイントがＡＲ誌によって最高のイベント投資ファンドに選ばれたのも驚きではない。

開花のための改革

このときの金融危機から、ローブは株価の乱高下をうまく回避する方法を学んだ。「二〇〇八年以降、私のなかで大きく改善された点がある。それは、過去に記録したようなドローダウンを避けながら、高いリターンを得るためのポートフォリオ運用ができるようになったことだろう。長い期間を振り返ると、月に一〇％というドローダウンが何度もあった。これまでと同じようにマーケットを上回るような良い成績を出すには、大きなドローダウンがあっても仕方がない。だが、比較的少ない投資額でも非常に良い成績を生み出すことが、以前よりも上手になってきているんだ」

今後はエマージングマーケットに重点を置く、とローブは語る。「エマージングマーケットが重要なのは明らかだ。アメリカのマーケットが今でも世界最大であることは変わらない。しかも、最も重要で、最も利益を生むマーケットでもある。そしてアメリカという国には最高の資本市場と企業が存在している。しかし、変化の速さという点では、インドや中国やブラジルなどのほうがはるかに勝っている」。たしかに、現在こういった国々では、国内マーケットに貢献するような生産会社や、国外で世界を相手にしのぎを削る企業などが増加してきている。ローブも言う。「そういった国々の状況を無視することは、どうしてもできない。仮にアメリカの企業にだけ注目してみても、その仕入れ先の多くがエマージングマーケットになっている。今後一〇年、二〇年の間は、イベント投資の枠組みをこれらのマーケットに適応させることができるかどうかで、サード・ポイントの成功が決まると考えている。例えば、世界の銅市場について理解するには、中国について理解していなければならない。そして中国の行き先が分からなければ、マーケット全体について理解することもできない。これは肝心なことだ」

最近、ローブは以前のようによく筆を執っている。これまで以上に厳しい口調である。しかし、ほかのことで腕を磨いているように、その物言いにも磨きがかかっている。二〇一二年二月現在、サード・ポイントのファンドがヤフー株の五・六％を保有しており、常に過小評価されているヤフーの二番目に大きな株主となっている。ローブはその取締役会に手厳しい内容の手紙を送った。そのなかで、ロイ・ボストック会長が四年間で四社のＣＥＯ（最高経営責任者）

を引き受けているが、リーダーシップも発揮していなければ戦略的ビジョンも打ち出していない、と痛烈に批判した。ヤフーは近年、ほかのインターネット関連企業に押され気味だが、それでもまだ、「大きな大きなバリュー投資である」とローブは言う。

二〇一一年九月、ローブは次の文書をヤフーの創業者で当時取締役会の役員だったジェリー・ヤンに宛てて書いた（ロイ・ボストックはその取締役会の会長だった）。

ヤン様へ

先の月曜日は電話会議の時間をとってくださり、ありがとうございました。ただ、ボストック氏が突然、一方的に電話を切ってしまったので、会話が最後まで終了しなかったことだけが残念です。

ヤフーの衰退については、ボストック氏が大きく加担していたにもかかわらず、氏はそれに対する責任を負うつもりはないようです。先日も氏が自ら選んだ幹部であるキャロル・バーツ女史が辞任に追い込まれましたが、それに続いて自らも辞任しようという考えは明らかに持っていないようです。ボストック氏はこの企業の価値を破壊した張本人であるのに、取締役会の会長として居座り続けていては、ヤフーという会社に必要な、そしてこの会社にふさわしい人材が――特にCEOレベルの人材が――だれも来たがらないのではないか、われわれはそう強く思います。そう思うのは、われわれの会話が途中であるにもかかわらず早々に断ち切られてしまったことだけが理由ではありません。シリコンバレーの専門家や、ボストック氏とヤフーという会社についてよく知っている人々と何度も議論を重ねた結果でもあるのです。

ヤフーの創業者で主要株主であるヤン様におかれましては、現在のリーダーによってもたらされたひどい成績に個人的に胸を痛めているだけではなく、自己資本も打撃を受けているのではないでしょうか。ヤフーのすべての株主のために、ぜひとも正しい決断を下していただきたい。今、必要なのはリーダーの交代です。それを推し進めていただきますよう、強くお願い申し上げます。われわれはヤン様を支持する準備ができています。そして、世界トップのデジタルメディア兼IT企業の地位にヤフーを返り咲かせてくれるようなリーダー候補者を、こちらから提案いたしましょう。

二〇一一年秋、ローブはずっと水面下で圧力をかけ続けていたが、マスコミに対して公に語りはしなかった。しかし、ローブが武器を持って威嚇していることは、シリコンバレーの大物たちの耳にも届いているようだった。ずっとヤフーを買うことに興味を持っていた未公開株投資会社が周りに集まり始めた。ヤフーを長年追い続けていた業界の内部関係者らは、ローブが株主という立場から積極的な行動を取ったことで、ようやくヤフーが正しい方向へと動き始めるのではないか、と推測した。それでもローブは無言を保ったままだった。しかしあるとき、うわさが立った。ヤフーに興味を持っている未公開株投資会社とヤフーが談合を開いて、株主を犠牲にしてまでも経営陣と取締役会を守ろうとしているようだ、という内容だった。するとようやく、ローブはその口を開いた。そして、ヤフーの主要株主のひとりであり、強い権力を持つ創業者兼元CEOのジェリー・ヤンについて、懸念を示したのだ。同年一二月、ローブは次のように記している。

取締役会の皆さまへ

サード・ポイントはヤフー株式会社（以後「ヤフー」と呼ぶ）の発行済み株式の五・二％の受益者です。ヤフーの取締役会は株主の価値を上げようとしていると言っていますが、それを最大限にするプロセスがうまく機能しておらず不公平であるというニュースが流れました。これを聞いて、われわれは非常に遺憾に思っています。ヤフー取締役会のロイ・ボストック会長と創業者のジェリー・ヤン氏には、戦略的な不手際がこれまでにもありました。ですから、この経営陣のすることに動揺はするものの、驚きはありません。経営陣が犯した過去の失敗については、われわれが以前書いた手紙のなかにも書かれていますし、マスコミやアナリストが出した多くの重要なレポートのなかにも記録されています。もしもマスコミの報道が本当で、現金を必要としていないヤフーという会社が、ヤン氏と現在の取締役会を守るためだけに、一般の株主の権利を大きく奪い、そしてわれわれが利益を得る機会を永久的に奪ってしまうようなＰＩＰＥ（パイプ）取引の談合を進める計画であるのならば、主要株主として投資家を支える義務を負うわれわれが黙って見ているわけにはいきません。

このような懸念を示しているのはサード・ポイントだけではありません。ほかの株主、アナリスト、そしてマスコミらも、現在進行中のプロセスの誠実性に疑問を持っています。われわれの資産の管理者である取締役会の皆さまには、個人の利益やそのほかの動機を優先する以前に、株主の利益を考える責任があります。マーケットに広がる懸念や不安を和らげるために、そしてヤフーが進めている「プロセス」に必要である透明性を確保するために、ヤフーが第三者に対して送ったとされる「プロセスレター」、つまりヤフーに対する提案を募った手紙をすぐに公開するよう、われわれは取締役会に対して依頼します。例えば、ヤフーをまるごと購入する入札の案はやめてくれとか、それは禁止だというように、戦略的な提案の内容に制限事項など設けていないだろうと推測するものであります。

ヤフーと未公開株投資会社との取引は打ち切られ、新年になるとローブが要求した変化が実際に起こり始めた。まず、ヤンが取締役会から辞任した。その一週間後、ボストックと昔からの役員三人が取締役会への再選は目指さないことを公表した。それと同時に、二人の新しい役員が選ばれた。「この改革は、ヤフー最大の株主であるヘッジファンドマネジャーのダニエル・ローブによる挑戦的な態度を鈍らせる目的があったと思われる。辛口でアクティビストでもある投資家のローブは、ヤフーが投資家のリターンを増やす努力をしないのならば、取締役会と戦うことも辞さない構えだった」――ニューヨーク・タイムズ紙はこのように報道した。ヤフーは新しいCEOにスコット・トンプソンを選任し、トンプソンはヤフーの価値を高めるために働くことを株主に対して誓った。

二〇一二年二月、迫る議決権行使時期の間に自分が選んだ候補者を推薦するつもりでいるとローブはヤフーに通知した。重要な転換期を迎えたヤフーにとって、技術者で占められていた取締役会にはもっとバランスが必要だ――そう判断したローブは、メディア業界の有名人で経験も豊富なNBCユニバーサルの元CEOのジェフリー・ザッカーと、MTVネットワークスの元社長でマッキンゼーとブーズ・アレンのメディア活動の責任者だったマイケル・ウルフを推薦した。また、アメリカの自動車業界のタスクフォースの仕事を主導し、ゼネラル・モータ一ズを立て直した金融再建のエキスパートであるハリー・ウィルソンも推薦した。さらに、窮地に立たされているヤフーの株主のために、自らも擁護者として取締役会に参画する意向を発表すると、多くの株主がローブにコメントを寄せ、ブログやツイッターでローブの努力を支持する考えを表明した。

二〇〇億ドルの資産を持ち、インターネット業界の伝説的存在であるヤフーを相手にローブは争い、そして大きなチャンスをものにしたのだ。その背景には、高度な投資テクニックを使って成功した経験があった。ローブは株主を代表してより良いコーポレートガバナンスを追求し、変化を継続的に求めることで価値を高め、そして無理だと思われていた提案を推し進めた。こういったことができたのは、ローブが彼にしかないユニークな組み合わせの資質を持ち合わせていたからである。つまり、コントラリアンとしての考え方や財務評価を行う鋭い目、そして変化を促進する投資に対する理解、さらに立ち上がって戦う精神などである。このヤフーとの戦いを見れば、ダニエル・ローブという人物の本質が見えてくるだろう。

サード・ポイントの行く道と取り組み

身長一七八センチメートルのローブは現在、五〇歳を過ぎているが健康で、二〇代の若者をも圧倒するほど活発に運動を取り入れた生活を送っている。昔からサーフィンをしていたローブだが、ほかにもトライアスロン競技に参加したり、ウエートリフティングをしたり、走ったり、泳いだり、自転車に乗ったり、スキーをしたり、そしてさらにヨガの練習までしている。「ヨ

2009年、メンタワイ諸島でサーフィンをするダニエル・ローブ（ナディラ・ザカリヤ提供）

ガや瞑想をすることは脳と体にとって良いことだ。はっきりと物事について考えることができたり、記憶力が高まったりするうえに、心と体のバランスを整えてくれて自己を認識できるようになる。こういったことはすべて、良い投資家になるためにはとても重要なことだと思うんだ」。ヨガは、二〇〇四年に結婚した妻のマーガレット・ミュンツァー・ローブと一緒に楽しんでいる。二人には三人の子供がいる。

現在のローブは、これまでに自分が築いてきた成功を継続させることに集中している。「自分の仕事は気に入っている。私は投資のプロセスが大好きなんだ――問題を解決したり、パズルを解いたり、そして自分の知恵を試したり、というところがね。だが、ひとつの組織を作りあげる作業もとても楽しかった。そう思うようになったのは年を重ねてからだよ。素晴らしいポートフォリオを築くのも楽しいが、優れた人々と一緒に素晴らしいひとつの組織を築き上げるのは、もっと気に入っている」

ローブが人材を雇うとき、学歴よりもその人物がどのような訓練を受け、そしてどのような経験を積んできたかのほうを高く評価する傾向にあると言う。「投資の細かいニュアンスやデュー・ディリジェンスのプロセスの方法を理解して経営陣に疑問を持てるようになるには、金融の基本的なことについて知らなければいけない。サード・ポイントの従業員はほとんど全員、投資銀行で最低二年の訓練プログラムを終えていて、さらに未公開株投資会社などで二年ほど働きながらモデル作成や評価などの仕事をこなしてきている」。ローブにとって、MBAを持っているかどうかは、そういった訓練を受けているかどうかに比べると、さほど重要ではない。新規採用者には、上場有価証券投資以外の合併や買収などのほかの分野で二～三年の経験があることを必須条件としている。「私は『直感』という言葉が嫌いなんだ。ただの感覚でやっているように聞こえるからだ。われわれが直感と呼んでいるものは、本当はある種のパターンを認識する能力で、それは成功している企業や産業や状況などを見る経験などから生まれるものだと思っている」

ローブはもうひとつ別の素質も求めている――それは仕事や学校以外でも何かで成功していることだ。「これまで、素晴らしいミュージシャンやスポーツ選手がここで働いてきた。学歴の重要性を否定するつもりはないが、勤勉で勉強熱心だというだけではなく、物事を楽しみながら粘り強さと根性を持ち、そして投資に対して並外れた情熱を持っている人材が欲しいんだ」

チームを評価するときには、結果よりもプロセスを重視する、とローブは言う。「もちろん最終的には、良いプロセスを通して良い結果を出せる人が欲しいが、一年を終えて悪いプロセスを使ったのに良い結果を残した人よりは、悪い結果になってしまったが良いプロセスを使った人のほうがいい」。ローブによると、最も危険なのは、悪いプロセスを使ったのに過度の成功を収め、そのせいで自信過剰になっているマネジャーだという。「ロシアンルーレットを三回やっても一度も銃から発砲されなかったから自分はロシアンルーレットの達人だと思い込んでいる人間と同じだ。四回目には脳が吹っ飛ばされるに決まっている」

ヘッジファンドマネジャーとしてのキャリアを真剣に考えている人に、ローブは三つの助言をする。「一つ目は、投資に対して情熱を持つこと。投資のビジネスモデルを見て計算してみたところ、かなり大儲けできるビジネスだという結論に達したから――そういう理由で投資の世界に入る人をこれまで大勢見てきた。だが、そういった考えの人が投資家として成功した例を、私はこれまでに見たことがない。ウィリアム・アックマンやデビッド・アインホーン、デビッド・テッパー、カイル・バス、そしてアラン・フルニエのような優秀なヘッジファンドマネジャーは、並外れた情熱を持っている。彼らと同じくらいの情熱を持っていないのなら、試すだけ無駄だ」

二つ目は、投資に情熱的になっていても、経営のことを忘れてはならないということ。「必ず十分な時間――大体全体の二割程度の時間をとって、会社の事業プロセスについて考えるんだ。そして自分自身に問いかける――どのような企業文化がいいのか？　人材を採用するときに求めることは？　自分の行動はどう整理するのか？　どうやって従業員に給料を支払うのか？　どのように成績を測り、そして報酬を与えるのか？　いずれはこういった質問にすべて答える必要がある。思いつきではなく、よく考えたうえで答えを出したほうがいい」

最後の助言は、当然のことながら自信を持つことだ。自信のないマネジャーたちは、顧客である投資家たちが何を求めているのかを考えすぎてしまう傾向にある、とロープは感じている。

「いいかい、このビジネスは自らリスクを背負ってリターンを生み出すことが要求される。リスクに対して健全な欲求を持っていなければ、そんなことはできない。あまりにも多くの同業者が、ボラティリティやリスクを低く抑えようとしたがためにパフォーマンスを犠牲にしてしまった。それが創造力と努力の上に成り立っているこの業界を弱らせてしまったんだ。人は基本的に恐怖心を持っているから、成績の悪い月があったり、あるいは四半期や年があったりしたらもうおしまいだと思ってしまうんだよ」

ロープがサード・ポイントを運営し始めて一八年がたった。ポートフォリオやチーム運営が進化を遂げたことは評価しながらも、自分自身の本質は何も変えていない。最近のロープはポートフォリオのダウンサイドのリスク管理について精通し、常にサード・ポイントがどのように改善できるかを考える努力をしている。そして、サード・ポイントが行う投資の枠組みとプロセスを反映できるような、息の長い組織を作ろうと懸命だ。もともとのロープとは、若いサーファーであり、積極的なセールスマンであり、そして率直な意見を述べるアクティビストであった。それがそのまま進化し、今は自信に満ちあふれ、コントラリアンで、積極的で、自分が正しいと思うことであれば民衆を扇動するために大きなリスクを負うことも辞さない。「ヘッジファンド業界は、ヘッジファンドを運営しようともくろむ軟弱者であふれかえっている。だが、この業界には軟弱者の居場所などないのさ」

第8章　ジェームズ・チェイノス
——金融界の探偵

The Cynical Sleuth -- James Chanos, Kynikos Associates LP

「空売りは刑事裁判とは違う。疑いの余地があったっていい。十分な証拠があればそれでいいんだ」——ジェームズ・チェイノス（2011年２月の対談より）

2007年３月13日にワシントンで行われた下院金融委員会に参加するヘッジファンドの関係者。（左から）ジェラルド・コリガン（ゴールドマン・サックス）、ケニス・ブローディ（タコニック・キャピタル・アドバイザーズ）、ジェームズ・チェイノス（キニコス・アソシエイツ）、ジョージ・ホール（クリントン・グループ）、ジェフリー・マシューズ（ラム・パートナーズ）、アンドリュー・ゴールデン（プリンストン大学投資会社）、スティーブン・ブラウン（ニューヨーク大学教授）（ダグ・ミルズ、ニューヨーク・タイムズ、リダックス提供）

「エンロンについてはまだ完全に説明されていなかったり、書かれていない部分がたくさんある」。ある二月の午後、ジェームズ・チェイノスは自分のオフィスで真剣に語った。チェイノスがもっと詳しく語ろうと記憶をたどるかたわらで、マディソン街には雪が降り注ぐ。マイアミでの会議を終えて戻って来たばかりのチェイノスは日焼けをしている。ウエーブがかった明るい茶色の髪、そしてメガネをかけ、深い青色のスーツを着たいでたちで、巨大な円形のクリの木のデスクを前に腰掛けて、くつろいでいるように見える。チェイノスは五四歳、キニコス・アソシエイツのトップである。二〇〇〇年九月にウォール・ストリート・ジャーナル紙に掲載された「テキサス州で聞いたうわさ」という記事について友人を通して知り、その後、衝撃的な会計疑惑を暴いた最初の人物だ。あれは自分にぴったりの記事だった、とチェイノスは言う。

ジョナサン・ワイルが書いたその記事は、複数のエネルギー供給会社が会計操作をしているという内容だった。「これらの企業の最近の利益は、現金ではない未回収の利益によって構成されている」――それがワイルの発見だった。

「この記事を読んだ直後に、ダイナジーとエンロン、それからリライアントとミラントの決算書を調べてみた。決算書を見ると、最も規模の大きいエンロンが最大の不正者であることは明らかだった」とチェイノスは言う。そこで、エンロンの四半期報告書（10Q）と年次報告書（10K）を詳しく調べてみた。

「九カ月の間に数値が悪化していたんだ。そこで内部で株が売られていないか調べてみた。なぜなら、ケネス・レイやほかの幹部たちはよく、内部崩壊が起こる前に何億ドル分もの株を売っていたからだ。調査の結果分かったことは、エンロンがブラックボックスだということを、彼ら自身が認めているに等しいという事実だった。エンロンがどのように利益を出しているのか分からなかったが、資本利益率はかなり低かった」とチェイノスは言う。エンロンは利益の八〇％をエネルギー関連のトレードに充て、資本調達のために一〇％の金利を払っていた。チェイノスはこれを見て、かなり高い数字だと思ったと言う。「見れば見るほど、理屈では説明できなくなっていった。資本コストが一〇％を超えているのに、どうやって七％の資本利益率を生み出すことができるのかってね」。次第に、エンロンが多くの不正操作を行っていたことが明らかになってきた。「当時、パートナーのひとりが言ったんだ。『エンロンは仮面をかぶったヘッジファンドじゃないか。しかも腕の悪いヘッジファンドだ』ってね。簿価の六倍も支払ってエンロン株を買うなんて、投資家はどうかしていると思ったよ」

エンロンが使った会計手段の策略のひとつは、天然ガスを証券化して売る先物取引だった。それは「売却益」という会計規則を利用した方法だった。この規則を使えば、エンロンは今日行ったトレードの将来得るであろう利益を予測し、それを現在の価値に換算して利益計上することができるのだ。エンロンはすぐさま、これらの先物取引から期待されるすべての予測利益を現在の利益として記録した。これらの先物取引にはマーケットなど存在しなかった。そのため、エンロンにかなり有利な想定に基づいて作られた未公表の「モデル評価」を使って、これらの取引を高く評価していったのだ。エンロンは「売却益」という法律の抜け穴のとりこになり、さらに大きな取引を次々と行った、とチェイノスは語る。こうしてエンロンは収益を増大させたのである。エクソンモービルやウォルマート、ＩＢＭ、あるいは一〇〇〇億ドルの収入があるほかの企業と同じ水準にエンロンがあれほど早く成長した理由も、これで納得できる。

また、エンロンは複雑で策略的なエネルギー取引も行っていた。例えば、「デススター」と呼ばれる戦略――これは最初に電力をわざと密集した回線へと送り、その後に電力を密集していない回線へと再送電するものだった。こうすることで、密集地域に送るときに得られる手数料をカリフォルニア州から徴収していたのだ。

ほかにもある。貸借対照表（バランスシート）に記載されない「特別目的事業体（ＳＰＥ）」という共同経営会社を四〇〇〇社以上も作り、巨大な損失や投資家からの負債をここに隠して経営幹部は報酬を得続けた。この巧みな策略には、取締役会も理解するどころか気がつくことすらできなかった。アナリストや投資家も同じである。「エンロンの決算書に書いてあったこれらの取引の注釈を何度も読み返してみたが、それがエンロンの財政状況にどのように影響しているのかを解明することはできなかった。どうやら自分たちの一部を自分たちに売っているようだったんだ」とチェイノスは言う。特別目的事業体の総資本の三％以上がエンロンとは別の第三者により所有されていたので、エンロンはこれらの負債をまとめてバランスシートに記載する義務を逃れた。エンロンは「資産」という名のこういった負債を共同経営会社へと売り、その代わりにエンロンの株を担保とした借用証書を手に入れることで、負債を隠そうとしていたのだ。特別目的事業体があることで税金の支払いは減り、収入と利益と信用格付けは高まった。

収益が発生したときに経費も同時に記載するというのがGAAP（一般に認められた会計原則）なのだが、エンロンは最初から最後までそれに違反していた。エンロンはエネルギー資産を売って損失が出ると、それを一時的に営業停止されている事業体に入れる。GAAPでは、不正を働く経営陣が投資家に情報を与えるどころか大きく欺くことができる――これはそれを証明する事実である、とチェイノスは言う（二〇〇六年のウォール・ストリート・ジャーナル紙の論説でも、チェイノスは次のように書いている――「ウォール街に来て二五年たつが、私が思いつくかぎり、大きな金融詐欺にはどれも、GAAPに沿っているという監査済みの決算書が存在しているのだ！」）。

損失を事業体に入れてからおよそ一年後、事業体がその資産を売れば経常損益として処理されない。問題は、エンロンがエネルギー資産を売って利益を得るときだ――その場合は資産をマーチャントバンク部門にとどめておき、営業利益として報告するのである。「利益を出したものは常に営業利益となり、損失を出したものは闇に葬られる。調査を始めて数週間もしたころには何かがおかしいと分かったが、これほどまでに大がかりな詐欺であることは分からなかった」とチェイノスは当時を思い出す。チェイノスは自分のアナリストたちに、あるひとつのルールに従うように言っている――それは、企業の年次決算書を三回読んでもその企業が何をしているのかが分からないときには、詳しい調査を始めること。買い専門のバリュー投資家に対しては、反対方向に逃げろと助言をする。

チェイノスは最初、エンロンはもっと典型的な策略である利益の誇張を行っているだけ、と結論づけた。そして一九九八年の第1四半期から四半期を数えること一六回の間、エンロンはアナリストの予測を毎回必ず上回っており、しかもギリギリだったことは一度もなかった。それはひとつの危険信号だったのだ。ほかにも危険信号はたくさんあった。別の例として、利益の成長率が不振続きだった一九九五～二〇〇〇年に、売上利益だけが急激に上昇していたことなどがある。

エンロン社長のジェフリー・スキリングが、二〇〇一年八月一四日に「個人的理由」で突然辞任した。そのとき初めて、チェイノスは何か大きな問題が起こっていることを悟った。事業全体の設計者であるスキリングがそのように突如辞めてしまうというのは、かなり大きな危険信号だった。ウォール・ストリート・ジャーナル紙で、辞任を決めた大きな理由に株価の下落がある、とスキリングが認めている記事があった。高い評価を得ている会社のCEO（最高経営責任者）が、株価が下落しているくらいでなぜ辞任するのか、とチェイノスは不思議に思った。「たいていのCEOは、そういう状況では一歩も譲らないものだ」とチェイノスは言う。

その時点で、キニコスはエンロンの空売りポジションを増やした。「その六週間後に、エンロンがラプター（ＳＰＥの名前）と関係のあるすべてのオフショアファンドに対して、株価を保険メカニズムとして利用していることが分かったんだ」。エンロンは投資家に対して、もしも会社が行った取引のせいで損失が出たら、株をもっと発行してその埋め合わせをすると伝えていた。しかし、エンロンはその話を公にしなかった。エンロンが何十億ドルという株式を発行するという無理な状況に置かれていることを、エンロンの株主たちは知らなかったのだ。「それを知ったときに気がついたよ。世界のだれもが知ったんだ――この会社は破綻するってね」とチェイノスは回想する。

二〇〇一年一〇月一六日、エンロンの最初の大きな問題が発覚した――第３四半期に六億一八〇〇万ドルという大きな損失を発表したのだ。そこからは、エンロンの策略の規模と複雑さを示す新たな事実が次から次へと発覚し、エンロンは急速に下落の一途をたどっていった。

二〇〇一年にチェイノスが投資をしていた企業のなかで、不正会計をしている可能性があったのはエンロンだけではなかった。バミューダを拠点とする複合企業のタイコは一〇〇カ国以上で操業しており、健康製品から電機部品まで、ありとあらゆるものを製造している。そのタイコも、チェイノスの目にとまった。一時はＡＴ＆Ｔやモルガン・スタンレー以上の価値があったタイコだが、報酬の多さや当事者間の取引で、幹部たちの貯金箱のような存在になり果てていた。元ＣＥＯのデニス・コズロウスキやほかの幹部たちが何千万ドルもの負債を免除されていたり、一万五〇〇〇ドルもする犬の形の傘立てや、六〇〇〇ドルのシャワーカーテンを買っていたり、イタリアのサルデーニャ島で二〇〇万ドルの誕生日パーティーを開いていたり、といった不品行が、内部調査によってあとから明るみに出た。また、ニセの収益を計上したり、取得や譲渡を繰り返してキャッシュフローを操作したり、損失や経費を隠すなど、数多くの戦略を使って利益とキャッシュフローを巧みに操っていた。買収も続けざまに行っていて、一九九九年～二〇〇二年の間にタイコは七〇〇もの企業を買い取っていた。買収先の企業に対して、買収の日が来るまでは業績を抑えるように言い、所有権が確定したあとに買収による収益を急上昇させていた。

チェイノスは一九九九年にタイコを売り始めたが、その判断が正しかったことが証明されるには三年もの月日がかかった。例えば、のれんにかかった費用はどのように計上したのかという問題だが、合併後の損失を何十年にも長引かせて最小化し、利益を減らさないようにしていたのである。これは典型的な「スプリング・ローディング」である、とチェイノスは非難した。つまり、買収が終わるまで、買収先企業の業績を本来よりも悪く見せていたのである。買収取引が完了すると、「成長と利益とキャッシュフローが買収前よりも強まる」と、当時のチェイノスは指摘している。つまり、タイコは有形資産の価値を値下げし、逆に、純資産の公正価格を上回る「のれん」の価値をつり上げたのだ。のれんは無形資産であるが、買収する側は決算書に資産として計上できる。タイコの場合、買収額のほぼすべてをのれんに割り当てていたのだ。二〇〇二～〇五年の間に三〇〇億ドルを買収に費やし、のれんも同額にした。そして会計規則に従ってのれんを計上し、経費を一掃して収益を大きく増加させたのだ。さらに利益を増幅させるために、タイコはそれらの資産を値下げして買収の最中に売っていたのだ。チェイノスは二〇〇二年に、ニューヨーク・タイムズ紙のコラムニストのフロイド・ノリスに対して、皮肉たっぷりにこう語った――「あれほどの規模で幹部たちがタイコから奪略行為をしていたといくら主張しても、彼らが会社の決算書で収益やキャッシュフローを誇張したとか、あるいはほかの極悪非道なことをしたとかいう証拠にはならないんだよ」。

「タイコはエンロンよりも、はるかに操作できる部品が多かった。会計処理はエンロンよりも巧妙で、そして独創的だった」とチェイノスは回想しながら語る。チェイノスはタイコに大きな空売りポジションを建てた。マルコム・グラッドウェルという評論家が「金融パズル」と「金融ミステリー」の違いについて書いていた記事を思い出し、それにぴったりの状況だと感じた。「ヒントが目に付くところにないのがミステリー。ヒントが見えるのがパズルだ。エンロンもタイコも、情報が不足していた。エンロンの場合、株式発行の陰謀が動かぬ証拠となった。タイコの場合、バランスシートのつじつまがまったく合わず、注釈には興味深い情報がいろいろ書かれていた。タイコは買収先の企業の決算書を合併の数カ月前から非公開にして、買収した日の二社のバランスシートを合わせたものも、見せなかった。コズロウスキが辞任して買収戦略が裏目に出るまでは、確たる証拠は何もなかった。あの辞任がきっかけとなり、会社全体に内部崩壊が起こったんだ」

会社名の由来

チェイノスはエール大学で経済学の学位を修得し、一九八五年、卒業後わずか五年後にキニコスを設立した。キニコスとは古代ギリシア語のキュニコスのことで（皮肉屋という意味を持つシニックという英単語はこの言葉に由来する）、キュニコスは古代ギリシャの哲学の一派であった。チェイノスは医者になることを夢見る少年だったが、最終的には別の天職を見つけたというわけだ。一九八二年の夏、シカゴのギルフォード・セキュリティーズでアナリストとして働いていたときに、初めて株に関するレポートを書き、偶然にも空売りのチャンスを見つけた。レポートを書いていたのは、ピアノメーカーから金融サービス業に転身したボールドウィン・ユナイテッド・コーポレーションという企業だった。ボールドウィンは高額の負債を抱えており、チェイノスが「リベラル」と呼ぶような方法で会計処理を行っていた。投資機会を探しているときに繰り返し出くわす危険信号が、このような会計処理だった。株価は、チェイノスが最初にレポートを書いたときの二四ドルから約五〇ドルまで上昇し続けたが、その後、一九八三年初めになると当然のように暴落が起こり、チェイノスの主張が正しかったことが証明された。一九八三年九月時点の株価は三ドルになっていた。

しばらくすると、チェイノスがほかにも空売りのチャンスを見つけていないかどうかということを、業界の伝説的人物であるマイケル・スタインハルトやジョージ・ソロスらが知りたがった。チェイノスはチャンスを見つける能力と、さらに自分の信念を貫く根気を持ち合わせていた。「空売りの落とし穴については知っていた。だが、自分が正しいと分かっていたから、たとえ株価が上昇しているときでもそれほど気にはならなかった」とチェイノスは言う。ごく少数のアナリストしか極めることのできないトレード手法である。だからこそ、鉄は熱いうちに打つべきだと、チェイノスはある決断をした。フォーチュン五〇〇に掲載されている企業に問題があるようなときに、その企業についてのきちんとした裏付けのある詳しい調査情報を提供できれば――「お金を払うから調査をしてくれ、と言い出す人たちがいるはずだ」とチェイノスは気がついたのだ。そして、ドイツ銀行の一部門であるアトランティック・キャピタルで人脈を増やすために、ニューヨークに移り住んだ。すぐに、フィデリティー・インベストメンツやドレフュス・コーポレーションなどのクライアントがチェイノスに興味を示した。ところが、ある「とんでもない」記事がウォール・ストリート・ジャーナル紙に掲載され、チェイノスはアトランティック・キャピタルを去らなければならなくなった。チェイノスが何の気なしに掲載の同意をしたある言葉が、ドイツの上司たちの気に障ったのだ。その記事では、空売りトレーダーが邪悪な投機家として仕立て上げられていた。当時、同紙の記者であったディーン・ロットバルトによって書かれたその記事には、「空売りトレーダーは、悪評という集中砲火を使って弱っている株を撃沈させる専門家である。彼らは手に入る事実を折り込みながらも、株価を撃沈させるために物事をでっち上げたり、当てつけや偽りを言う」とあったのだ。

チェイノスは二七歳になると、独立する決断を下した。二組のベンチャーキャピタリストが、ある裕福な一族のために空売りのポートフォリオを運営してほしいと、チェイノスを支援してくれたのだ。空売りはどちらかと言うとまだ開かれていない領域だったので、チェイノスにとってはかなり有利だった。「空売り戦略の資金はあまり多くなかった」とチェイノスは振り返る。キニコスの投資家のほとんどが裕福な個人客だった。年金基金からは反対に敬遠された。空売りから得た利益は経常利益として扱われるため、非課税投資家の投資戦略としては最適だったのだが、年金基金にとってはリスクが高すぎると判断されたのである。実際には、空売りは株式市場と相関性のない投資となるため、チェイノスのクライアントのリスクは軽減されていた。キニコスのアーサス・パートナーズ・ファンドは一九八六年、手数料差し引き前で三五％のリターンを記録した。対して、S＆P五〇〇は一八・六％だった。一九八七年には、ベンチマーク指標が五・一％増だったのに対して、ファンドのリターンは二六・七％増を記録した。

空売り投資家

チェイノスは、常に細かい事実の積み上げの視点で世界を見る。会社の経営も同じである。自分は何よりも先に証券アナリストであると考え、ポートフォリオマネジャーはその次と認識している。つまり、何をするにしても、まずは詳細に調べてから次に進んで行くというボトムアップ方式なのだ。キニコスがマクロ的な投資をしているときでも、すべては企業研究から生まれた行動である。「うちの会社のアナリストを訓練するときもそう教えるし、ポートフォリオについて考えるときもそういうやり方でやっている。結局のところ、私たちは決算書に取りつかれた人間さ。数字を徹底的に調べ上げて、何が企業を動かしているのかを見る。それを心から楽しんでいるんだ」

キニコスがウォール街のほかの同業者と異なる点は多い。素晴らしい空売りのアイデアを見つけることができるうえに、一般的な空売りのポートフォリオよりも、長期の視点を持って投資アイデアを考えることができる。マギー・マハーが著書の『ブル！（Bull!）』のなかで指摘しているが、キニコスはある意味、「バリュー投資家」だと言える。キニコスのリサーチはファンダメンタルズ中心である。最高の空売り投資家は「金融界の探偵」なのだ、とチェイノスは言う。

しかし、バリュー投資家と大きく異なる点もある。バリュー投資家は安く買って高く売ることで利益を得るが、空売り投資家は高く売って安く買い戻す。キニコスのファンドは二五年以上も一貫してポートフォリオのターンオーバーを年に一回ほどにとどめている。これはヘッジファンドの標準からすると低い。チェイノスは自分の投資を短期トレードではなく中期トレードとして考えているのだ。「その違いは大きい。それから、キニコスでは小型株を追求しないようにしている。これまでもそうだった。いつも大型株か中型株に投資している。そうすることで、多くのファンドにはない空売り時の流動性を、われわれは得ることができている」。キニコスが自社のオポチュニティファンドで買い投資をすれば、それがヘッジ取引になる。例えば、中国の不動産関連株を空売りしたときには、マカオのカジノ株を買った。「これはヘッジ取引か、あるいはペアトレードになる。ある自動車会社を買って、別の自動車会社を空売りする。あるいは、ある企業の負債を買って、その会社の株を空売りする、という同じ資本内でのアービトラージもできる」とチェイノスは説明する。言い換えると、こういったヘッジを行うことで、キニコスはリスクを効率的に管理することに成功しているのだ。

経営の面でもキニコスは他社と一線を画している。投資アイデアの発想法やその処理の仕方について、特別なリサーチプロセスを設けているのだ。典型的なヘッジファンドでは、トップにポートフォリオマネジャーが一人から数人いる。一番下にいるのがジュニアアナリストで、会社で最も経験が少なく、投資アイデアを見つけてポートフォリオマネジャーに報告する仕事をする。

チェイノスによると、組織には一つの投資アイデアにつき二つの所有権が存在している。アイデアを持ってきた人物に与えられる知的所有権と、パートナーたちに与えられる経済的所有権だ。投資がうまくいかなくなると、アイデアを持ち出した人物と経済的所有権を持っている人物が衝突する。さらに、そのアイデアに投資をしたパートナーたちにこれ以上悪い知らせを教えたくないと知的所有権を持つアナリストが考え、情報の流れを止めてしまう可能性もある。

そうなると、リスクと報酬の不均衡が生まれてしまう。チェイノスは言う。「キニコスでは異なるアプローチを採用している。パートナーがアイデア、つまり投資のテーマを生み出す。アナリストはそのアイデアについて確認したり、情報を探したり、あるいは欠点を見つけたりする。このアプローチであれば、知的好奇心や協力体制、そして開放的な雰囲気が生まれる」

パターンを認識することが重要であるとチェイノスは考えているが、これができるようになるには経験を積むしかない。それもまた、会社のパートナーに投資アイデアを見つける仕事を任せている理由のひとつである。例えば、パートナーたちは奇妙な決算書や声明にあるパターンを見つけだす経験を豊富に持っている。その経験と長年の知恵をもって考えることができるからこそ、マーケットの日々の気まぐれに気を取られずに、どの戦略を追求するかを決める適任者となるわけである。このようにして、パートナーが追求するべきアイデアを見つけると、アナリストはそのアイデアについて調べ、アイデアが良いか悪いかを調査してまとめる。そうやって金融探偵団となるのが空売り投資家の仕事だ、とチェイノスは言う。アナリストはアイデアについて調査報告書を作り、そしてさらなる調査が必要か、あるいはこれ以上追求するのはやめるべきかを示す。「アナリストは私に、会社の数字が悪かった理由を説明したり、あるいはその企業が近いうちに何か素晴らしい製品を出す予定があることなどを教えてくれる。アナリストが株価の値動きについて責任を取らされることはけっしてないが、必要とされる情報を提供しなかった場合には、その責任を追及される。われわれの調査チームは懸命に仕事をしてくれている――彼らが会社の成功のカギを握っているんだ」
チェイノスによると、キニコスのファンドの資金をどのように投資するべきかという判断は、ポートフォリオマネジャーとパートナーが行っている。こうすることで、知的所有権と経済的所有権が一致する。キニコスのアナリストはアイデアに対して報酬を受け取るのではなく、社員としての給与という形か、または会社の利益に応じた報酬を受け取る。だからこそ、アナリストは事実をありのままに、安心して語ることができる、そうチェイノスは考えている。「このやり方のほうがずっと綿密に調査ができるし、情報を隠すようなこともない。それに、結果として株価が大暴落しても、アナリストに向かって叫ぶ人はいない。それは私たち経営陣の責任だからね。投資の判断を下したのは私たちなんだから、私たちがその責任を取る」。だからといって、アナリストの仕事に責任がないわけではない。「アナリストに期待していることは、良い情報も悪い情報も、投資アイデアが発展していく各段階で、すべての情報をできるだけ完璧に提供することだ。その情報を元に経営陣が資本との兼ね合いを考えて、ポジションを削減したり増やしたりという素早い判断を下す」。離職率が高く最も経験の浅い人間が会社のアイデアを考え出す従来のモデルよりも、彼らがパートナーのアイデアを処理することで情報の専門性を深めるほうが、会社にとって安定する方法だとチェイノスは考えている。チェイノスはこのモデルを推進しているので、会社の離職率はそれほど高くない。二〇人のアナリストがいるのだが、一～二年の間に辞めるのは一～二人ほどだ。「キニコスにいるのは、根っからのアナリストたちだ。私たちが求めているのは、リサーチをすることが大好きな人材なんだ」

空売りの極意

まず初めに、空売りの基本から説明しよう。空売りは非常に厳しい商売だ。強気マーケットでは上昇圧力があるため、最も弱い株ですら価格が高く引き上げられてしまう。そのため、判断を誤らずに、正しい空売りをすることがより強く求められる。株を借りることが難しいこともある。政府による規制で特定の空売り活動が抑制されたり禁止されたりしているが、それは投資銀行や国家債務の問題を空売り投資家に責任転嫁しているためである。

空売り投資家は、企業の決算書やその業界の見通しなどの分析を見て、その企業を否定的に評価し、株価が下落したり業界が弱まったときに利益を得ようとする。このように、一定の方向性を持って空売りが行われる場合もあるが、ヘッジを目的として空売りが行われる場合もある。例えば、ある業界に買いを仕掛けているとき、そのなかの一～二社が平均に及ばない成績を残しそうであれば、空売りのポジションを建てて全体の成績を上げようとするのだ。オプション取引を含むマーケットメーカー（値付け業者）は、空売りのポジションを建てて受けた注文の偏りや自分たちの買いのポジションをヘッジしたりする。転換社債にしても、その基本となっている株を空売りすることで利回りを高めることができる場合がある。これらの戦略はすべて、「マーケットニュートラル」と呼ばれるものである。

ほとんどの学者たちが、空売り投資家を支持している。彼らの研究からは、空売りが投資家の利益となってマーケットを改善していることが示されている。空売りをすることで価格の幅が広がったり、流動性が高まったり、投資家の分別のない行動を抑制するバルブとしての機能を果たすからである。アナリストたちは、企業の内輪の秘密を探し出すという重要な仕事を賢明にこなそうとする。そして、それには決算書に勝る情報源はない、とチェイノスは信じている。「企業の将来の成績がどうなるかを予測するには、今も昔も決算書が飛び抜けて優れている。企業の直接的な数字を分析して異常を見つける。それ以上に良い方法など、存在しない。腕利きの会計士ならだれもが口をそろえて言うことだが、現代のGAAPは、科学と同じくらい利用価値がある」

企業の利益性は明確な数字ではなく、予測や憶測、そして見越しなども入ってくる。そこでキニコスでは、経済の現状と企業が報告する数値との間に大きな矛盾がないかどうかを探している。さらに、無節操な経営陣が違法の域まで会計の規制の枠を超えていないかも探るのである。なぜそんなことをするか？　それは、経済の現状と会社の数値に格差があっても、綿密にその企業の財政を分析しなければそれが明確にならないから、とチェイノスは指摘する。「アナリストならば、バランスシートやファンドの計算書の流れをよく理解し、補足説明の読み方も分かっていなければならない。これは空売りの攻めと守りの基本中の基本だ」

だから、ビジネススクールに通う学生や大学生に何を勉強するべきか聞かれると、チェイノスはためらわずに会計学と答える。「金融や企業会計の実践的な科目を取るように勧めている。結局のところ、ビジネスを司る言語は数字だからだ。企業がＧＡＡＰを利用して自分たちの決算書をいじる方法を理解できなければ、空売り投資家として成功することは絶対にない。それが結論だ」

しかし、決算書を熟知するだけではまだ足りない。優れた空売り投資家になるには、特別な姿勢が要求される。チェイノスがこのビジネスを始めた当初、買い側のアナリストに必要とされるスキルと空売り側のアナリストに必要とされるスキルは同じだと考えていた。さらに、これは学んで習得できるスキルだとも思っていた。しかし、空売り投資に付き物の難しさというのがあり、それが障害となって適合できない人間も多い。「毎日毎日、強気の展開を知らせる太鼓の音が休みなく鳴り響く。それに動揺してしまう人が多いんだ。人は物事がプラスに働くことを好むものだからね」。空売り投資家は作り出されるのではなく、その才能を持って生まれてくるものであり、ほとんどの人は、物事がマイナスに働くことを好む環境ではうまく仕事をすることができない――それがチェイノスが出した結論だ。そういう理由もあって、コールオプションを売ってまでリスクを負うようなことは、アナリストたちに期待していない。「だから私は、強気マーケットや一時的な株価の急上昇、あるいはバブルマーケットで空売りを経験したことのあるアナリストに頼るんだ。そんなアナリストでも、時には強気の運気に惑わされることがあるほどさ」

では、このような才能を生まれながらに持った人物は、どこに行けば見つかるのだろうか？キニコスのアナリストたちは、ほかのヘッジファンドと比べると経歴も多様だ。一流大学を卒業したあとに、投資銀行で二～三年に及ぶ厳しいアナリスト養成プログラムを終了していることが必須条件となっている。しかし、そのなかに紛れて美術史専攻のアナリストがいた。キニコスの歴史のなかでも文句なしに最高の部類に入るそのアナリストは、ある裕福な一族ために美術部門で働いていたのだが、知的好奇心が非常に旺盛な人物だった。また、ジャーナリストもなかなか良いアナリストになったと言う。「若いジャーナリストは、訓練された内容をすぐに習得できるうえに、良い質問を投げかけてくる。何よりも大事なのは数字に強いことだが、うちのアナリストにとってその次に重要なのが、知的好奇心を持っていることなんだ」

チェイノスは、他人が言うことをうのみにしないことがとても重要だ、と強調する。アナリストが壁にぶつかったときには、ぜひとも相談しに来てほしいと思っているそうだ。「アナリストたちが、『この部分が解せないんです。なんでこの数字がこんな動きをしているんでしょう？』とか、『これは通常でしょうか？』って聞いてくるときが好きなんだ。そういう質問なら歓迎している」。チェイノスはクスクスと笑いながら、ビジネスウィーク誌が一九九八年に行ったアンケートの結果について語る。そのアンケートとは、Ｓ＆Ｐ五〇〇企業のＣＦＯ（最高財務責任者）たちに、これまでに上司から決算を大きく改竄するように頼まれたことがあるか、と問うものだった。五五％が「頼まれたが改竄をしたことはない」と答えた。一二％が「頼まれたことがあり、そして実際に改竄を行った」と解答した。三三％が「頼まれたことはない」と答えた。「その結果から分かることは、S&P五〇〇企業の三分の二がCFOに、決算を大きく改竄するように頼んだことがある、ということだった」。チェイノスは真剣な声になって言う。「つまり、決算には人的リスクが多くあるということだ。だから、だれかの言い分をうのみにするのは危険が伴う」

チェイノスがエール大学のスクール・オブ・マネジメントなどのビジネス専攻の学生たちに講義している分野が四つある。そのうちのひとつが、構造的に欠陥のある会計についてである。もうひとつは、急成長後の破綻についてである。「古い」評価方法やアナリストでは、「新しい」アイデアを計りきれなかったがために、過剰評価された投資対象に投資家が押し寄せた例を、歴史をさかのぼって教えている。例えば、一七〇〇年代のミシシッピ計画や、一九世紀イギリスとアメリカにおける鉄道の始まりについて、そして最近のIT企業についてなどである。これらはすべて、不正行為やバブルの物理学、そして狡猾な投資家たちによって、持続不可能な価格上昇が引き起こされた例である。消費者間や企業間の流行もまた、企業を過剰な評価へと導く。一九八〇年代に、買収や拡大のためにLBO（レバレッジドバイアウト）が節操なく使われたことを覚えているだろうか？　投資家は、成長がはるか先の未来まで続くものだと考える傾向にある。そこに技術の衰退が起こると、空売りのチャンスが生まれる。例えば、音楽やビデオが一夜にデジタル化したことで、インターネット配給のほうが費用効果が高いと、ビジネスモデルも変わっていった。古い製品が長くもつと考えている人が多いが、実際はそうではない。

空売り投資家が悪いのか

昔から金融業界で変わらないことがある。それは、投資家たちが損失を被ったときに、政府指導者が空売り投資家に責任をなすりつけるという点である。二〇〇八年以降に急速に進んだ金融危機では、ベアー・スターンズやリーマンなどの投資銀行が内部崩壊を起こすのを目の当たりにした。そして、ファニーメイやフレディーマックのような住宅ローンを扱う巨大企業の弱点が明るみに出た。不動産市場と住宅ローン事業が崩壊した波紋は経済界全体へと広がり、資本市場は大恐慌以来、最悪の状況に陥った。そのやり玉に挙げられたのが、空売り投資家に加え、ヘッジファンドを含む私募投資会社だった。

二〇〇九年、チェイノスはＣＰＩＣと呼ばれる私募投資企業の同盟を代表し、鑑定人として何度か証言台に立った。そしてそのたびに、自分の考えを主張してきた。ヘッジファンドがあるおかげで、資質のある投資家たちがより効率的にリスク管理をしながら、平均以上のリターンを達成する可能性に恵まれていることを示した。さらに、投資銀行らと違い、ヘッジファンドは金融危機の間に納税者からの緊急援助資金を受け取らなかったことも指摘した。また、私募投資ファンドを規制するSEC（証券取引委員会）の規制に沿って作られた「私募投資会社」法の草案に署名した、とも語る。チェイノスはこう説明する――「この法律は、私募ファンドをSECに登録することを義務づけるものだ。さらに、それらのファンドとその投資マネジャーも、投資信託や登録されている投資アドバイザーと同じように、SECと捜査当局の調査対象になること、盗難やネズミ講、そして不正行為を防ぐために監督と保護監査を必要とすること、また、投資家や取引先、そして貸し手に十分な発表をすること、私募ファンドが基本的な調査の結果をデータにしてインターネットで閲覧できるように公表すること、ブローカーディーラーや銀行やオープンエンド型の投資会社と同じように、マネーロンダリングに対抗する政策を実施すること、そして規模の大きなファンドに対しては、重大なリスクを見つけて管理し、緩やかな下落局面に対応するためのリスク管理を計画的に行うこと――などを義務づけるものだ。このような法令があれば、総合的な規制の枠組みを整えることができる。すると規制機関が体系的なリスクを監視し、そして発見する能力を高めることにつながるうえに、さまざまな不正行為を防ぐための権力が明確になる。CPICは、それが投資家の利益につながると考えているんだ。責任のある改革の利点を奪うことなく、防衛を最高水準にまで高める方法を考えている」。

最終的に、SECは不正を取り締まる規定を強化し、監督条件を厳しくした。議会は投資アドバイザーの登録義務について、チェイノスが推薦した案に近いものを通過させた。

チェイノスは、「非国民的で愛国心のない」と非難される空売り投資家たちこそが、過去一〇年間に悪名高い財政危機の数多くを発見した張本人であることを指摘した。悪人を探して見つけだすという意味では、空売り投資家が正義の味方であることも少なくないのである。金融危機のときに、チェイノスはベア・スターンズのCEOから電話であることを言われた。事態を沈めるために、当時国内で五番目に大きい投資銀行だったベア・スターンズが良い状態であること、そしてキニコスがファンドの資金を彼らに預けているという内容の声明を発表してほしい、ということだった。チェイノスは当時、報道陣に対して、「空売り投資家である私をつかまえて、すべては順調だとマーケットに対して語るように説得されたんだ。ウソにもほどがある」と語っている。ベア・スターンズは、住宅ローン関連の複雑な投資の最大の引受人だった。しかし、ローンを返済したり、あるいはほかの金融機関との複雑な契約に基づいて取引先の責任を果たすということを続ける能力が実はベア・スターンズにはないのでは、とちょうど投資家たちが疑いを持ち始めていたころの話だった。

そんなとき、空売りを支持しない機運が高まった。すると当時SECの委員長だったクリストファー・コックスは二〇〇八年九月、いわゆる金融株七九九種について、前代未聞となる三週間の空売り禁止令を出した。各国の規制当局も世界中でさまざまな制限を強制し、そのような傾向は欧州債務危機まで続いた。コックスはのちにワシントン・ポスト紙上で、その決断は在職期間で最大の過ちだったことを認めている。また、財務長官のヘンリー・M・ポールソン・ジュニアとＦＲＢ（連邦準備制度理事会）の議長ベン・Ｓ・バーナンキによる圧力があったことも指摘した。

コックス自身も後悔しているその判断が誤っていたことは、多くの研究によって証明されている。禁止規制のせいで流動性は低くなり、価格の動きは遅れ、スプレッドは広がり、そして株価は下がった。それだけではない――買いトレードなどの合法のトレード戦略も、この規制によって妨げられたのだ。

中国に迫る危機

「このアイデアを思いついたのは、われわれが最初ではけっしてなかった」。二〇一一年四月、チェイノスは自分のオフィスで人生で最大の空売りポジション――中華人民共和国――について語ってくれた。中国への大きな賭けについて初めて公に話したのは、それより一年半以上前の二〇〇九年一二月のことで、ＣＮＢＣの「スクオーク・ボックス」という番組上でだった。「今現在、中国に対してはこれまでで最も弱気な見方をしている」とチェイノスは語る。二〇一〇年一月にもオックスフォード大学のセント・ヒルダズ・カレッジで「チャイナシンドローム――世界経済を待ち受ける警告」という内容のプレゼンテーションを行っている。

チェイノスはプレゼンテーションのなかで、次のような主張をした――中国は金融危機による急速な景気低迷を恐れ、資産を成長させるためにどんどん貸し付けを行った。主に不動産が対象だったが、なかには新しい道路や高速鉄道の建設などもあった。「やりすぎで過熱している典型的な例」の存在についても現況した。中国のＧＤＰ（国内総生産）のなかで固定資産投資の割合が五〇％を超えているという状態は、まるでお金の砂塵嵐であるとチェイノスは表現した。景気刺激策の規模もかなり大きく、ＧＤＰの一四％に当たる五八六〇億ドルがつぎ込まれた（アメリカの景気刺激策はＧＤＰの六％に当たる七八七〇億ドルだった）。国有企業が産業資産の半分を支配しているため、利益を出す必要性が運営の機動力となっているわけではない。そして、地方の党幹部が不動産開発のプロセスを決定していくため、大規模の投資計画は「日に日に愚かさを増している」とチェイノスは言う。さらに、工業と製造業の生産能力も過剰に増え続けている。オルドス市のようなゴーストタウンや、ニューサウス・チャイナモールのような寂れたモールなども存在する。手抜き工事で建設されたばかりのビルが倒壊したという報道もあった。その様子は、貸し付けが加速した中国のにわか景気と不況の最終章を映し出しているようである。中国は「ドバイを一〇〇〇カ所で再現しているような国」とチェイノスは冗談めかして言う。「ドバイに足を運んでその顛末を見てみるといい。私はあれを『巨大建築コンプレックス』と呼んでいるよ」

中国のこのような状況を見て、チェイノスは疑問に思った。世代間の貯蓄は失われ、人口問題という名の時限爆弾が発火してしまうのか？　中国の消費者経済の発展に、またしても歯止めがかかるのか？　負債の積み立て不足や政府保証の代償は？　「お守り」的に保有している三兆ドルもの外貨準備は本当に役に立つのか？　そして、建設資材の価格や、アメリカを初めとする世界各国に対する公的債務の利子など、世界への影響はどのようなものになるのか？

チェイノスの主張に対して、中国で不動産バブルなどないと反発する意見が最初は相次いだ。しかし一年強たったころ、中国には不動産バブルが存在しており、国が問題を抱えていることを中国人民銀行（中国の中央銀行）が認めた。ＩＭＦ（国際通貨基金）も同じように認めた。「みんな気がついていないが、中国は一九九九年と二〇〇四年に起こった二つのクレジットバブルを覆い隠している。銀行らは救済されることなく、不良債権を自治体の怪しい債券と交換してしまった。中国の銀行制度は流砂の上に立てられているも同然だ」とチェイノスは言う。

中国の資本市場は、国内経済の要求に応じて世界経済における役割を果たそうと現代化を試みたが、失敗に終わったのだ。金融危機の間に経済を刺激しなければという政治的圧力が、地方自治体や不動産開発業者に対する多額の融資を発生させる結果を生んだ。不景気や住宅需要の落ち込み、価格の低迷、そして地方自治体の主な現金収入源である土地売買が減ってしまったなどの理由で、借り手がなかなか返済できなくなり、これらのローンは支払い不能となったのだ。さらに代わりとなる銀行のネットワークも崩壊している。コーポレートガバナンスが透明性に欠けることや、あっても不十分であることを考えると、どれほど莫大な負債があるか、そしてその負債が返済される可能性は実際にどのくらいなのかを測り知ることは難しい。つまり、中国の銀行は莫大なリスクを抱えているが、少なくとも今のところは、政府の大きな蓄えのおかげで破綻せずにすんでいる、という現状が見えてくる。

「中国がどのようにしてこれを切り抜けるかが、今の問題だ。一年半前に見られた過剰な動きは、今なお高まる一方だ」とチェイノスは言う。

現在、キニコスは香港H株を通して、不動産開発業者や中国の主要銀行のほとんどを空売りしている。これらの企業は継続した資産の注入が必要となるはずで、その資産は欧米の投資家たちからもたらされるだろう、という考えによる。また、アメリカで上場しているチャイナ・メディア・エクスプレスのような、中国企業もいくつか空売りしている。以前チェイノスは、マカオのカジノについて「腐敗に満ち、資産は足りない」と語った。しかし、中国に空売りしている規模を全体として見てみると、ひとつのテーマとしては、過去最大級の投資額になる。ポートフォリオのなかでひとつのテーマに対して最も大きな投資を行っているということは、つまり、中国が負ける方向に大きく賭けていることを意味する。

ある経済学者が六四〇〇万戸の共同住宅が未入居だという推定を出した。「夜、現在開発中だが完売している裕福層の町や中流層の町、そして貧困層の町を車で通ってみると、ほとんどのビルは真っ暗なんだ。つまり、中国には未入居の共同住宅がたくさんあるということだ。それは分かるのだが、実際の数字が分かっていない」とチェイノスは語る。

そこでチェイノスたちは、これらの裕福層、中流層、貧困層の町であった所有地取引について、所有者の目録を作った。時系列をさかのぼって目録を作ったのは初めてのことだった。そのプロセスについて、チェイノスは説明する。「中国に関するデータを手に入れること自体は問題にならなかった。問題は、その中国のデータの質だった。それが面白い点だ」。データに欠点があるにしても、便利な指標としては使えると言う。「同じデータを使うことで一貫性を保つことができれば、少なくとも何らかのトレンドが見えてくる」とチェイノスは言う。中国の都市部の人口の五〇％を対象に、所有者数を調べ始めてから数年の間に、最初は平行線だったこの大規模な統計見本が、最近（二〇一一年後半～一二年前半）になって下向きに変わった。つまり、開発はあれほど増えているというのに、販売戸数は平行線から下落に転じているのだ。チェイノスは、「戸数はどんどん増えているのにそれと同じ数だけ売らなければ、多くが売れ残る。それは大きな危険信号だ」と推測する。

また、最近になって、値引きしても売り上げの増加が伴ってこないという現象を目にし始めた。歴史的には、マーケットの価格が下落すれば、少しは売り上げが多くなるものだ。「これについても、よく観察し続けるつもりだ」とチェイノスは言う。「そのような状態が続けば、本当に大きな問題が生じるからだ」

だれもが知りたがることは、それはいつ起こるのか、ということだ。「タイミングを計るのがそれほど上手だったら、私はもうとっくの昔に引退しているだろう」とチェイノスは笑いながら言う。「しかし、問題が起こっていることは間違いない。だれも想像していないような速さで、経済にインフレが起こっている。当局は二つの局面で窮地に立たされているんだ」

貸し付けの拡大や不動産バブルに加えて、消費者物価と卸売物価も急速な上昇を見せている。これは、夏から停滞の兆しが続き一一月に信用緩和をしなければならなくなる前に、国が慌てて貸し付けを厳しくしたからだ。「買いだめや品切れが起こっていたり、インフレ時のように賃金が急激に上昇するなどの動きが耳に入り始めている。これは、一年前には予測していなかった不確定要素だ」

中国の問題は国内で過剰な貸し付けを行っていることだけではない、とチェイノスは言う。中国企業に投資している投資家にとっても、危険な状況になっていると言うのだ。チェイノスが個々の企業を詳しく分析していくと、そのほぼすべてがあまりに危険な状況にあることに驚かされると言う。奇妙な取引があったり、多額の利益を得ているのに現金として現れてこなかったり、第三者との怪しい提携取引があったり、などである。「調査した企業のほとんどが、こういった特徴を少なくとも一つ以上持っている」とチェイノスは言う。「西欧の投資家が中国の株式市場で利益を出しているのは、大きな問題ではないだろうか。中国はマクロ経済が悪いだけではなく、ミクロ経済も悪い。西欧の投資家は、これらの企業に多額のお金を巻き上げられているのだ」。突然株の売買ができなくなった企業があったり、西欧の投資家が飛行機で中国に渡り企業の本社ビルを訪ねたのに、本社ビルなど存在していなかったり、という実話を例として挙げる。「もしそういった企業の株を借りて、空売りすることができれば、空売り投資家としては大成功だと言える。多くの会社が不正行為をしているようだからね」

　世間が信じている中国神話が、中国を正しく理解する弊害になっている、とチェイノスは言う。例えば、中国のバランスシートは健全でほとんど負債がない、という話だ。これは、国有企業や地方自治体がバランスシートに掲載されない特別な方法で急速に借金を増やしているからだ、とチェイノスは説明する。「中国の負債総額は、二〇一一年後半にGDPの一八〇％に到達したと見積もっている。もしも中国が二〇一二年に、GDPの三〇～四〇％に当たる貸付けを増やし、そのうちの半分が不良債権になるとすると、それはGDPの一五～二〇％に相当する。そして回収できるのはそのうちの半分だとしよう。それを償却すると、中国は成長していないのと同じことになる。将来、こういう不良債権を償却するしか道がなければ、九％の成長だってゼロになってしまうかもしれない」

ビジネススクールの基本に戻る

　チェイノスは中国ばかり詳しく調べているわけではなく、別の投資対象にも目を向けている。それは、彼が「国の恥」と呼ぶ、営利目的の教育業界である。この産業は共和党が必死に後援しているが、政府による借り入れ保証が大きく削減され、今後数年間は業界全体が圧力を受けるだろうとチェイノスは予測している。「あれだけの子供たちが名ばかりの『大学』で学位を取っているのに、就職率は高卒と変わらない。しかも、二万ドルや三万ドル、あるいはそれ以上の学費ローンを抱えていて、それを返済することができないでいる。これは国家の一大不祥事だと思う。その借金を、結局は納税者が負担しなければいけなくなるんだ」

最近、チェイノス自身も学校で時間を過ごすことがある。エール大学のスクール・オブ・マネジメントで初めて客員講師として教えているのだ。授業は「歴史上の金融詐欺――法医学的アプローチ」という内容で全八回の講座だ。毎週月曜日の午後になるとニューヘーブンへと足を伸ばして、卒業間近の最上級生約五〇人を相手に、自分が培ってきた金融知識を授けているというわけだ。

三時間の授業のうちの半分はチェイノスによる講義が行われる。そして、残りの半分の時間で、学生たちは一九九二～二〇〇五年の間に起きた詐欺事件のケーススタディをし、プレゼンテーションの準備をする。五月初めの最終日に行われたプレゼンテーションでは、ある学生が最後に、ハーケン・エナジー・コーポレーションと、そのリミテッド・パートナーシップであるハーケン・アナダルコ・パートナーシップについて発表した。

それはメガネをかけた背の高い女学生で、彼女は立ち上がると教室の前に来て、プレゼンテーションのスライドを回し始めた。何枚かスライドを見たところで、第一の犯罪の核心に迫った。「たったひとつの資本取引が一九九四年の営業利益の五〇％を占めています。公表されていないにかかわらず、これは明らかに会社の財務状況を偽っています。詐欺同然です」。そう彼女は宣言した。

さらに、「ハーバードの資産運用組織であるハーバード・マネジメント・カンパニーはローンを拡大し、株の購入を増やすなどしてハーケンの株価を支持しようとしました」と続けた。「ハーバードは、価格が変わらないうちにその所有権を売りましたが、ハーケンの株を保有している間に三％の年率リターン、約二〇〇〇万ドルの利益を得ました」

そこでチェイノスが口を挟んだ。「では、ハーバードの行動の一体どの部分に不正の可能性があるんだろう？」

女学生は何やらモゾモゾと答えたが、チェイノスにその答えを否定されると、彼女は次のように言った。

「ＳＥＣはハーケンの取締役会長であるアラン・クアシャの持ち分権について取り調べを行いましたが、クアシャを起訴する材料は見つかりませんでした」

チェイノスは大きな声で話をさえぎって、今度はクラス全体に向かって言った。「いいか、大事なことを思い出してほしい。組織にとっては取るに足りない取引でも、その組織のなかのだれかにとっては重要な取引かもしれない。この例の場合、重要になるのは何か？　二つの企業を結ぶものは何だったのか？　その理由は？　答えは人間関係だ。ひとつの組織にとっては取るに足りないものでも、カギを握る人物にとってはとても重要になるかもしれない。その可能性を忘れないように」

　チェイノスは続けて言う。「どうしてハーバードはこの企業に資金を提供し続けたんだろうか？　時価総額一億五〇〇〇万ドルの企業がソロスやハーバードと関係を持っているということは、どれほど珍しいことだろうか？　これほど小さな会社は、通常であれば彼らの探知機には引っかからない。どうやら、ハーバードのアセットマネジャーはこの投資を救おうと必死だったようだな」

　金融界の見習い探偵にとって、これは素晴らしいケーススタディとなったようだ。

第9章　ボアズ・ワインシュタイン ——デリバティブの草分け

The Derivatives Pioneer -- Boaz Weinstein, Saba Capital Management

「サバ・キャピタルが探しているのは、損失よりも利益のほうがずっと大きくなるような、不釣り合いな投資だ」——ボアズ・ワインシュタイン（2011年5月の対談より）

2010年５月17日、ニューヨークで二人組チェスに興じる元チェス世界王者のガルリ・カスパロフ（左）とワインシュタイン。第一人者として活躍する投資家の多くがチェスの強豪として知られている。チェスのゲーム戦略が金融界の意思決定の戦略に酷似していることから、人事採用ではチェスの趣味がある人物が好まれる（ヒロコ・マスイケ、ニューヨーク・タイムズ、リダックス提供）

「撃たれても無傷。それほど人生で爽快なことはないだろう」――こう語ったのはイギリスのウィンストン・チャーチル元首相だ。一八九八年に起こったスーダンでのオムダーマンの戦いに、二四歳だったチャーチルはイギリス軍第二一槍騎兵連隊の中尉として参戦した。イギリス騎兵隊の最後の重要な攻撃として歴史に名を残した戦いである。

ボアズ・ワインシュタインならば、この考え方に共感することができるかもしれない。銃で撃たれたわけではないが、二〇〇八年の金融危機のとき、ワインシュタインは紛争の渦中に立たされていた。当時、三五歳でドイツ銀行の歴史上、最年少のマネジングディレクターに就任していたワインシュタインは、多くの銀行が大きな損失を出しているとても危険な時期にドイツ銀行の経営を補佐していた。ワインシュタインはまた、サバと呼ばれるドイツ銀行内の自己勘定取引グループを担当していた。サバは一〇年間利益を出し続けていたが、情勢が急激に変わると一〇〇億ドルの資産のうちの一八億ドル、つまり一八％の損失に転じた。ワインシュタインはCDS（クレジット・デフォルト・スワップ）も買っていた。CDSは金融崩壊を加速させたとして広く非難され、今でも正しく理解されていない面がある。

しかし、金融界という名の戦場で起こった銃撃戦がすべて静まると、ワインシュタインは以前と変わらず元気に立ち上がった。二〇〇九年の最初の八週間で、サバは損失の三分の一を取り戻した。独立してヘッジファンドを設立しても良いという同意をずっと昔に銀行から取り付けていたワインシュタインは、二〇〇九年二月、金融危機の余震がいまだに残るなか、ついに行動を起こした。この独立についてはドイツ銀行の賛同を得ていただけではなく、チームの主要メンバー一二人とトレードシステムや分析ツール、そしてこのチームが開発したほかの知的財産も使って良いことになっていた。ワインシュタインはクレジットに主眼を置いたサバ・キャピタル・マネジメントを一億四〇〇〇万ドルの資金で立ち上げた。二年足らずのうちに資産は三三億ドルに膨らみ、アブソリュート・リターン＋アルファ誌によって、業界で最も急成長を遂げているファンドに選ばれた。ワインシュタイン自身も、フォーチュン誌の「フォーティー・アンダー・フォーティー」（四〇歳未満の注目すべき四〇人）で二〇一〇年に一七位、そして二〇一一年は一九位に選ばれている（現在のファンドの資産は五〇億ドル以上に上る）。

ワインシュタインは幼少時代から数字と戦略ゲームという相関性のある二つの分野に興味を示し、早くからその才能を開花させて周囲の人を驚かせていた。野球カードの裏に書いてある打率などのデータを記憶してしまうような数学の達人だったワインシュタイン少年は、「ウォール・ストリート・ウィーク・ウイズ・ルイス・ルーカイザー」というテレビ番組の大ファンだった。また、チェスの名人に与えられる「ナショナルマスター」という称号を一六歳という若さで授与された（ブラックジャックとポーカーの達人でもある彼は、二〇〇五年にウォーレン・バフェットの招待を受けてポーカーのトーナメントに出場し、マセラティを一台獲得している）。

2005年6月に開催されたネットジェッツの第1回ポーカー大会でのウォーレン・バフェット（左）とボアズ・ワインシュタイン（中央）（ボアズ・ワインシュタイン提供）

しかし、ワインシュタイン自身はそのすごさを鼻に掛けたりはしない。「いろんな人がチェスと投資をどうにかして結びつけて、『ああ、君ならずっと先の動きまで見破ることができるに違いない』と言ったりする。まるでチェスの技術がマーケットに直接通じていて、しかもチェスをする人だけが習得できるものであるかのようにね。でもそれは言いすぎだと思うんだ。たしかに、パターンをすぐに見つける力とか、保有しているポジションの強さを評価するときに理性を保つ力とか、共通する概念は存在する。また、夏休みにゴールドマン・サックスに雇ってもらってトレードの仕事をしたことがあるが、それはたまたま、チェスに大きな関心を寄せていたシニアパートナーがいたからなんだ。だから、この世界に入るのにチェスが役に立っているのは事実だ」

駆け出し時代

ワインシュタインが投資の世界に足を踏み入れたのは、スタイフェサント高校に在学中のときだった。ニューヨークのニュースデー誌の後援で開催されたニューヨーク市民の株選択コンテストに参加したのだ。コンテストの期間は八週間で、七五〇〇人の参加者が毎週五つの株を選んでいく。八週間後に最も高い利益を得た出場者が優勝する、という競技だった。

ワインシュタインは思い出しながら語る。「まだ統計学は学んでいなかったが、七五〇〇人中九三七番などの順位を取るつもりはなかった。優勝するつもりでいたから、コンテストに参加している多くの子供たちがしそうなこと、つまりナイキやウォルマートなどの人気のある会社を選ぶようなことはするべきじゃないと思った。分散とかボラティリティなどの概念については直感的にしか理解していなかったが、八週間のコンテストで優勝したければ、大きく価格が動く株が必要だということは分かった。それほどの短期間ならば、ファンダメンタル分析は価値がない。そこで、前日に大きく動いた株は今日も大きく動く可能性が高いはず、と考えたんだ。一九八〇年代は、みんな新聞を読んで前日の株価の動きの情報を得るような時代だったので、私もニューヨーク・タイムズ紙の株価一覧を見た。すると、最も大きく上昇した株と下落した株、つまり最も変動の大きな株をまとめた一覧表があったんだ。そのなかから、ほぼランダムに株を選んでいったというわけさ」

もちろん、この戦略では上昇するのと同じくらい下落する可能性もあることをワインシュタインは認めるが、それでも彼は優勝した。どんな副賞を獲得したのだろうか？　「ＮＹＳＥ（ニューヨーク証券取引所）への招待状さ。そしてＮＹＳＥの豪華な役員室で、お偉いさんたちの前に立ってスピーチをしたんだよ」。ワインシュタインは思い出しながら笑うが、そのときから彼はすでに成功の階段を上り始めていたのだ。一五歳にして学校の放課後にメリルリンチでインターンとして働き、一八歳のときには夏休みにゴールドマン・サックスでアルバイトをし、二四歳でドイツ銀行に入り、二五歳でバイスプレジデント、二六歳でダイレクター、二七歳でマネジングダイレクターに任命された。

ワインシュタインがドイツ銀行に入社したのは一九九八年一月のことだった。当時はまだ、信用デリバティブ――企業の債務不履行をヘッジ（あるいは投機）するための金融商品――のマーケットが生まれて間もないころだった。「真新しいマーケットだったうえに、ＣＤＳの価格の付け方を構造から理解している人も少なかった」とワインシュタインは語る。信用デリバティブのなかでも、最も普及しているのがＣＤＳだ。「為替デリバティブや金利デリバティブ、株のデリバティブなどは、Ｊ・Ｐ・モルガンやドイツ銀行がＣＤＳをどのように構造化してトレードしようかと考え始める二五年前からあった」

これは若いワインシュタインにとって理想的な状況だった。昔から、仲間たちがこぞって株を追っているというのに、ワインシュタインはクレジットの複雑さに魅了されていたのだ。「ある企業を分析して、その株が気に入ったとなったら、できることはその株を買うか、あるいはその株のコールオプションを買うくらいだ。だが、クレジットならば使える投資手段がたくさんあるので、同じ強気の考えをあらゆる方法で表現することができる。会社は通常、債券の発行や貸し付けをするとき、償還日を変えたものや、上位債や下位債など資本構造の異なる部分にいくつも発行していく。さらに、いろいろな種類の信用デリバティブもある」。専門家はもちろん、熟練者すら存在しないのに、前途有望な若者であったワインシュタインは、お気に入りのこの分野で大きなチャンスをつかもうとしていた。

ここからの出来事は興味深い。ワインシュタインがドイツ銀行に入る直前の一九九七年、アジア通貨危機が起こって韓国の銀行が崩壊寸前に陥った。次に、タイが債務を支払えなくなってしまった。それから数カ月後にはロシアが債務不履行となり、それが間接的に巨大ヘッジファンドであるＬＴＣＭ（ロング・ターム・キャピタル・マネジメント）の崩壊へとつながって、アメリカやヨーロッパ、そして日本の銀行までもが大惨事一歩手前まで陥った。

すでに信用デリバティブを安価で買っていたワインシュタインは、この通貨危機が起こったときにそれらのポジションを収益化して、ドイツ銀行に多大の利益をもたらした。特筆すべきなのは、ドイツ銀行のほうも、みんなが債券を売りたがっていたときに積極的に買って、ほかとは差を付けていた点である。急激に拡大する分野で、ドイツ銀行は突如として強い影響力を持つようになったのだ。

このような状況のなかで、ワインシュタインの上司が二人、ドイツ銀行から去っていった。三人しかいなかった部門に残ったのは、ジュニアパートナーのワインシュタインだけとなったが、彼は一匹オオカミとして驚くような結果を残していった。ドイツ銀行の司令部はいつだってワインシュタインの背中を軽くたたいて、経験豊富な上司を雇うことができただろう。しかし、利益を出していたのがワインシュタインであることはだれの目にも明らかだったので、それ相応の報酬をワインシュタインに与えた。

「信用リスクをヘッジすることができるCDSの価値にやがてみんな気がついた。すると、CDSのマーケットは雑草のように成長したんだ。それから何年もの間、年間一〇〇%以上の速さで流通額は増え続け、ついには社債マーケットよりも大きくなった。その間の数年間、クレジットマーケットでは、次々と驚くような出来事が起こって大変だった。二〇〇〇年には、法的責任が原因でオーウェンスコーニングとレイドローの負債の格付けが、わずか二カ月で投資適格から債務不履行になった。そして九・一一が起こり、エンロンやワールドコムやタイコ、そしてアデルフィアなどのスキャンダルが発覚した」。ワインシュタインはこれらの出来事を数えながら語る。「まだあるが――いやあ、本当にとんでもない話だろう?」

しかし二〇〇二年が過ぎると、クレジットマーケットには安定期が訪れた。「そして、回復の時期がやってきたんだ。しかし新しい種類のチャンスがめぐってきた。LBO（レバレッジドバイアウト）がかつてないほどの規模と範囲に広がったんだ。テキサス・ユーティリティーズ、トイザらス、トリビューンのようなおなじみの会社だ。しかも、Tから始まる会社だけでもこれだけある。LBOで儲けようと投機するとき、最も高い利益を得る方法は、皮肉にも株式を通してではなくCDSを買うことだった。バランスシートをレバレッジすると、投資適格の格付けを持つ平均的な会社の場合、株価は二〇～四〇％しか上昇しないのに対し、クレジットスプレッドは四〇〇～八〇〇％ほど広がるからだ」

FRBで過ごした「リーマンの週末」

ドイツ銀行のワインシュタインのチームは何年もかけて守備範囲を広げていき、そのうちにだんだんとヘッジファンドのようになってきた。各投資銀行も、このチームのトレードを担当する営業マンを提供するなど、ヘッジファンドのように扱うようになっていった。そう考えると、ワインシュタインが自分のヘッジファンドを立ち上げようと思ったのも当然の成り行きだったと言える。二〇〇五年には、独立の意向をドイツ銀行の上司らにも伝えていた。

ドイツ銀行はワインシュタインをどうしても失いたくなかったので、行内でさらに幅広い権限と責任を与えた。二〇〇六年には、ワインシュタインは世界中のジャンクボンドから社債、転換社債、そしてクレジットデリバティブまで手がけていた。同じころ、ワインシュタインの野心を行内という範囲に限って後押ししていたドイツ銀行が、ついに大きく譲歩した。そして、いずれは銀行から独立することを見据えて、ワインシュタインの自己勘定取引グループに独自のブランド名を付けることを許したのだ。もう辞める理由などなかった。ワインシュタインはたぐいまれな額の収益をもたらしていた。二〇〇六年には、この自己勘定取引の部門だけで三〇億ドルを運用し、銀行に九億ドルの利益をもたらした。その翌年には五〇億ドルを運用し、六億ドルをもたらした。「ドイツ銀行での仕事はとても気に入っていた。長い間、満足していていた。企業家精神にあふれた会社で、その一員として仕事ができたうえに、若くして事業を築く責任とチャンスに恵まれたんだから」

それでも、ワインシュタインは独立したかった。当時の上司だったラジーブ・ミシュラにその決断を伝えると、ちょうどミシュラ自身も銀行を辞める交渉を終えたばかりのときだった。ワインシュタインまですぐに辞めてしまうと、ドイツ銀行の上層部はかなり薄くなってしまう。そこで、投資銀行業務を率いるアンシュ・ジェインがある提案をした。それは、ワインシュタインが後任者に仕事を引き継ぐまで、あと一年は会社にとどまるという条件に同意するならば、ヘッジファンドとしてスピンアウトすることを許可する、というものだった。ワインシュタインはその提案に同意した。

その一年が、あの騒然とした二〇〇八年だった。難しい時期になることを予感したワインシュタインのグループは注意深くポジションを建てていた。その結果、「ベアー・スターンズの崩壊から夏にかけてずっと、その年はわずかにプラスを保っていた。これはかなり良い結果だ」とワインシュタインは語る。そしてリーマン・ブラザーズの崩壊が起こった。「それ自体は、買いと売りを両方やっているファンドにとっては問題ではなかったが、ゴールドマン・サックスとモルガン・スタンレーが実際に破綻する可能性があると世間が思ったというその二次的影響のほうが、驚きだった」

あの劇的な「リーマンの週末」のとき、ワインシュタインはニューヨークのＦＲＢ（連邦準備制度理事会）にいた。ドイツ銀行の上級管理職の一人として、政府高官やほかの主要銀行の最高幹部らとともに緊急対策を考えていたのだ。ワインシュタインはクレジットのグループに入って話し合いをした。その役割は、もしもリーマンが破綻した場合、リーマンとの取引を減らすために銀行同士がどのような取引をすれば良いかを考えることだった。「各銀行ともリーマンとの取引量はかなり多かった。ＦＲＢは、リーマンが月曜日に破綻すると仮定したときに、日曜日にどうやってその取引量を減らすことができるかを考えてくれと言ったんだ。だがそれは、例えてみるならば、タイタニック号の上でデッキチェアを移動させようとしているようなものだった。リーマンと各銀行の間では、合計で一〇〇万件以上ものトレードがあったのだから」

ドイツ銀行のワインシュタインのファンドは、二〇〇八年を終えて一八％の損失となった。クレジットマーケットで投資を始めてから、マイナスを出した唯一の年だった。銀行とすでに独立について契約を交わしていたので、ワインシュタインはその後間もなく独立した。そして、新しいファンドでも素晴らしい成功を収めている。ワインシュタインの長年にわたる好成績は、多くの投資家の興味を引くところとなり、独立後のファンドにはすぐに五〇億ドル以上の資金が集まった。そのうちの七億ドルは別に分け、大きなマーケットの下落からクライアントの資産を守るために、テールヘッジと呼ばれる戦略に投資されている。設立以来、サバ・キャピタルは年一二％の純リターンを生み出している。

ヘッジファンドにとって厳しい年ですら、ワインシュタインは大きなリターンを生み出すことができたわけだが、それはなぜだろうか？　ひとつにはファンドの立ち上げが順調に進んだことがあるだろう。サバは計画的なスピンアウトのための準備を二〇〇八年の間に進めていたので、銀行から独立してわずか六週間後に投資を開始することができた。そのように素早く移行できたおかげで、サバはマーケットの事情に通じたまま、投資を継続できたわけである。また、ワインシュタインの持つ資質も大きなリターンを生み出した理由のひとつである。彼の持つ知性や規律、大胆さ、仕事への情熱、そして最も困難な状況でも冷静でいられる並外れた才能――こういった資質が、これまでもワインシュタインの投資人生を支えてきた。リーマン危機の渦中の厳しい状況のときですら、ワインシュタインがその日プラスだったのかマイナスだったのかを彼の態度から見破ることはできなかった、とドイツ銀行の同僚は語っている。そんなときでも、ワインシュタインの主導力は不動だったと言うのである。

ワインシュタイン自身は、次のように説明している。「CDSは一般的にかなり理解されてきているし、参加者も多くなったが、われわれが採用しているクレジット戦略はヘッジファンド業界のなかではまだ珍しい。これが、サバが資本金を集めることができた理由のひとつだろう。成功している信用基金の創業者の多くは、一九七〇～八〇年代にドレクセルやゴールドマンからこの業界に入っている。だから、CDSが導入されて一五年たった今でも、彼らにはなじみがないんだ」

洞察力の深いワインシュタインは、何年も前にCDSの持つ大きな可能性に飛びついた。そしてそれをトレードするために、創造力を発揮して新しい戦略を開発した。特に、信用デリバティブと債券の間にある関係や信用デリバティブと株式の間の関係を利用してトレードするために、分化したアプローチを生み出している。

トレード分析

サバ・キャピタルの戦略の一例として、ワインシュタインはデトロイトを拠点とする自動車部品メーカーのアメリカン・アクスルを挙げる。この会社は二〇〇九年に問題に直面したが、ちょうどこの年はGM（ゼネラル・モーターズ）やクライスラーがデフォルトに陥り、部品製造メーカーのリアやビステオン、デルファイも同じような状態になるなど、自動車業界にとって絶望的な時期だった。「アメリカン・アクスルも絶体絶命だ、というのがマーケットの見方だった」とワインシュタインは語る。

しかし、サバのアナリストの一人がこの見方に反論した。そして、わずか一〜二億ドルの資金提供を受けることができれば、アメリカン・アクスルは破綻に至らない、と主張した。反対に、同社がもし破綻するようなことになれば、その波紋は大きく広がることが予想できた。そうなると、GMのトラックやSUVなどに使われているアクスルの大事な部品がサプライチェーンから消えてなくなってしまい、自動車業界はさらなる打撃を受けることになる。すでに政府は買い替え補助金プログラムでこの業界を維持する意向を示し、何らかの救済策を講じる可能性を示唆していた。しかし、サバがアメリカン・アクスルをトレードすることにした最大の動機は、債券が一ドル当たり三三セントで売られていたからだった。この値段はとても魅力的だと判断したのだ。

「サバ・キャピタルが探しているのは、損失よりも利益のほうがずっと大きくなるような、不釣り合いな投資なんだ。三三セントの債券を買うというのはその基準に合っていそうだ。価値が八〇セントに戻る可能性のある債券なのだから。しかし、GMの社債のように一二セントにまで下落してしまうと、これは明らかに大きな損失を被ることになる」

次の債券の支払いがいつになるのかは分からないが、アメリカン・アクスルの運命は数日後か、遅くとも数週間後には決められる。サバ・キャピタルは決断を迫られていた。「アナリストは気に入っているがリスクが高いという場合は、少しだけ買うという戦略をとるのが一般的だ。だがわれわれは、単に債券を買うだけではない、別のトレード方法があるかどうかを考えてみる。つまり、上昇を期待しながらも、損失を抑えられるようなやり方をね」

ワインシュタインは、アクスルの会社と財務をよく知る人たちに聞き取り調査を行った。そのほとんどが、アクスルがデフォルトに陥る可能性が高いと指摘した。あるディーラーなど、債券を空売りしたいと言っていた。そこでワインシュタインが考えたのは、信用デリバティブ市場で使われているがあまり知られていないリカバリースワップという商品だった。

「リカバリースワップは高い不確実性を伴う商品だ」とワインシュタインは言う。「ＣＤＳのように何かがデフォルトになる確率をヘッジするのではなく、デフォルトが起こったときの損失額をヘッジすることができる。基本的に、トレードに参加する双方が同意して、あらかじめ回収率を確定することができる。しかし、デフォルトに陥る要因を正確に知る前に予測を立てなければならないので、両者にとってどちらに転ぶか分からない」

最近リカバリースワップが使われている例を挙げると、ＧＭ金融会社やＣＩＴやＡＩＧのような苦境に立たされている会社や、ギリシャやアイルランドのような国などがある。「リカバリースワップを使えば、アメリカン・アクスルを三〇セントで固定することができる。どういうことかと言うと、仮にデフォルトに陥った場合は債券を手渡す必要があるが、その代わりに三〇セントを受け取ることができる。つまり、三三ドルで債券を買っていれば、われわれのリスクはわずか三セントに下がるわけだ。二二セントとか三三セントという損失を恐れなくてすむ」

このスワップでワインシュタインが最も気に入っているのは、手数料がまったくかからない点だ。「CDSとは違い、手数料を支払う必要がない。なぜなら、相手側も得るものがあるからだ。相手側は、価格が三〇セント以上になると考えているか、あるいは何か別の理由でそうなったときのヘッジをする必要に迫られている」。ただ単に債券を買うだけという通常の方法よりも、債券とリカバリースワップを組み合わせたこの投資法のほうが、ワインシュタインの好みに合っていた。「これで、最悪の場合でも損失は九％までというポジションを持つことができた。会社が社債権者に利払いを一回しか行えなくても、まだ黒字だ。そしてもし会社が破綻せずに、例えば三三セントから六六セントまで上昇したとしたら、一〇〇％のリターンになる」

結果的に、サバのアナリストの予想が的中した。アクスルは緊急の資金提供を受け、債券の価格が六〇セント台になったので、サバはそのポジションを売った。最終的に、アクスルの債権は額面まで戻った。

サバ・キャピタルは主にクレジット市場に焦点を当てているが、それしか投資しないわけではない。「今なら、クレジットから株式のトレードに移行するのが面白いと思っている。というのも、株式はまだかなり上昇する余地があるが、ハイイールド債の指数のほうは現在の一〇三ドルでいずれは天井を付けることになるからだ。どんなに良い債券でも、最高は額面までだ。だからポジションを取るならば、株は買いで、クレジットは売り、という方法になる」

クレジットと株の関係で、ワインシュタインが面白いと感じているものとして、ファストフードのチェーン店のウェンディーズの名を挙げる。二〇〇七年のウェンディーズの株価は二〇ドルだったが、二〇〇八年の金融危機でほかの株と同じように株価は下落した。しかし、ほかの株価が回復するなか、ウェンディーズの株価は回復せずに、二〇ドルから四ドルに落ちたまま、筆者との対談時にもまだ五ドルで取引されているということだった。ウェンディーズの三〇％近くを保有しているトライアン・ファンド・マネジメントは、操業改善や大量の株を買い戻すための現金の利用について、ウェンディーズの経営者と話し合っていた。

ところが、それが原因でウェンディーズの信用格付けが下げられてしまった。「S＆Pはウェンディーズの格付けをCCCに引き下げたんだ。あまり良い格付けではない。ムーディーズもその少しだけ上の、Bマイナスだ。だがわれわれは、実際はシングルBに十分足りると考えている」

そこで、ワインシュタインはCDSのクレジットスプレッドに注目してみたところ、二三〇ベーシスポイントだった。これは、さらに上のダブルBの格付けによく見られる数字である。「アクティビストの株主と積極的な自社株買いのプログラムがあり、高い収益を出せる会社なのに、二三〇ベーシスポイントで取引されているのは不釣り合いだと思った。われわれがトレードを仕掛けた二〇一〇年には、一五〇ベーシスポイントまで下がっていたが、そのポジションを今でも持ち続けている。さらに株も所有している」

同時に、ワインシュタインはほかの展開も見守っている。「レストラン業界では、もう十分すぎるほどのLBOがあった。最も重要だったのが、バーガーキングだ。ウェンディーズのCDSと株トレードも、同じようなLBOの可能性を秘めているので魅力的だと思う。このポジションはどちらに転んでも利益を出すという、夢のようなシナリオが実現する可能性を秘めている」

ペアトレードをするのではなく、CDSか株のどちらかを選ぶことはできなかったのだろうか？「うちのファンドでは、買いと売りを対にして投資している。そうやって、マーケット全体とのバランスを維持しようとしているんだ。同時に、会社間で起こる相関的なミスプライスや、会社の資本構造や期間構造でも利益を狙う」

この戦略でワインシュタインは成功しているようだ。サバ・キャピタルの運用資産額は五〇億ドル以上に伸びた。そして二〇一一年、ほとんどのヘッジファンドが損益ゼロかマイナスで終わったなか、サバの旗艦ファンドであるサバ・キャピタル・マスターは九・三％の利益を出している。

「ボルカールール」と呼ばれる債券市場に対する金融規制がかかり、市場はさまざまな影響を受けた。予期できた影響もあれば、予期できなかった影響もあり、いまだに全体像は明らかになっていない。しかし、人気の高い特定の投資については、競争相手が激減しているのはたしかである。それは、信用デリバティブに一番詳しい投資家たちがヘッジファンドではなく主に銀行にいるからである。おかげでサバはこのところ、さらに安定した投資機会を得ることができるようになった。ワインシュタイン曰く、「そのような状況はすぐに変わりそうにはない」。

あとがき

一九九七年のノーベル経済学賞受賞者、
およびブラック・ショールズ方程式の共同発表者　マイロン・S・ショールズ

マニート・アフジャによる本書を読みながら私が抱いた思いとは、ここで紹介されている素晴らしい人物たちを理解したいというよりも、本書から何らかの投資の教訓を得たいというものだった。しかし、アルファ・マスターズと呼ばれる伝説的な人物――ウィリアム・アックマン、レイ・ダリオ、ジェームズ・チェイノス、ピエール・ラグランジュ、ティム・ウォン、マーク・ラスリー、ソニア・ガードナー、ダニエル・ローブ、ジョン・ポールソン、デビッド・テッパー、ボアズ・ワインシュタイン――についてもっと知りたいと願う読者にとっては、本書はさながら投資家のためのピープル誌のようで、素晴らしい資料を提供してくれる。

アルファ・マスターズの人生は読んでいて楽しいうえに、競争の激しい「食うか食われるか」という環境のなかで成功する人々の考え方をうかがい知ることもできる。さらに、マネジャーの視点から、トレードの成功と失敗について聞くことができる。感心させられたのは、彼らが皆、経験からトレードを学んだという点である。また、彼らの共通点も見つけた。それは、目標を達成するまであきらめないこと、そして良い結果も悪い結果も学びの教訓となり将来の投資に役立つことに気がついていることである。そして、彼らは自分が得た教訓を、次世代の投資家や自らが運営するファンド、大学の学生たち、そして本書の著者であるアフジャ氏に、快く授けているのである。

本書で紹介されている投資家について、私が気がついたこととは何か。それは、成功するには自分のトレード戦略を使った投資法を懸命に学ばなければならなかったことを、彼らが強調している点だ。例えば、不確定要素やリスクの扱い方、そしてリターンに影響する要因などをきちんと理解するためにはどのようなスキルを身につけなければならないか、といったことを考えなければならなかったのである。投資の世界でビジネスとして成功するには、どのアルファ・マスターも規律の「専門家」になる必要があった。そうなるには、常に理論を進化させ、経験を重ねていくしかなかったのである。どのアルファ・マスターも、投資に取り組む際には感情を排除している。

本書からは、次のような学びを得ることができる。①自分の直感を信じ失敗を恐れず、そして失敗から学ぶ意欲を持つこと、②長期の視点を持ち、最善の戦略が成果を現すには何年もかかる可能性があることを理解すること、③リスク回避を感情的にならずに行い（つまり損失を恐れないということ）、そして冷静さと分析能力を保つためには、一つの戦略に全資金をつぎ込まないこと、④下落時の防衛策を持つと同時に、積極的な姿勢でいること、⑤自らの資金で投資している人々と投資をし、補助的な情報収集（投資の下調べ）はチームに任せ、さまざまな方面の専門家の意見を聞いて投資アイデアを検証すること、⑥数字をよく見て（決算書、時系列、過去の経済混乱、過去の教訓のシステム化など）、価値や投資アイデアの検証をすること――などである。

アルファ・マスターズは、投資家に、そして自分自身にも多大なリターンをもたらしている。しかし、その戦略について本書を読んで思ったことは、私ならば彼らの多大なリターンを「アルファ」とは呼ばないということだ。株式市場などの体系化された要因によるリターンを「ベータ」と世間では呼び、そのリターンでは説明のつかないリターンを「アルファ」と呼んでいる。しかし、私なりのアルファの定義とは、未来のキャッシュフロー、あるいはベータ要因（マクロ要因）によるリターンをマーケットにいるほかの参加者よりも正確に予測できる人々が稼ぎ出すリターンである。本書で示唆されているように、マーケットはゼロサムゲームである。市場すべての参加者が優れた成績を残せるわけではなく、損失を出した者が利益を出した者に支払うという形で成り立っており、たとえ利益を得たとしても、長期間にわたりそれを繰り返すことは非常に難しい。本書で語られるのはそのような成功物語ではない。それぞれのアルファ・マスターに合った、システマティックバイアスが存在するという話なのである。アルファ・マスターズはゼロサムゲームに投資しているというよりは、その専門性に対して報酬を受け取っているのだ。

これらのヘッジファンドマネジャーの本当の収益力を、アルファではなく、オームの法則にちなんで「オメガ」と私は呼ぶことにした。ここでのオメガとは、マーケットの抵抗の変化量である。抵抗が増えると、彼らはその抵抗に入って、抵抗を減らす（あるいは、抵抗が減ると、空売りあるいはポジションを手仕舞うことで抵抗から出て、抵抗を増やす）。そしてマーケットのほかの参加者が次第に持ち株を変えていくなかで利益を得る。これが起こる理由のことを、私は「制約事項」と呼ぶことにした（例えば、たとえ安すぎる価格と分かっていても、貸借対照表［バランスシート］のリスクを減らすためには売らなければならないなどが理由になり得る）。この制約事項を理解し、それに対応することで利益を得るのである。オメガはゼロサムゲームではない。なぜならば、投資家たちはリスクを減らすために他人に報酬を支払うからだ。投資プロセスのなかでも、リスクの移転は極めて重要な部分である。投機家は、ほかの人々が価値に気がつくまではポジションを手放さず、ポジションのリスクを他人に移転したいと思っているヘッジ投資家から報酬を受け取る（ほかにも、投資家が高すぎる価格でも買いたがっているときにポジションをマーケットに提供することもある――その一例が、債券の利回りが安いがために配当金のある株を買う場合などである）。投機家はヘッジ投資家から報酬を受け取る。ヘッジ投資家は、リスクを理解するだけのスキルを持ち合わせていなかったり、あるいは別の分野の事業にかかわっているなどの理由から、自分よりさらに能力の高い投機家に報酬を支払ってでも、ほかの人がポジションの価値を理解できるまではそのリスクを預かってもらおうとするのである。

バリュー投資で有名なベンジャミン・グレアムとデビッド・ドッドは、ある投資が安いかどうか、そしてなぜ安いのか、という疑問を投げかけるところから始めていた。これらの質問を投げかけるには、未来を予測しなければならないし、何千とある投資対象からどれを分析したり、あるいはそれよりも前にどこから探せばいいのか、という問題について考える必要がある。例えば、何千もの株のなかから私がマイクロソフトを選ぶとする。まずは、そのキャッシュフローや将来の投資の見通し、資金繰りの方針などを予測する。そして、自分のモデルと照らし合わせて、それが過小評価されているかどうかを考え、さらには、なぜ過小評価されているのかを判断するという作業を行うのだ（グレアムとドッドは、分析プロセスを簡素化するルールや計算能力、そしてデータベースも持っていた。こうしたフィルターを使えば、深査する株の選択肢をかなり減らすことができる）。

偉大な投機家が投げかける質問を投げかけるのがアルファ・マスターズである。「私に報酬を支払ってまで、私の専門分野にリスクを転換しようとするのはなぜか？」「投資家たちは私に報酬を支払ってリスクを転換することを、もうこれ以上望んでいない。手持ちのポジションを売らない理由はあるだろうか？」。これはビジネスである——つまり、リスクを移動させるビジネスなのである。ほかのビジネスと同様に、ヘッジファンドの経営者はそのビジネスを管理する不確実さを理解することが不可欠である。ビジネスで利益が出ると、マーケットはより効率的に機能する（効率良く利益を得る典型として、農家が収穫した小麦のリスクを製粉業者に移転する例がある。製粉業者は収穫した小麦を蓄えておき、パン職人が消費者のためにパンやケーキを焼くから小麦粉をくれと言ってくるのを待つ。製粉業者は先物取引で売り、そしてそのリターンを投機家に引き渡すことで一般市場のリスクをヘッジする。つまり、パン職人が小麦粉を買ってくれるまでの貯蓄のリスクを、投機家に転移しているのだ。このサービスなしには、製粉業者はそれほど多くの小麦を蓄えることができないため、消費者はパンやケーキにもっと高い値段を支払わなければならなくなる。このようなリスクの転換は一六三〇年代から行われている）。経営者、つまりアルファ・マスターズが利益を生み出すことができるのは、自分がかかわっている活動について、よく理解しているから、そして自分が得意とする専門分野にリスクを移転したいという需要があることを、よく理解しているからである。

例えば、ウィリアム・アックマンはリストラ分野の専門家となり、コンサルタントではなく参加者として積極的に企業の効率化を進めた。特に消費者ビジネスとその関連事業を理解していたので、ファンドは支配権プレミアムを支払わずに、企業に対して大きなポジションを建てる機会を得ることができる。しかも、その企業の運営が改善されれば、そこから得られる利益の一部も同時に手に入る。もしも、企業が困難な状況下にある場合、その状況を分析するための理解力や能力を持ち合わせていなければリターンをあきらめるしかない。しかし、アックマンならば、企業が持つ資産の潜在価値を測ったり、下落に対する保護があるかどうかという判断ができるため、事業のリスクを移転することができるのだ。リスクを移転するには時間がかかる。そのため、ファンドの投資家がリスク移転に必要な期間を最後までとどまってくれなかったときのことを考えて、企業に対する活動を続けられるように永続的な資金を調達する方法を探すのである。

空売り投資家のジェームズ・チェイノスは企業の不正会計をフィルターにしている。収益を良く見せたいなどの個人的な目的のために、企業の幹部たちが会計を利用することがあるからである（未来から資金を借りて現在の収益を膨らませておき、未来になれば、過去の不足分と現在必要な収益の両方を補うに足りる資金がたっぷり提供されることを願っているのだ）。これでは、未来になって大量の資金が現実に手に入らなければ、さらに多くの資金が必要になるという悪循環に陥る。こうなると経営上の活動が厳しく制限されてしまう。チェイノスらにとっては、チャンスとなるわけである。専門知識を総動員してこのような「危険信号」を見つけ、不正会計のからくりを見破るのだ。これはオメガというよりもアルファのように思えるかもしれないが、マーケットの価値と実利的な価値の間に差が生じた原因は、経営者の行動が引き起こした摩擦である。そしてそこに、リスク移転のサービスの機会が現れるのである。マーケットの参加者はモデルを使って企業の価値を測る。企業の幹部たちのなかにはそのモデルを解析して模倣しようと試みたり、なかにはモデルに「悪い」情報を提供してモデル作成者をもてあそぶ者もいる。マーケットの参加者には、決算書や企業構造を深く掘り下げて、モデルの入力情報を再構成するような技術力もなければ興味もない。そして彼らは「不正な」入力データを発見した空売り投資家たちにリターンを手渡してもよいと考える。その点が重要なのだ（すべての条件が同じであると仮定した場合、このような行動が原因となり、すべての株が安くなったり、期待されるリターンが高くなったりする。これは「プーリング平衡」と呼ばれている――良い企業も悪い企業も同じ会計処理法と、そして決算書の有効性を証明するための外部の会計事務所を使うため、両者の見分けがつかなくなるのである。チェイノスはこのような企業のたまり場から、悪い会社を見つけだそうとしている。この成功率が上がっていけば、「不正な」入力情報の供給は続かなくなる）。事業の要であるこういった「危険信号」をどのようにしてチェイノスが見つけるのか、そして現在、中国や不動産や銀行などの中国株にそういった危険信号が散見されることを知るのは、とても興味深いものだった。

アベニューキャピタルのマーク・ラスリーとソニア・ガードナーは典型的なオメガ提供者である。例えば、株式や債券を買った債権者は破産申請の行く末を見守るほど待っていられない。そこで、ラスリーとガードナーがトレードの信用リスクを割安で請け負い、申請が適用されるまでリスクを請け負う。それが彼らの専門なのである。問題を抱えていたり破産に陥った資本の資本構造にアベニュー・キャピタルは注目し、どのリスクを移転するかだけではなく、どのリスクが下落に耐えられるかを判断する。二人の話によると、アベニュー・キャピタルが利益を得ることができるのは、問題を抱えていない企業を投資家らが欲しがり、そして問題を抱えている企業の株をリスクとしてアベニューに移転したがるからだという。アベニューはそういった危機的状況のときにポジション（つまりリスク）を保持し続けることで利益を得ている。そのため、レバレッジは使わない（ほかの投資家が流動性に注目しているときに、アベニューは価値に注目するというのは面白いと思った――流動性を求める投資家たちは、それを与えてくれるリスク移転の専門家に進んでリターンを受け渡すのだ）。

ジョン・ポールソンは合併や破産、企業リストラ、スピンオフ、資本再構成、そして訴訟の分野にオメガのサービスを提供している。どれも、時間をかけて理論を学び経験を積んでスキルを習得する必要のある複雑な取引である。投資家たちはこういった活動に費やす時間もスキルもなく、リスクをポールソンのような投機家に移転する。そういう意味で、これはリスク移転の活動になる。投機家になる方法や、投機家のように考える方法をポールソンは示しているのである。技術を磨くためには最高の人々から学び、そしてよく考えてポジションを建てる必要があること、そしてそうしなければ、自分が携わる事業を理解し、そして行動を実行に移すことができないことをポールソンは分かっていた。だから、そのような専門知識を持たない投資家たちはポールソンにリスクを移転したがるのである。ポールソンはリターンと引き換えにリスクを軽減する。そして、リスクに注目し、下落時のリスクを減らすためにどのようなポジションを建てたら良いのか、ということを考えるのである。リスクは管理するものだと考えている投資家とは異なり、ポールソンや本書に紹介されているほかの投資家たちは、リスクとリターンは同じ硬貨の二つの側面だと考えているのである。

デビッド・テッパーはトレーダーの視点からリスク移転ビジネスについて学んだ人物である。投資家のニーズや、投資家が特定の状況（特に悪い状況）で起こす典型的な反応を熟知し、いつ、そしてどうして、投資家が長期の利益のためにリターンをあきらめるかも理解している。だから、一時的にマーケットに需要と供給の不均衡が現れたとき、躊躇せずに大きなポジションを建てることができる。テッパーはポジションを建てることで損失を被ることを恐れていない。また、短期運用を主とする「ホットマネー」が手放したポジションを、長期運用の「コールドマネー」とでも言うべき人々へと引き継ぐのだが、その間、長期にわたりポジションを保持することも恐れていない。最大の企業破綻の渦中にあるようなディストレス債券があったら、ほかの投資家はテッパーにリスクを移転したいと考え、テッパーはそれをどんどん買おうと考えるのだ。

レイ・ダリオが得た学びとは、政府や中央銀行の人間は、自分たちが報告したいことに合わせて作り話をでっち上げるということだった。投資家はこういったでっち上げを見て、政府機関が未来に関する情報を開示していると信じて反応する。ショックに対してマーケットが過去にどのように反応したかを見ることは、政府の公式表明のあるなしにかかわらず、マーケットがどのように現在のショックに反応するかを知る素晴らしい情報源となる。ダリオのブリッジウォーターは無数の時系列データを使って、要因に中立となる戦略を約一五ほど発見した（つまり、株の買いと売りそれぞれの戦略でベータがゼロになる組み合わせである）。そして、それが異なる地理的領域にあったり、あるいはショックに対して異なる反応を示すなどから、互いに相関性がないことを突き止めた（ダリオは自分のリターンをアルファと呼ぶが、私の定義するオメガに相当するかどうかは定かではない。投資家はマクロの情報やショックに反応し、そしてブリッジウォーターは時系列データを利用してそのシステムのなかで価値が一定に決まっている点を見つけ、需要と供給の不均衡を仲介しているからである）。相関性のないリスクは戦略的ポートフォリオのリスクを大幅に減らす。そしてレバレッジを使って目標とするリスクレベルへと引き上げれば、戦略のなかで期待値が低いリターンを大きく向上させることができるのである。

これはすべてのヘッジファンドにとって究極の目標であるにもかかわらず、ほとんどのファンドがリスク管理を行わないまま要因に対して大きなポジションを建てる。ブリッジウォーターは、アルファ戦略、つまり制約されない投資マネジメント（例えば、ＬＩＢＯＲ以外のベンチマークは使わないなど）に集中したほうが、アルファとベータ戦略の両方を組み合わせるよりも投資家のリターンを高め、リスクを低く抑えることができるということに気がついた。別の言い方をすれば、アルファを生み出せる戦略をほかのポジションへと移植すれば、それが何であれ、リスクの調整が可能となり、より良いリターンを提供することができるのである。制約を受けないアルファ戦略は正常値以上のリターンを生み出すことができる。反対に、ベータ戦略は体系的なリターンを生み出すのである。

アフジャは行動力にあふれる女性である。その行動力は本書の至るところで見られる。本書には、素晴らしい「マスターズ」が集められている。自分の技術について説明し、自分自身について語り、そしてその考え方について多くの情報と刺激的な対談を通して説明してくれる。このような素晴らしい集団をどのようにして集めることができたのか（また、どのようないきさつで私がこのあとがきを書くことになったのかも）、私には分からないが、これほど数多くの洞察を一冊の本から得ることができるのは恵まれたことである。

付録

ビリオン・ダラー・クラブはアブソリュート・リターン＋アルファ（AR）誌が2年ごとに行う調査で、10億ドル以上の資産を持つアメリカ国内のすべてのヘッジファンドをランク付けしている。

ビリオン・ダラー・クラブの米国内での資産と企業の成長（2003～11年）

出所＝ヘッジファンド・インテリジェンス

米国内での資産と企業の成長――資産5000万ドル以上の新ファンド（2003～11年）

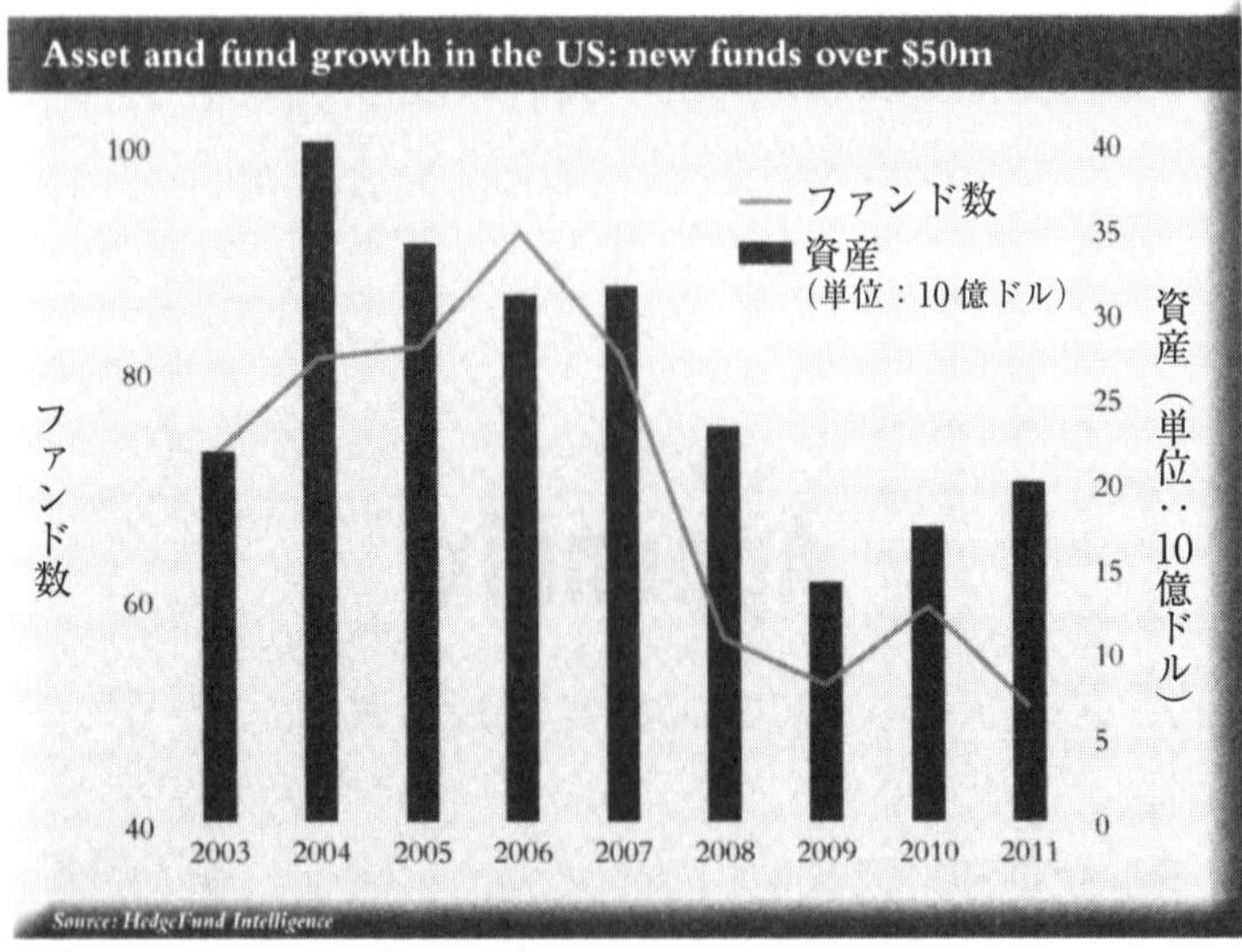

出所＝ヘッジファンド・インテリジェンス

ヘッジファンド（ビリオン・ダラー・クラブ企業）の資産分布図

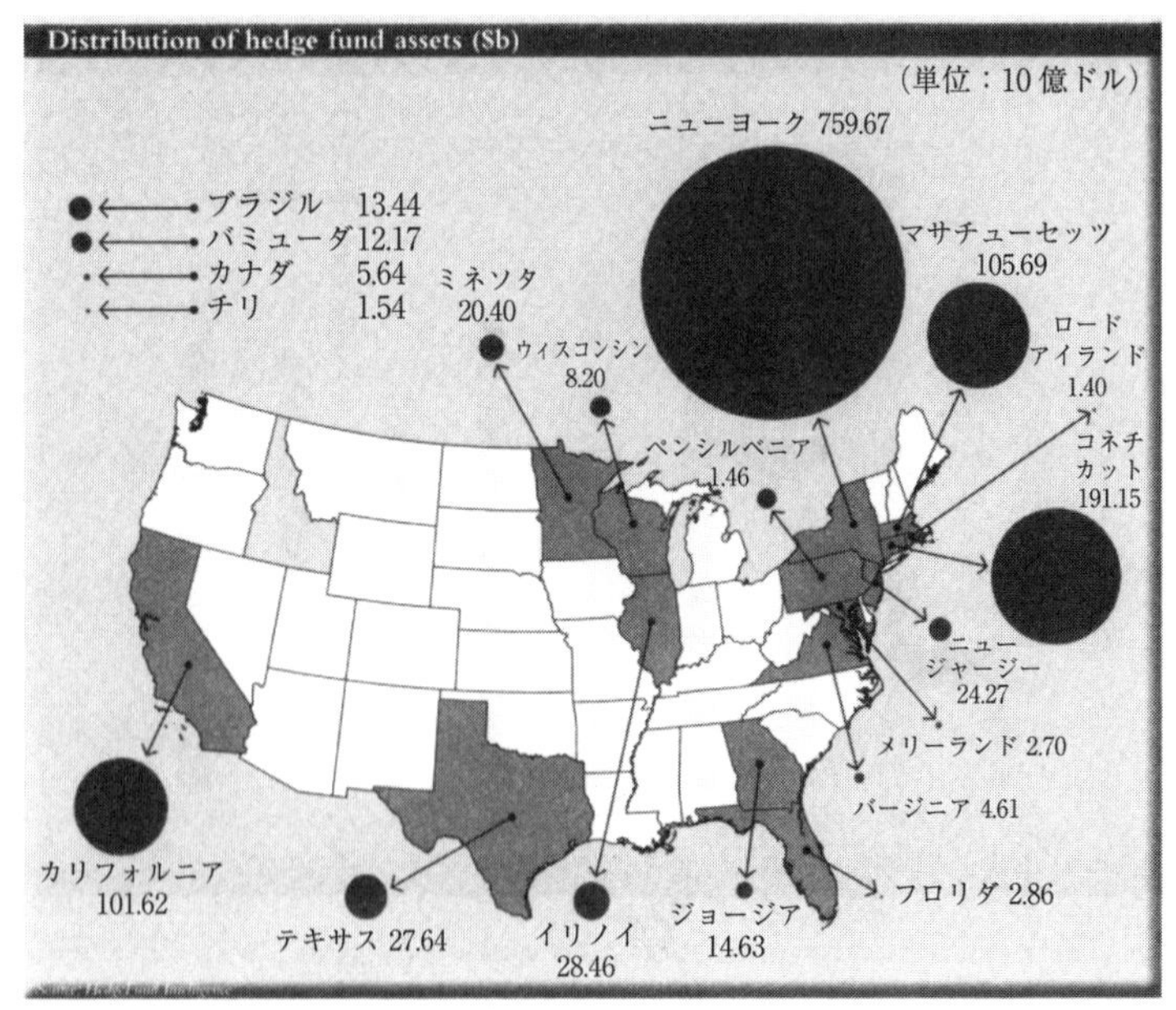

出所＝ヘッジファンド・インテリジェンス

欧米とアジアで操業停止したファンド数（2001～10年）

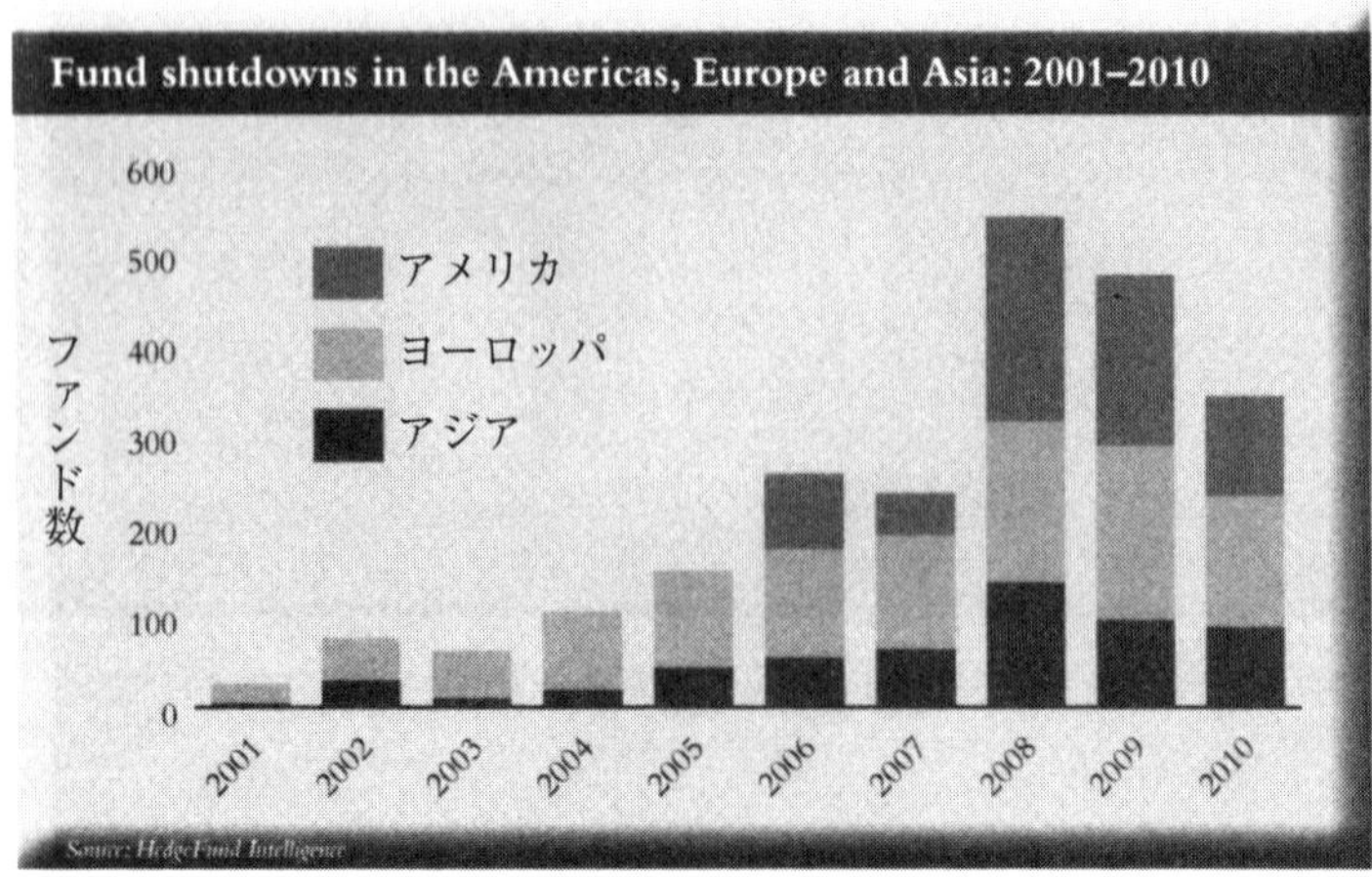

出所＝ヘッジファンド・インテリジェンス

2001～11年前半までの世界のヘッジファンドの資産成長
（2009年からはＵＣＩＴＳの口座も含む）

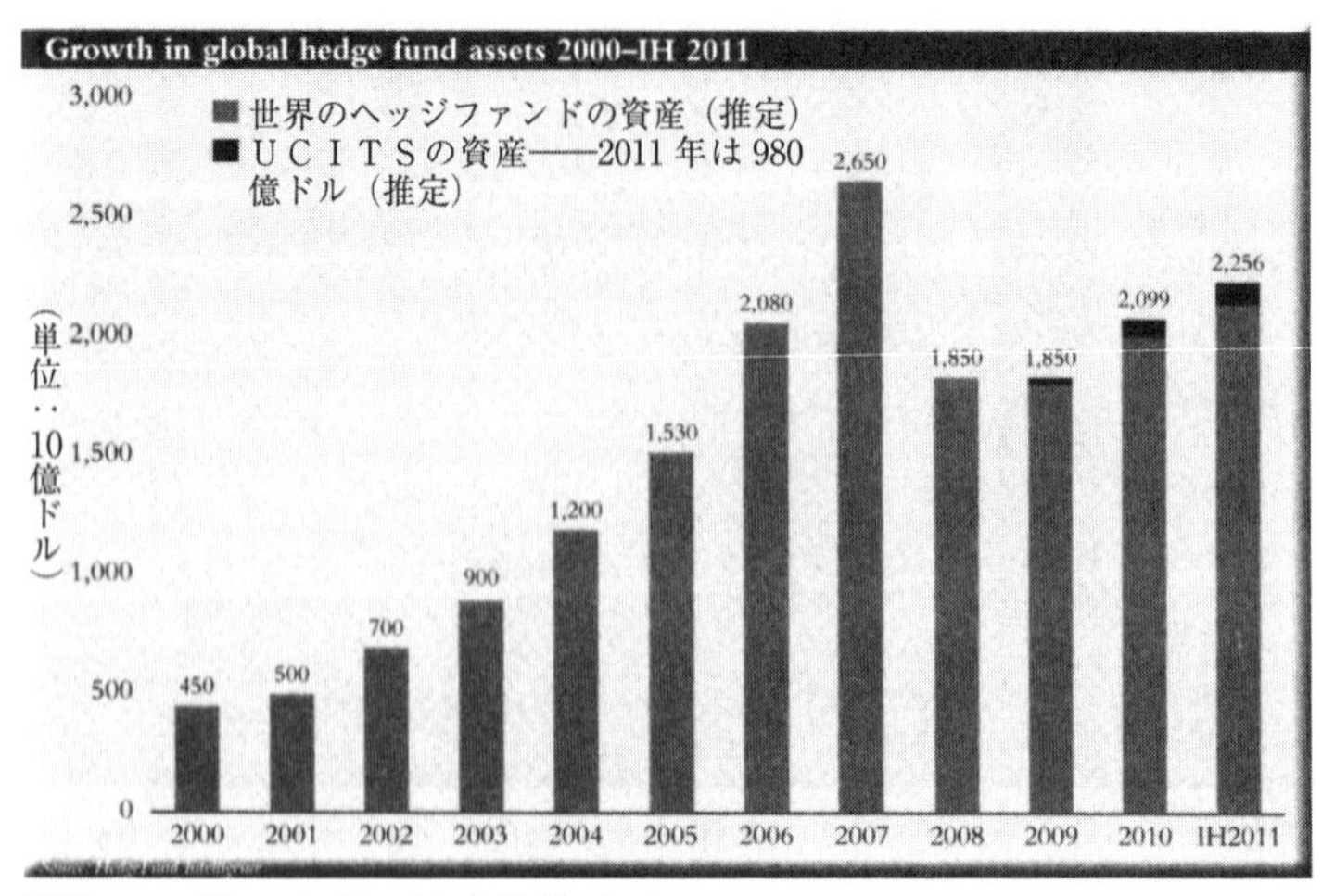

出所＝ヘッジファンド・インテリジェンス

ビリオン・ダラー・クラブのマネジャーの所在地から見る資産分布（2010年）

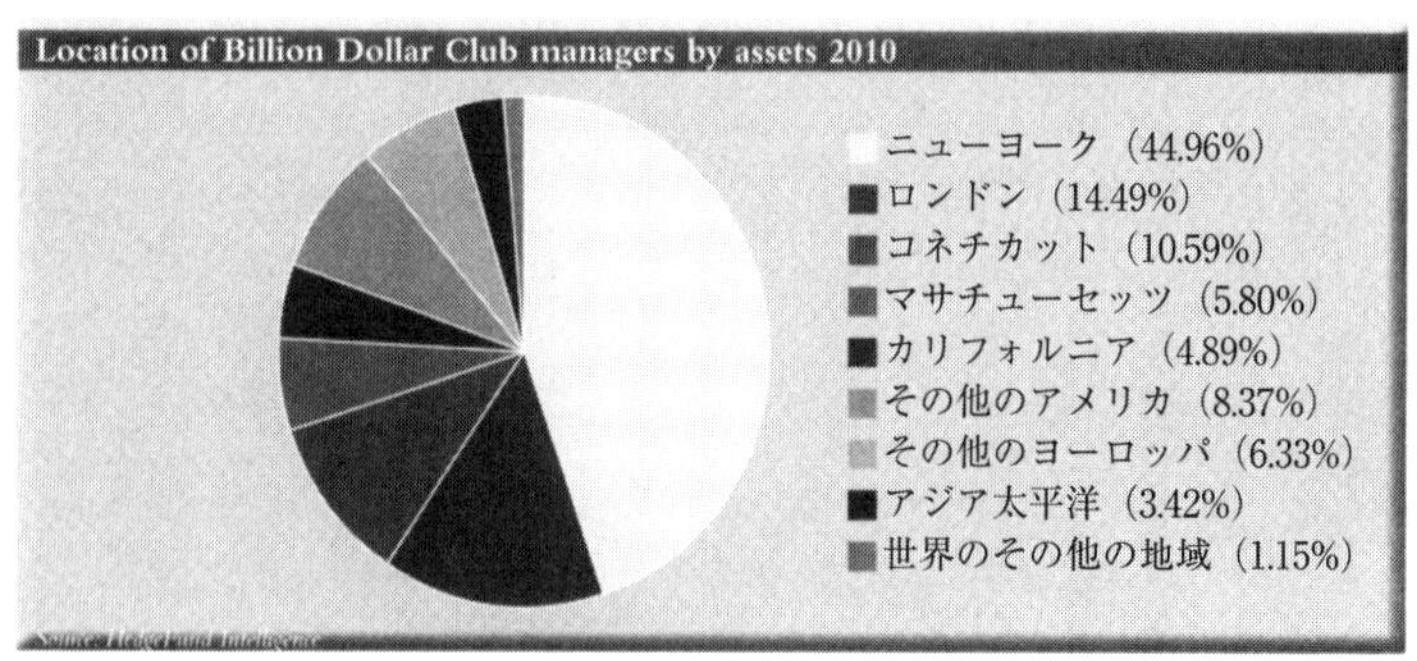

出所＝ヘッジファンド・インテリジェンス

2兆ドル産業（ヘッジファンド業界）の資産運用地域（2011年前半）

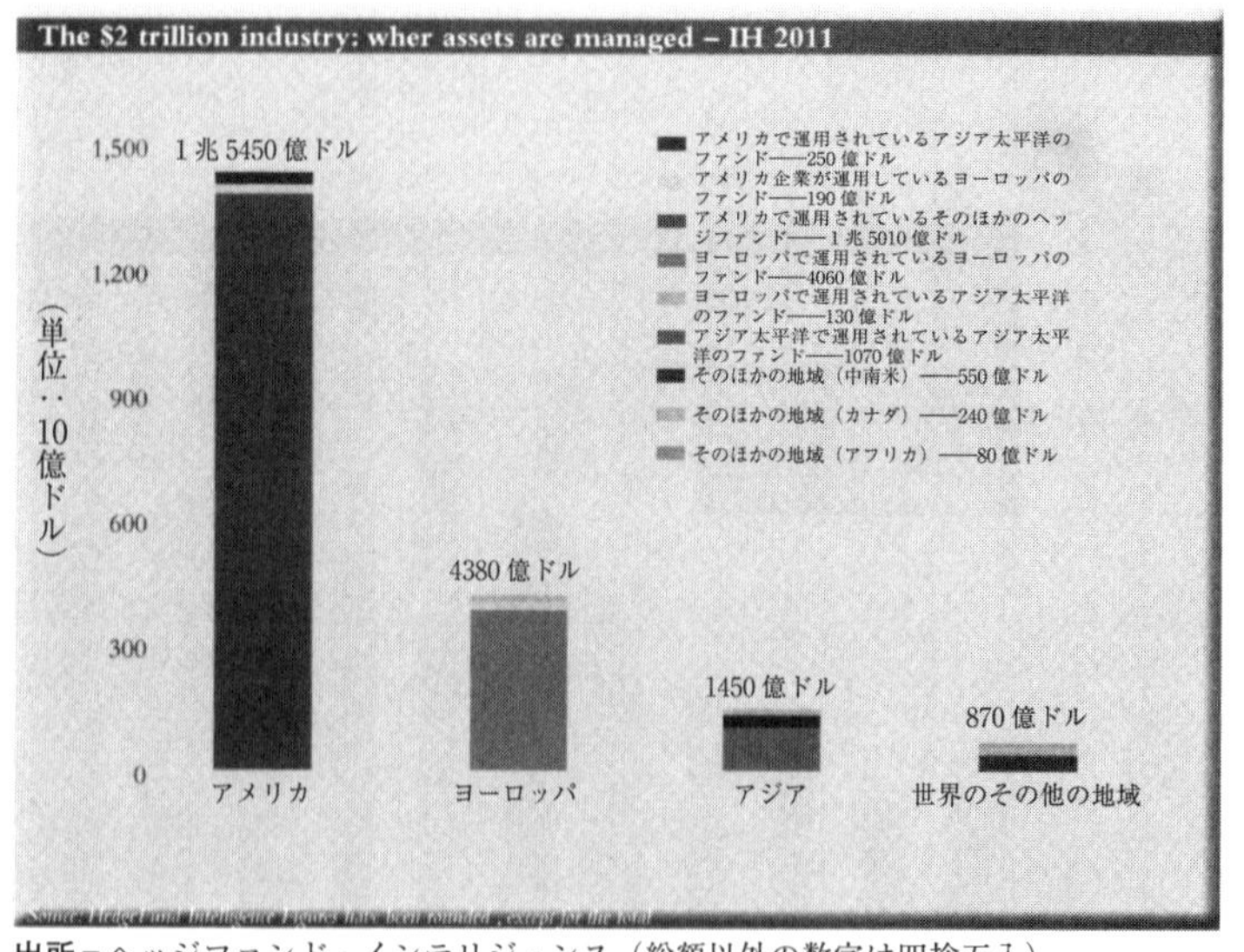

出所＝ヘッジファンド・インテリジェンス（総額以外の数字は四捨五入）

ヘッジファンド・リサーチの月別指標――2011年の月別成績*

戦略別指標	11/01	11/02	11/03	11/04	11/05	11/06	11/07	11/08	11/09	11/10	11/11	11/12	2011年間
HFRI EH（エクイティヘッジ）インデックス（総合）	0.42	1.30	0.50	1.34	(1.28)	(1.26)	(0.33)	(4.89)	(6.04)	4.91	(1.98)	(0.90)	(8.32)
HFRI EH エクイティ・マーケット・ニュートラル・インデックス	0.73	0.47	0.40	0.35	(0.40)	(0.12)	(0.26)	(2.46)	(2.76)	1.85	(0.24)	0.36	(2.15)
HFRI EH クオンティテイティブ・ディレクショナル	(0.21)	2.06	0.45	1.54	(1.07)	(0.69)	(1.40)	(5.35)	(5.13)	3.92	(0.83)	(0.33)	(7.19)
HFRI EH セクター――エネルギー／ベーシック・マテリアル・インデックス	0.85	3.07	(0.70)	0.50	(3.41)	(3.77)	2.28	(5.56)	(12.00)	8.46	(3.57)	(3.60)	(17.37)
HFRI EH セクター――テクノロジー／ヘルスケア・インデックス	1.10	2.23	0.74	2.73	0.55	(0.77)	(1.04)	(3.20)	(3.17)	3.18	(0.70)	0.23	1.65
HFRI EH ショート・バイアス・インデックス	(0.27)	(3.21)	(2.32)	(2.35)	0.24	2.07	1.94	3.88	4.33	(4.79)	1.26	0.06	0.41
HFRI ED（イベントドリブン）インデックス（総合）	1.68	1.36	0.36	1.19	(0.47)	(1.02)	(0.19)	(3.72)	(3.94)	2.93	(0.76)	(0.25)	(3.02)
HFRI ED ディストレス／リストラクチャリング・インデックス	1.60	1.39	0.35	1.59	(0.28)	(0.68)	0.11	(3.60)	(4.46)	2.44	(0.64)	0.55	(1.85)
HFRI ED マージャー・アービトラージ・インデックス	0.63	0.72	0.25	0.73	(0.04)	(0.12)	(0.39)	(1.11)	(0.66)	1.22	0.19	0.07	1.48
HFRI ED プライベート・イッシュー／レギュレーションD・インデックス	4.51	3.57	0.85	1.99	(1.06)	0.24	0.99	(1.49)	(1.73)	0.83	(0.42)	(2.00)	6.22
HFRI マクロ・インデックス（総合）	(0.72)	1.28	(1.09)	2.37	(2.30)	(1.74)	1.66	(0.51)	(1.24)	(0.80)	(0.62)	(0.15)	(3.91)
HFRI マクロ・システマティック・ディバーシファイド・インデックス	(1.10)	1.57	(1.81)	4.08	(3.55)	(2.41)	3.26	0.59	(0.29)	(3.34)	(0.51)	0.15	(3.63)
HFRI RV（レラティブバリュー）インデックス（総合）	1.15	0.91	0.29	0.83	0.10	(0.25)	(0.00)	(2.17)	(1.68)	1.24	(0.44)	0.36	0.26
HFRI RV フィックスト・インカム――アセット・バックト	1.54	1.11	0.68	1.29	1.23	(0.10)	0.82	(0.42)	(0.57)	(0.50)	0.42	0.65	6.29
HFRI RV フィックスト・インカム――コンバーダブル・アービトラージ・インデックス	1.68	0.75	0.39	(0.20)	(0.77)	(1.43)	(0.63)	(3.39)	(2.97)	2.32	(1.27)	0.51	(5.05)
HFRI RV フィックスト・インカム――コーポレート・インデックス	1.48	1.22	0.67	0.88	0.26	(0.57)	0.41	(2.99)	(2.34)	2.28	(1.07)	0.69	0.79
HFRI RV マルチ・ストラテジー・インデックス	0.98	1.16	(0.47)	0.59	(0.20)	(0.38)	(0.09)	(1.39)	(1.57)	0.35	(0.60)	(0.61)	(2.26)
HFRI RV イールド・オルターナティブス・インデックス	1.29	1.96	1.06	1.84	(1.46)	1.15	(0.38)	(2.86)	(3.52)	5.37	(0.77)	1.31	4.77
HFRI ファンド・ウエイテッド・コンポジット・インデックス	**0.41**	**1.23**	**0.06**	**1.48**	**(1.20)**	**(1.18)**	**0.23**	**(3.21)**	**(3.89)**	**2.68**	**(1.24)**	**(0.42)**	**(5.13)**
HFRI ファンド・オブ・ファンズ・コンポジット・インデックス	0.15	0.83	(0.10)	1.22	(1.08)	(1.30)	0.39	(2.64)	(2.79)	1.07	(1.00)	(0.45)	(5.64)

地域別指標	11/01	11/02	11/03	11/04	11/05	11/06	11/07	11/08	11/09	11/10	11/11	11/12	2011年間
HFRI エマージング・マーケッツ・インデックス（総合）	(0.16)	(0.43)	1.55	1.79	(1.69)	(1.21)	0.31	(5.32)	(7.90)	4.68	(3.60)	(2.07)	(13.72)
HFRI エマージング・マーケッツ――アジア・エックスジャパン・インデックス	(2.09)	(2.00)	2.36	2.59	(2.25)	(1.55)	1.54	(6.20)	(9.45)	5.25	(4.70)	(1.94)	(17.75)
HFRI エマージング・マーケッツ――グローバル・インデックス	(0.18)	0.14	1.33	1.15	(1.26)	(1.28)	0.62	(3.55)	(5.51)	3.04	(2.39)	(1.20)	(8.98)
HFRI エマージング・マーケッツ――ラテン・アメリカ・インデックス	(1.44)	0.04	2.55	2.36	(0.71)	(0.52)	(1.72)	(3.86)	(8.90)	6.22	(3.24)	(0.88)	(10.35)
HFRI エマージング・マーケッツ――ロシア／イースタン・ヨーロッパ・インデックス	5.66	1.81	(0.67)	0.93	(2.32)	(1.11)	(0.64)	(8.94)	(9.59)	5.75	(4.54)	(5.60)	(18.79)

主要マーケット指標	11/01	11/02	11/03	11/04	11/05	11/06	11/07	11/08	11/09	11/10	11/11	11/12	2011年間
バークレイズ・キャピタル・ガバメント／クレジット・ボンド・インデックス	0.08	0.24	(0.03)	1.39	1.55	(0.49)	2.06	1.78	1.09	0.13	(0.25)	1.36	9.24
S&P500 配当込み	2.37	3.42	0.04	2.96	(1.13)	(1.67)	(2.03)	(5.44)	(7.02)	10.92	(0.22)	1.02	2.09

出所＝ヘッジファンド・リサーチ（HFR）

* ファンドマネジャーやそれぞれの海外の運営会社から直接集められた6800のファンドとファンド・オブ・ファンズの調査結果をまとめたもの

ヘッジファンド・リサーチの月別指標――2010年月別成績（続き）

戦略別指標	10/01	10/02	10/03	10/04	10/05	10/06	10/07	10/08	10/09	10/10	10/11	10/12	2010年間
HFRI EH（エクイティヘッジ）インデックス（総合）	(1.27)	0.92	3.15	1.19	(4.05)	(1.85)	2.36	(1.37)	4.74	2.37	0.64	3.52	10.45
HFRI EH エクイティ・マーケット・ニュートラル・インデックス	(0.20)	0.44	0.59	(0.07)	(0.68)	(0.65)	0.89	(0.70)	1.17	0.87	0.26	0.93	2.85
HFRI EH クオンティテイティブ・ディレクショナル	(2.13)	1.25	2.56	0.34	(1.94)	(2.30)	2.59	(1.54)	4.89	2.33	(0.23)	2.92	8.77
HFRI EH セクター――エネルギー/ベーシック・マテリアル・インデックス	(2.63)	1.48	3.65	1.09	(6.69)	(3.20)	3.84	(1.48)	7.04	4.08	4.24	5.68	17.41
HFRI EH セクター――テクノロジー/ヘルスケア・インデックス	(1.36)	0.89	2.85	1.23	(3.23)	(1.36)	1.52	(0.17)	4.59	1.70	(0.20)	2.78	9.36
HFRI EH ショート・バイアス・インデックス	2.64	(3.10)	(6.35)	(4.04)	4.66	4.33	(4.76)	4.22	(7.42)	(2.19)	(2.08)	(4.56)	(18.01)
HFRI ED（イベントドリブン）インデックス（総合）	0.69	0.81	3.04	1.74	(2.66)	(1.09)	1.97	(0.38)	2.52	1.86	0.26	2.67	11.86
HFRI ED ディストレス/リストラクチャリング・インデックス	1.85	0.33	2.83	2.11	(2.16)	(0.66)	1.13	(0.18)	1.69	2.05	0.13	2.50	12.12
HFRI ED マージャー・アービトラージ・インデックス	0.31	0.61	0.63	0.26	(1.25)	0.08	1.38	0.46	1.19	0.33	(0.35)	0.87	4.60
HFRI ED プライベート・イッシュー/レギュレーションD・インデックス	(1.13)	3.09	4.34	0.31	0.17	(2.67)	4.02	2.00	0.60	(0.19)	(0.75)	2.68	12.93
HFRI マクロ・インデックス（総合）	(1.95)	0.16	1.59	0.82	(1.58)	(0.12)	(0.06)	1.69	2.74	2.23	(0.92)	3.34	8.06
HFRI マクロ・システマティック・ディバーシファイド・インデックス	(3.01)	0.55	2.24	0.70	(1.59)	(0.03)	(0.61)	3.08	2.96	3.32	(2.63)	4.70	9.76
HFRI RV（レラティブバリュー）インデックス（総合）	1.53	0.56	1.62	1.39	(1.79)	0.37	1.70	0.82	1.63	1.56	0.46	1.07	11.43
HFRI RV フィックスト・インカム――アセット・バックト	1.83	0.32	1.35	1.75	0.43	0.64	1.13	1.54	0.84	1.15	1.45	(0.15)	12.95
HFRI RV フィックスト・インカム――コンバーダブル・アービトラージ・インデックス	0.07	0.43	2.45	1.99	(2.66)	0.18	2.65	1.22	2.24	2.02	(0.19)	2.33	13.35
HFRI RV フィックスト・インカム――コーポレート・インデックス	1.82	0.51	2.30	1.70	(1.81)	0.22	1.42	0.58	1.79	1.56	0.10	1.07	11.80
HFRI RV マルチ・ストラテジー・インデックス	2.07	0.90	2.28	1.58	(2.15)	(0.19)	2.07	0.51	2.13	1.70	0.42	1.19	13.16
HFRI RV イールド・オルターナティブス・インデックス	0.92	0.78	2.57	1.34	(3.48)	0.69	2.75	(0.80)	3.09	2.59	0.22	1.35	12.50
HFRI ファンド・ウエイテッド・コンポジット・インデックス	**(0.76)**	**0.66**	**2.49**	**1.19**	**(2.89)**	**(0.95)**	**1.61**	**(0.13)**	**3.48**	**2.14**	**0.19**	**2.95**	**10.25**
HFRI ファンド・オブ・ファンズ・コンポジット・インデックス	(0.37)	0.13	1.66	0.90	(2.60)	(0.89)	0.77	0.13	2.35	1.48	(0.10)	2.20	5.70

地域別指標	10/01	10/02	10/03	10/04	10/05	10/06	10/07	10/08	10/09	10/10	10/11	10/12	2010年間
HFRI エマージング・マーケッツ・インデックス（総合）	(1.20)	(0.04)	4.75	1.21	(5.38)	(0.45)	3.13	(0.05)	5.03	2.24	(0.54)	2.64	11.44
HFRI エマージング・マーケッツ――アジア・エックスジャパン・インデックス	(2.53)	(0.04)	3.96	1.28	(5.20)	(0.21)	2.58	0.20	6.63	2.95	(0.81)	2.04	10.83
HFRI エマージング・マーケッツ――グローバル・インデックス	(0.24)	0.16	3.79	1.45	(4.80)	(0.15)	2.93	(0.15)	4.53	2.42	(0.76)	2.32	11.74
HFRI エマージング・マーケッツ――ラテン・アメリカ・インデックス	(3.18)	0.61	2.44	0.04	(4.02)	1.03	4.30	0.38	3.40	1.75	(0.41)	1.51	7.80
HFRI エマージング・マーケッツ――ロシア/イースタン・ヨーロッパ・インデックス	1.66	(1.19)	9.23	1.87	(7.51)	(2.30)	3.63	(0.55)	3.89	0.92	0.35	4.70	14.68

主要マーケット指標	10/01	10/02	10/03	10/04	10/05	10/06	10/07	10/08	10/09	10/10	10/11	10/12	2010年間
バークレイズ・キャピタル・ガバメント/クレジット・ボンド・インデックス	1.58	0.43	(0.37)	1.30	0.86	1.91	1.19	1.97	0.28	0.01	(0.83)	(1.48)	6.99
S&P500 配当込み	(3.59)	3.09	6.03	1.58	(7.98)	(5.23)	7.00	(4.51)	8.92	3.80	0.02	6.68	15.08

出所＝ヘッジファンド・リサーチ（HFR）

ヘッジファンド・リサーチの月別指標――2011年四半期別成績

戦略別指標	11年1期	11年2期	11年3期	11年4期	2011年間
HFRI EH（エクイティヘッジ）インデックス（総合）	2.24	(1.22)	(10.92)	1.92	(8.32)
HFRI EH エクイティ・マーケット・ニュートラル・インデックス	1.61	(0.17)	(5.40)	1.96	(2.15)
HFRI EH クオンティテイティブ・ディレクショナル	2.30	(0.24)	(11.46)	2.71	(7.19)
HFRI EH セクター――エネルギー/ベーシック・マテリアル・インデックス	3.22	(6.59)	(15.01)	0.82	(17.37)
HFRI EH セクター――テクノロジー/ヘルスケア・インデックス	4.12	2.49	(7.25)	2.70	1.65
HFRI EH ショート・バイアス・インデックス	(5.71)	(0.08)	10.48	(3.53)	0.41
HFRI ED（イベントドリブン）インデックス（総合）	3.43	(0.31)	(7.69)	1.89	(3.02)
HFRI ED ディストレス/リストラクチャリング・インデックス	3.37	0.62	(7.80)	2.35	(1.85)
HFRI ED マージャー・アービトラージ・インデックス	1.61	0.57	(2.14)	1.48	1.48
HFRI ED プライベート・イッシュー/レギュレーションD・インデックス	9.16	1.15	(2.24)	(1.60)	6.22
HFRI マクロ・インデックス（総合）	(0.55)	(1.73)	(0.12)	(1.56)	(3.91)
HFRI マクロ・システマティック・ディバーシファイド・インデックス	(1.37)	(2.03)	3.57	(3.70)	(3.63)
HFRI RV（レラティブバリュー）インデックス（総合）	2.36	0.67	(3.82)	1.15	0.26
HFRI RV フィックスト・インカム――アセット・バックト	3.36	2.43	(0.17)	0.57	6.29
HFRI RV フィックスト・インカム――コンバーダブル・アービトラージ・インデックス	2.84	(2.39)	(6.84)	1.54	(5.05)
HFRI RV フィックスト・インカム――コーポレート・インデックス	3.41	0.56	(4.87)	1.88	0.79
HFRI RV マルチ・ストラテジー・インデックス	1.67	0.01	(3.03)	(0.86)	(2.26)
HFRI RV イールド・オルターナティブス・インデックス	4.36	1.51	(6.64)	5.93	4.77
HFRI ファンド・ウエイテッド・コンポジット・インデックス	**1.70**	**(0.92)**	**(6.77)**	**0.98**	**(5.13)**
HFRI ファンド・オブ・ファンズ・コンポジット・インデックス	0.88	(1.18)	(4.98)	(0.39)	(5.64)

地域別指標	11年1期	11年2期	11年3期	11年4期	2011年間
HFRI エマージング・マーケッツ・インデックス（総合）	0.95	(1.14)	(12.52)	(1.17)	(13.72)
HFRI エマージング・マーケッツ――アジア・エックスジャパン・インデックス	(1.79)	(1.28)	(13.75)	(1.64)	(17.75)
HFRI エマージング・マーケッツ――グローバル・インデックス	1.29	(1.40)	(8.29)	(0.62)	(8.98)
HFRI エマージング・マーケッツ――ラテン・アメリカ・インデックス	1.12	1.11	(13.92)	1.87	(10.35)
HFRI エマージング・マーケッツ――ロシア/イースタン・ヨーロッパ・インデックス	6.86	(2.51)	(18.20)	(4.70)	(18.79)

主要マーケット指標	11年1期	11年2期	11年3期	11年4期	2011年間
バークレイズ・キャピタル・ガバメント/クレジット・ボンド・インデックス	0.29	2.45	5.01	1.24	9.24
S&P500 配当込み	5.92	0.09	(13.87)	11.80	2.09

出所＝ヘッジファンド・リサーチ（HFR）

ヘッジファンド業界の推定資産成長と総資産フロー（1990～2011年）

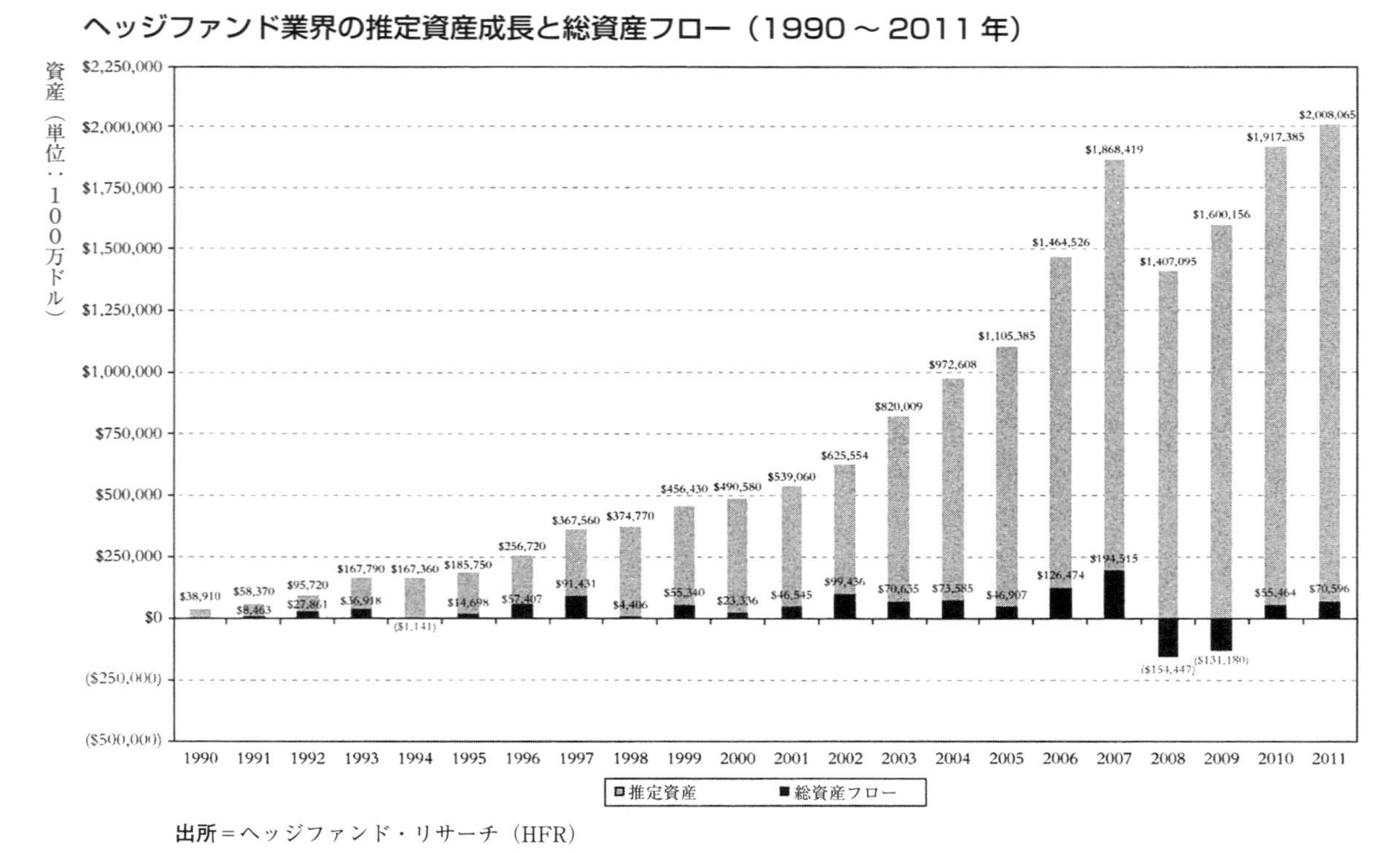

出所＝ヘッジファンド・リサーチ（HFR）

主な戦略ごとに比較する総資産フローと成績による推定資産の変化（2011年第4四半期）

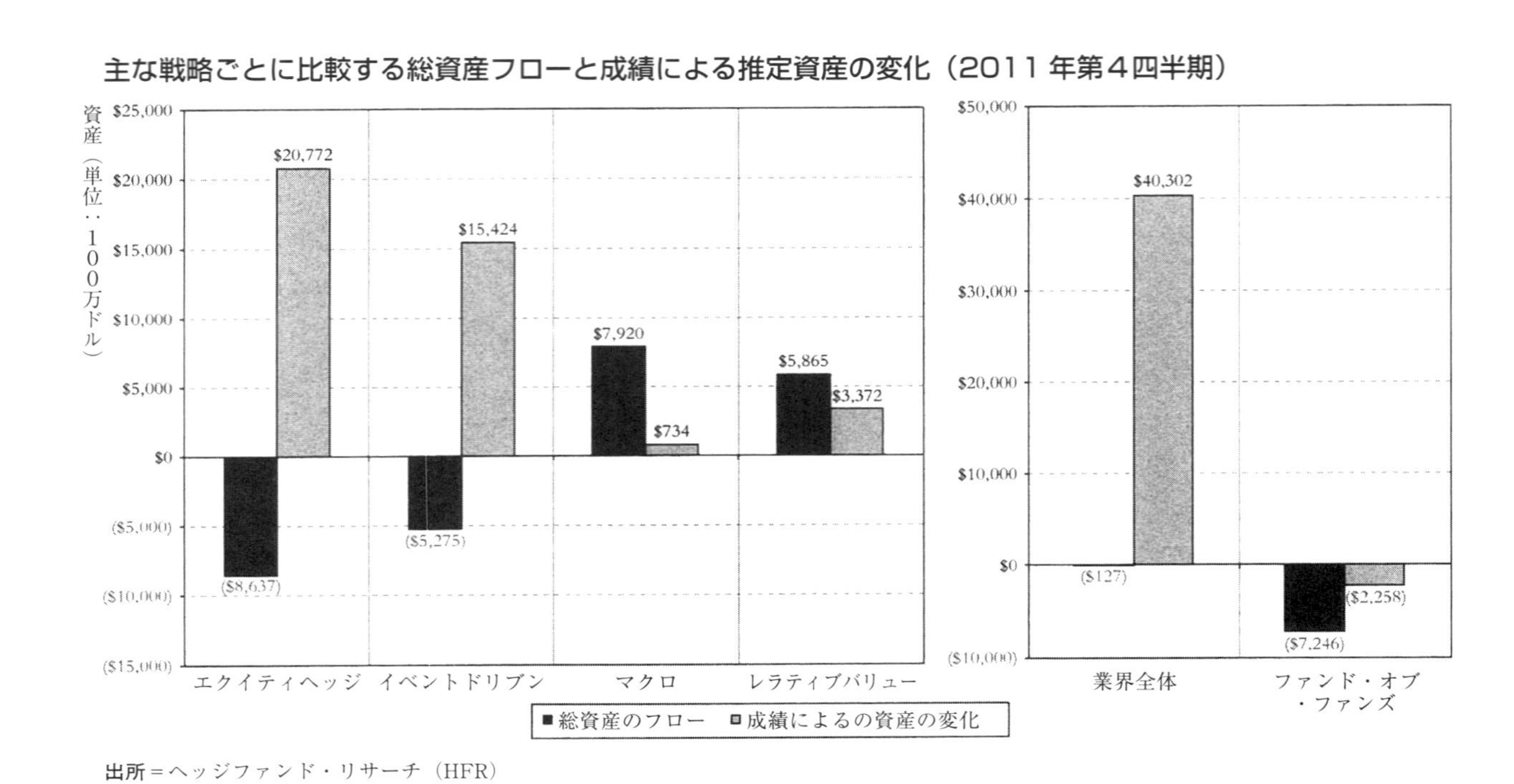

出所＝ヘッジファンド・リサーチ（HFR）

推定される戦略構成とその運用資産の割合（2011 年第４四半期）

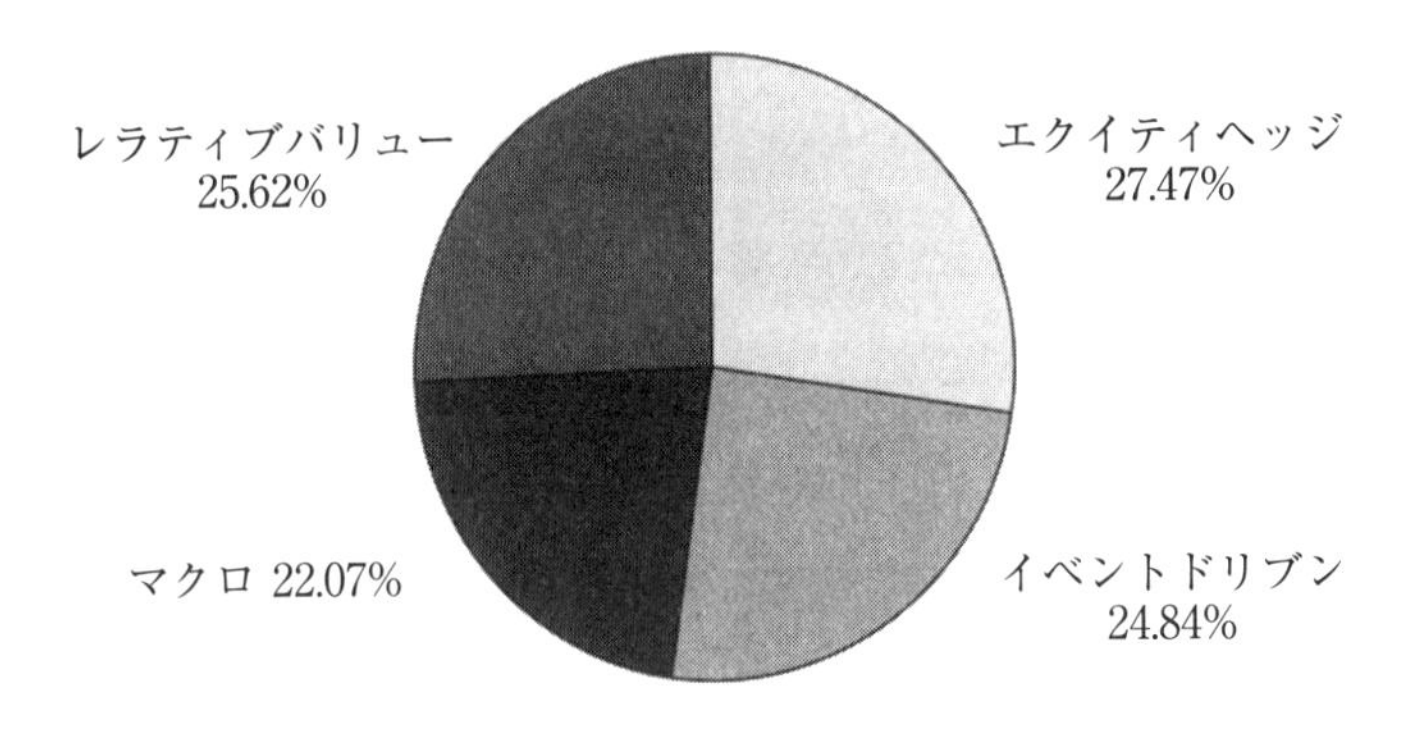

出所＝ヘッジファンド・リサーチ（HFR）

ヘッジファンドとファンド・オブ・ファンズの推定数（1990～2011年）

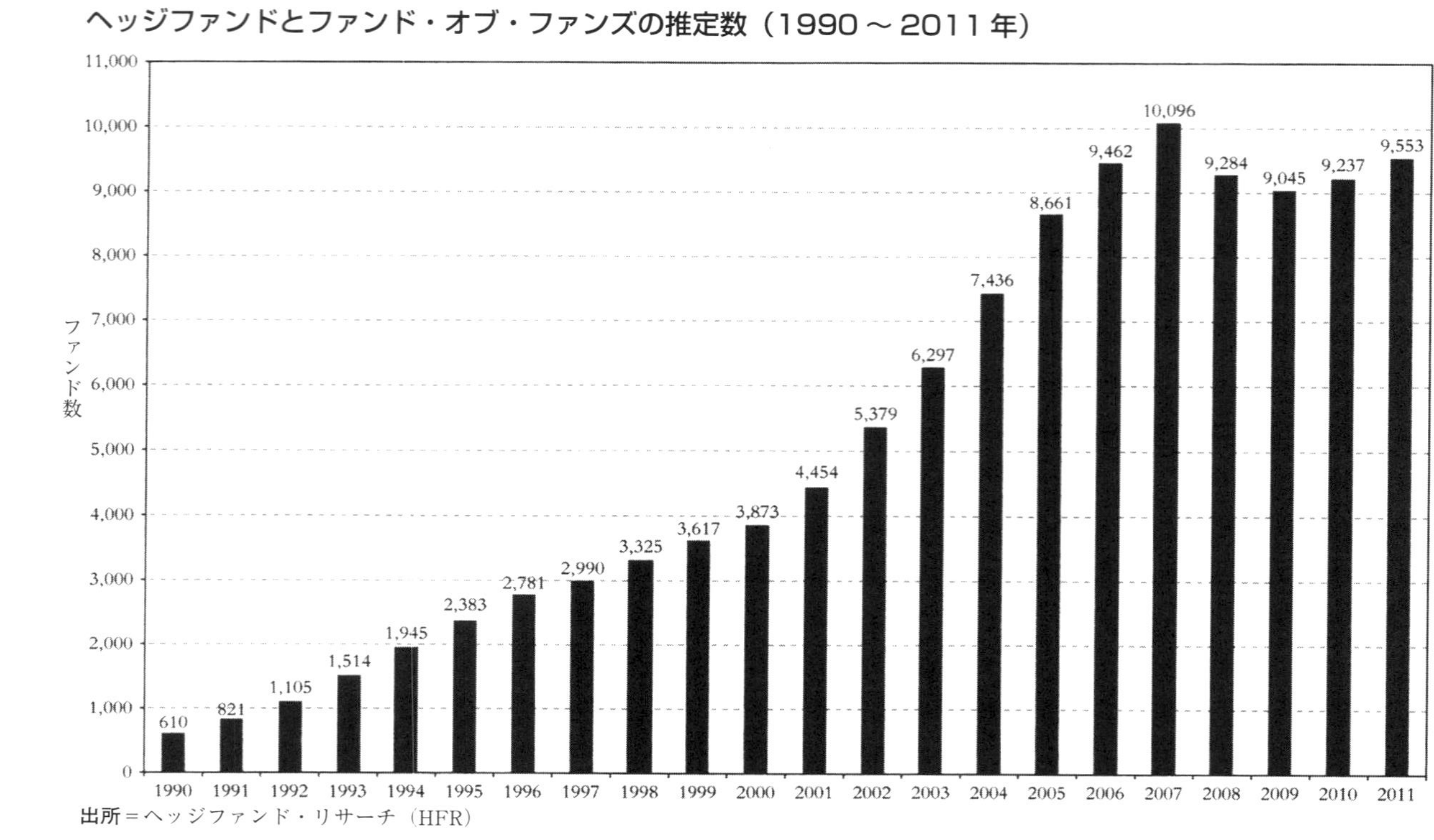

出所＝ヘッジファンド・リサーチ（HFR）

新設・解体されたファンドの推定数（1996～2011年第3四半期現在）

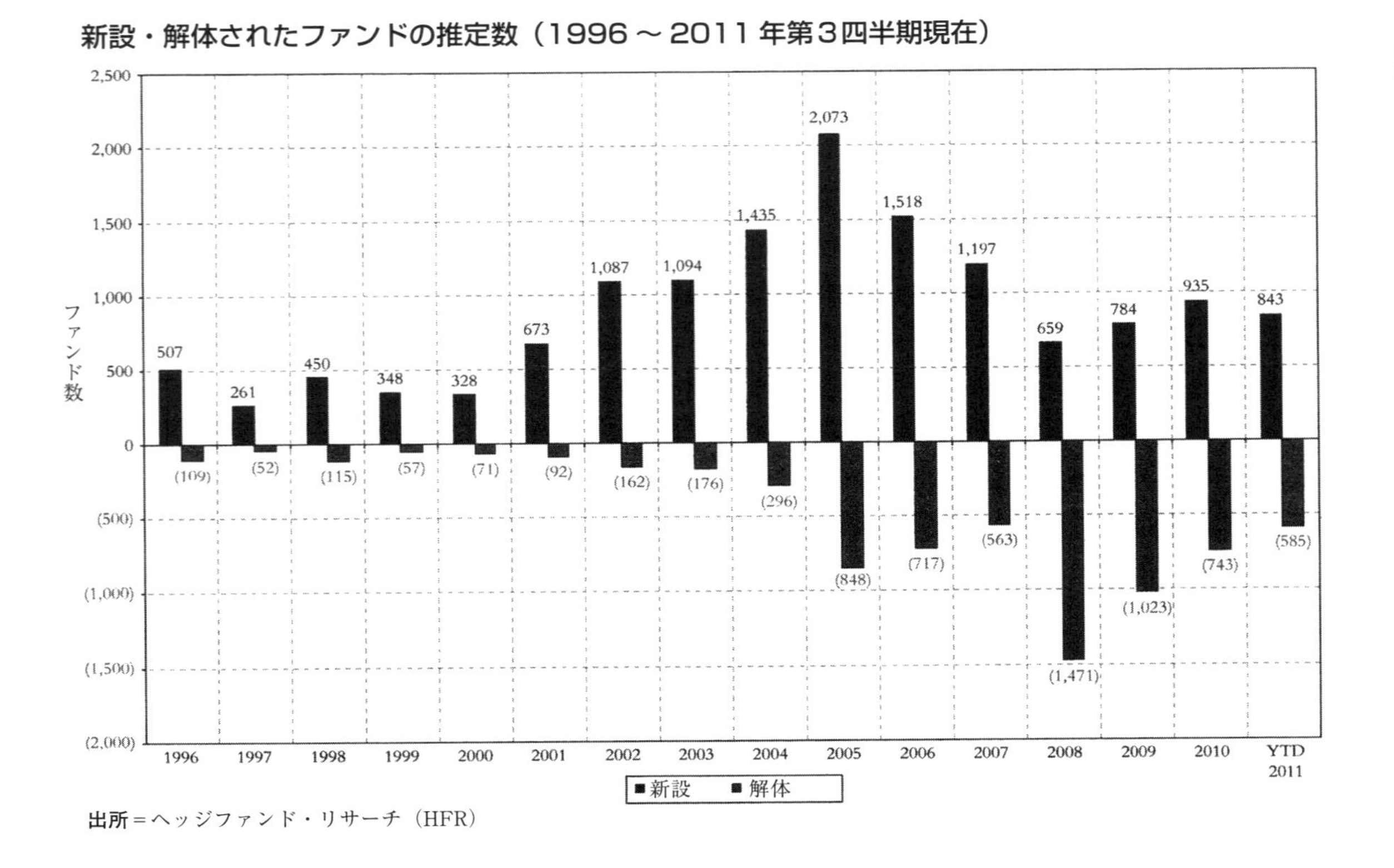

出所＝ヘッジファンド・リサーチ（HFR）

エクイティヘッジ全体における推定資産の成長と総資産フロー（1990～2011年）

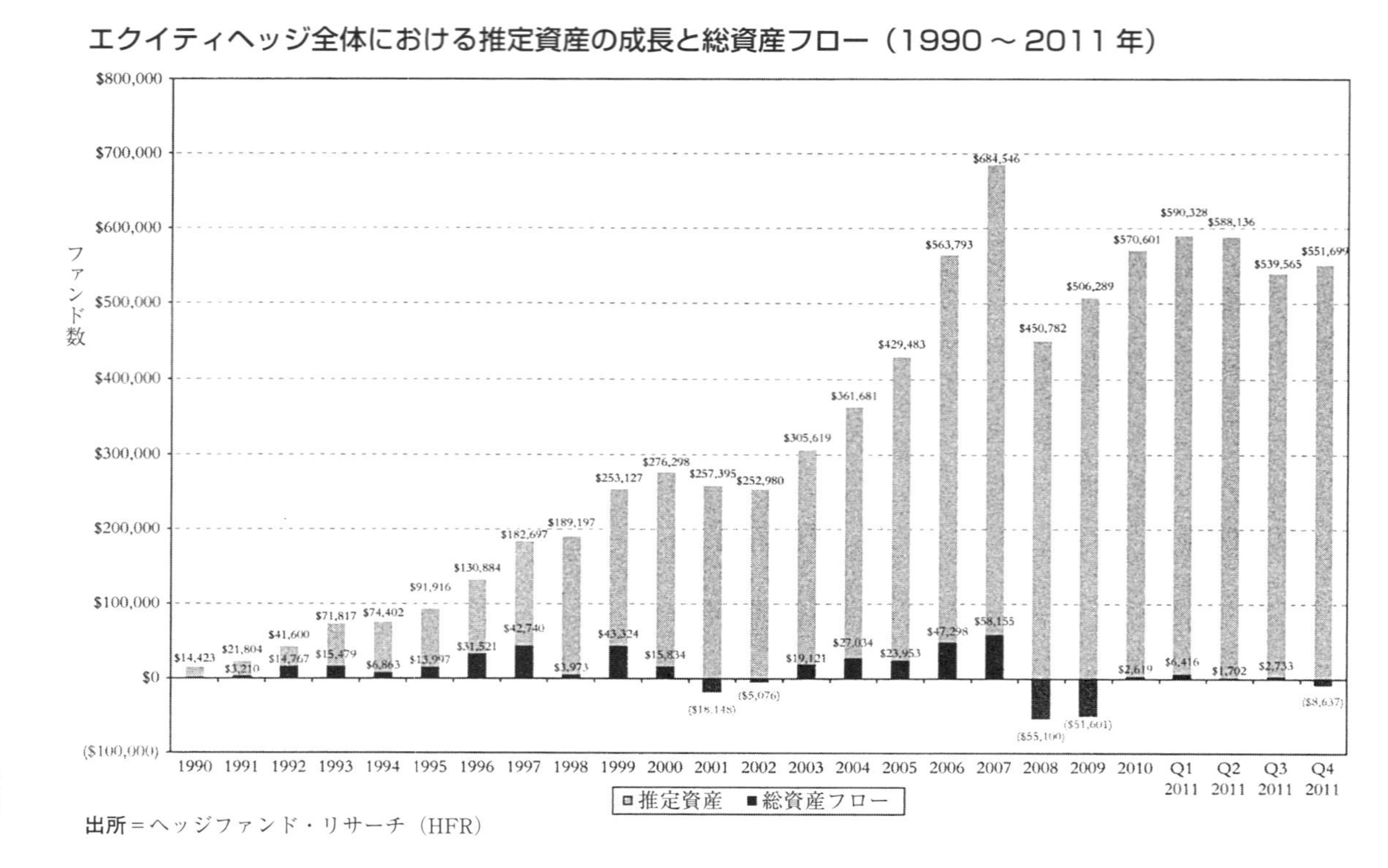

出所＝ヘッジファンド・リサーチ（HFR）

謝辞

たくさんの方々が私の持つ可能性を、そして本書の持つ可能性を信じてくれた――しかも、私自身が信じるよりも早くからである。何よりもまず、神に感謝したい。私が落ち込んでいるとそこから必ず救い出し、そして夢にも思わなかった高みにまで私を連れて行ってくださる。強い信念と信仰を持っていると、物事を大局的に見ることがずっと簡単にできる。そして、采配を振るっているのは実は神であることを思い出すことができるのである。

私の両親、ハーウィンダー・アフジャとサラブジット・アフジャ、そして素晴らしい姉（というのは冗談だが）のエイミー、そして若いのにとても賢い弟のパータップにも感謝している。こんなに素晴らしい家族に囲まれていることは、私にとって何よりの幸運だと思う。それから、サント・ジ、アーリーン・ジ、メラニー、ダレン――あなた方のことは、みんな家族同然に思っている。いつも支えてくれて本当にありがとう。

私のエージェント、マコーミック・アンド・ウィリアムズのデビッド・マコーミックは、頼りがいのあるエージェントである。電話口でたったの一五秒話をしただけなのに、この本の企画を承認してくれた。そして私にとって初めてとなる、素晴らしい出版契約を実現してくれた。

ＰＩＭＣＯのＣＥＯ（最高経営責任者）であり共同ＣＩＯ（最高投資責任者）でもあるモハ

メド・A・エラリアンは、私が執筆作業で大変な思いをしているときに私を導いてくれた。そして、推敲と調査を重ねたまえがきを本書のために寄稿してくれた。心から感謝の意を述べたい。私の原稿をすべて読み、貴重な指摘や見解、そして意見を寄せてくれた方々――ジュリアン・ロバートソン、ウィリアム・アックマン、ロクサーヌ・ドノバン、ロイ・キャツォビッツ、ヌリエル・ルービニ、マイロン・ショールズ、ジェフ・カプラン、リック・ソーファー、ジョッシュ・フリードランダー、メアリー・ベス・グローバー、ジョナサン・ギャサルター、パラグ・シャー、アレクセイ・ナバロ、ライアン・フサロ、ジム・マコーガン、ジム・スペルマン、マイク・スペンス、マリオ・ガベリ、レオン・クーパーマン、メレディス・ホイットニー――あなた方の時間がどれほど貴重なものかを承知しているだけに、その支援を得られたことは、お金以上の価値がある。

また、私が本書を執筆するにあたり格別な支援をくれたCNBCの社長兼CEOのマーク・ホフマン、およびビジネスニュース誌の上級副社長兼編集長のニック・デオガンにも、心からお礼を申し上げる。私の可能性を信じてくれた両氏にはとても感謝している。ジョー・ケルネン、ベッキー・クイック、アンドリュー・ロス・ソーキンらは私が担当しているテレビ番組『スクオーク』のキャスター陣である。こんなに才能にあふれた仕事仲間は、ほかに考えられない。あなた方はビジネスニュース界の最高峰に君臨している。原稿を読んで建設的な意見と提案をくれたアンドリューへ――どうもありがとう。『スクオーク』を手がけているほかのスタッフも、みんな最高の仲間たちだ。あなた方の力なしには、本書の出版はかなわなかっただろう。二二歳のとき、私はまだテレビ業界での経験もまったくないうえに、ジャーナリズムの世界でも未熟だった。そんな私を一か八か使ってくれた『スクオーク・ボックス』と『スクオーク・オン・ザ・ストリート』の製作責任者兼共同製作者のマット・クエイルには、感謝しきれないほど感謝している。ロブ・コンティーノ、アン・ティローニ、マット・グレコ、アリソン・キービー、トビー・テイラー、ステファニー・ランズマン、ローリ・アン・ラロッコ、デイブ・エバンス、カミーラ・リングスビー、ディーン・ミーラープ、ブライアン・ドア――過去二年間、終わりが来ないかのように思えた数々の長いインタビューの間、突発事態が起こってもじっと耐えてくれたあなた方は私の英雄だ。

私の所属するエージェンシーであるウィリアム・モリス・エンデバーのエージェントであるヘンリー・ライシは、私が持ちかけたこの難題を受け入れてくれた。そしてモーガン・オリバー・マービスは、しつこいほどの私の電話にいつでも応じてくれた。

また、CNBCの広報部長のブライアン・スティールは堅実な指導をしてくれた。人事部長のジョアン・オブライエンと課長のエリン・カルハーンは私を発掘してくれた人々で、CNBCで仕事を得る機会を与えてくれた。CNBCのウエブサイトの部長兼製作責任者であるメレディス・スタークは、特にCNBCのウエブサイトで私が見逃していた事柄や機会に目を向けさせてくれた。

ニック・ダンとマーガレット・ポッパーは報道の仕事について、そして素晴らしいニュースをいち早く見つけて報道する方法について、手取り足取り教えてくれた。メアリー・ダフィーは「すぐに動いてくれる」人々を紹介してくれた――エリザベス・サミ、スーザン・クラコワー、カール・キンタニージャ、マックス・マイヤーズ、ソーニャ・ウリベ、ジェイソン・グワーツ、クラウディーン・ギゼンスキー、デビー・ペリー、ジェニーン・ラビン、トッド・ボニン、シプレサ・ネツィリ、ゲイル・テリー、メアリー・アン・レイテーノ＝フォックス各氏である。

次に外部の編集チームである。私の編集者のエイドリアン・シュルツ――この二年間、私が正気を保てたのは（そして簡潔な文章を書けたのは）あなたのおかげだ。そして私に代わってリサーチと事実チェックを行ってくれたエラーナ・マーギュリーズ――あなたはいつも十分な情報を提供してくれた。ジェイミー・マラノフスキー――あなたが私の乱文を洗練していく様は本当に見事だった。

次の方々にも感謝の意を表したい――出版社ワイリーのニコラス・スナイダー、シャロン・ポレーゼ、ジョスリン・コードバ、ビンセント・ノードハウス、トゥーラ・バタンチェフ、ジュディ・ハワース、ローラ・ウォルシュ。そしてＣＪＰコミュニケーションズのスザンヌ・ホールバーグ、ブレンダン・マクマナス、キャロライン・キャノンら各氏。

また、本書のためのチャートやグラフを快く集めてくれたすべてのデータ提供者にも感謝の意を表したい――特にヘッジファンド・インテリジェンス、ＬＣＨインベストメンツＮＶ、アイプリオのビッグドウ、そしてヘッジファンド・リサーチである。

さらに、すべての友人、業界の情報提供者、そして執筆中いたるところで私を助けてくれた人々にもお礼を申し上げる。その一部をここに紹介する——デビッド・アインホーンとシェリル・アインホーン、ホイットニー・ティルソン、ジェームズ・グラント、アラン・グリーンスパン、ケイティ・ブルーム、サム・ツェル、テリー・ホルト、バリー・スターンリヒト、ベス・シャンホルツ、エース・グリーンバーグ、イスラエル・イングランダー、ジョン・ノボグラッツ、ネルソン・ペルツ、アン・ターベル、マーク・アンドリーセン、マイケル・バション、エリッサ・ドイル、マーギット・ウェンメイチャーズ、ランダル・クロスナー、ジェニー・ファレリー、トム・ヒル、ジョナサン・グレイ、ピーター・ローズ、アン・ポプキン、アントニー・スカラムッチ、ビクター・オビエド、デビッド・ウォーラー、サリー・クローチェック、アーメル・レスリー、ステファン・プレローグ、クリス・ギリック、アレクシス・イスラエル、レックス・スバート、ケニー・ディヒター、スティーブ・シュタルケル、サーディ・オウアーズ、ジョナサン・ウォールド、ジェイシュ・ピュネター、ジェームズ・ウォン、ジョセフ・ワイゼンタール、ジュリー・バドナル、ダーシー・ブラッドベリ、トレイ・ベック、カイル・バス、ジェイコブ・ウォリンスキー。

最後に、本書で紹介したすべての「アルファ・マスターズ」に、心からありがとう。

■著者・編者紹介

マニート・アフジャ（Maneet Ahuja）

CNBCに所属するヘッジファンドの専門家で、投資情報番組『スクオーク・ボックス』のプロデューサー。2011年にはインスティテューショナル・インベスター誌と協力し、「デリバリング・アルファ」と呼ばれる同局のヘッジファンドサミットを共同製作およびプロデュースした。ヘッジファンド業界に対するこの画期的な取材活動が認められ、2009年にはCNBCのエンタープライズ・アワードという名誉ある賞を授与された。アフジャは、デビッド・テッパーやデビッド・アインホーンを自身の番組に出演させたり、ゴールドマンが販売したアバカスというCDOの取引についてSECが調査をしたことを受けて、ジョン・ポールソンが投資家に宛てて書いた手紙を取り上げ、話題となった。ウォール街に初めて足を踏み入れたのは2002年に17歳でシティグループの企業＆投資銀行業務部門で信用リスクアナリストとして雇われたときだった。アフジャは2012年１月に発売されたフォーブスで「将来有望な30歳未満の30人」に選出、女性誌エルの2011年４月号の「才人特集」でも取り上げられ、2010年にもクレインズ・ニューヨーク・ビジネス紙で「将来有望な40歳未満の40人」に選出された。ツイッターは「@WallStManeet」、www.thealphamasters.com。

■監修者紹介

長尾慎太郎（ながお・しんたろう）

東京大学工学部原子力工学科卒。北陸先端科学技術大学院大学・修士（知識科学）。日米の銀行、投資顧問会社、ヘッジファンドなどを経て、現在は大手運用会社勤務。訳書に『魔術師リンダ・ラリーの短期売買入門』『新マーケットの魔術師』『マーケットの魔術師【株式編】』（いずれもパンローリング、共訳）、監修に『高勝率トレード学のススメ』『フルタイムトレーダー完全マニュアル』『システムトレード基本と原則』『ラリー・ウィリアムズの短期売買法【第２版】』『コナーズの短期売買戦略』『続マーケットの魔術師』『続高勝率トレード学のススメ』『グレアムからの手紙』『シュワッガーのマーケット教室』『トレーダーのメンタルエッジ』『プライスアクションとローソク足の法則』『ミネルヴィニの成長株投資法』『破天荒な経営者たち』『トレードコーチとメンタルクリニック』『高勝率システムの考え方と作り方と検証』『トレードシステムの法則』『トレンドフォロー白書』『バフェットからの手紙【第３版】』『バリュー投資アイデアマニュアル』『コナーズRSI入門』『スーパーストック発掘法』『出来高・価格分析の完全ガイド』など、多数。

■訳者紹介

スペンサー倫亜（すぺんさー・ともえ）

高校時代に交換留学でアメリカ生活を体験したのち、独協大学外国語学部で英語を専攻。その後、再渡米し、社内翻訳者としてエンターテインメント系の雑誌翻訳に従事。仕事のかたわらヒューストンにあるIT専門学校に通い、ウエブデザイン学科を卒業。帰国後はフリーランス翻訳者としてビジネス分野の翻訳を幅広く手掛けながら、現在に至る。訳書に『FXトレーダーの大冒険』『コナーズの短期売買入門』『オニールの成長株発掘法【第４版】』『株式売買スクール』（パンローリング）などがある。

2015年３月３日　初版第１刷発行

ウィザードブックシリーズ㉒④

40兆円の男たち
――神になった天才マネジャーたちの素顔と投資法

著　者　　マニート・アファジャ
監修者　　長尾慎太郎
訳　者　　スペンサー倫亜
発行者　　後藤康徳
発行所　　パンローリング株式会社
　　　　　〒160-0023　東京都新宿区西新宿 7-9-18-6F
　　　　　TEL 03-5386-7391　FAX 03-5386-7393
　　　　　http://www.panrolling.com/
　　　　　E-mail　info@panrolling.com
編　集　　エフ・ジー・アイ（Factory of Gnomic Three Monkeys Investment）合資会社
装　丁　　パンローリング装丁室
組　版　　パンローリング制作室
印刷·製本　株式会社シナノ

ISBN978-4-7759-7184-0
落丁・乱丁本はお取り替えします。

ベンジャミン・グレアム

1894/05/08 ロンドン生まれ。1914 年アメリカ・コロンビア大学卒。ニューバーガー・ローブ社（ニューヨークの証券会社）に入社、1923-56 年グレアム・ノーマン・コーポレーション社長、1956 年以来カリフォルニア大学教授、ニューヨーク金融協会理事、証券アナリストセミナー評議員を歴任する。バリュー投資理論の考案者であり、おそらく過去最大の影響力を誇る投資家である。

ウィザードブックシリーズ 10

賢明なる投資家

割安株の見つけ方とバリュー投資を成功させる方法

定価 本体3,800円+税　ISBN:9784939103292

市場低迷の時期こそ、威力を発揮する「バリュー投資のバイブル」

ウォーレン・バフェットが師と仰ぎ、尊敬したベンジャミン・グレアムが残した「バリュー投資」の最高傑作！ だれも気づいていない将来伸びる「魅力のない二流企業株」や「割安株」の見つけ方を伝授。

ウィザードブックシリーズ87

新 賢明なる投資家

(上)・(下)

著者　ベンジャミン・グレアム／ジェイソン・ツバイク

上巻　定価 本体3,800円+税　ISBN:9784775970492
下巻　定価 本体3,800円+税　ISBN:9784775970508

時代を超えたグレアムの英知が今、よみがえる！

古典的名著に新たな注解が加わり、グレアムの時代を超えた英知が今日の市場に再びよみがえった！ 20世紀最大の投資アドバイザー、ベンジャミン・グレアムは世界中の人々に投資教育を施し、インスピレーションを与えてきた。こんな時代だからこそ、グレアムのバリュー投資の意義がある！

ウィザードブックシリーズ24

賢明なる投資家【財務諸表編】

著者　ベンジャミン・グレアム／スペンサー・B・メレディス

定価 本体3,800円+税　ISBN:9784939103469

企業財務が分かれば、バリュー株を発見できる

ベア・マーケットでの最強かつ基本的な手引き書であり、「賢明なる投資家」になるための必読書!

ブル・マーケットでも、ベア・マーケットでも、儲かる株は財務諸表を見れば分かる!

ウィザードブックシリーズ207

グレアムからの手紙
賢明なる投資家になるための教え

著者 ベンジャミン・グレアム／編者 ジェイソン・ツバイク、ロドニー・N・サリバン

定価 本体3,800円+税　ISBN:9784775971741

投資の分野で歴史上最も卓越した洞察力を有した人物の集大成

ファイナンスの分野において歴史上最も卓越した洞察力を有した人物のひとりであるグレアムの半世紀にわたる證券分析のアイデアの進化を示す貴重な論文やインタビューのコレクション。

ウィザードブックシリーズ 44

証券分析【1934年版】

著者　ベンジャミン・グレアム／デビッド・L・ドッド

定価 本体9,800円+税　ISBN:9784775970058

「不朽の傑作」ついに完全邦訳!

研ぎ澄まされた鋭い分析力、実地に即した深い思想、そして妥協を許さない決然とした論理の感触。時を超えたかけがえのない知恵と価値を持つメッセージ。

ベンジャミン・グレアムをウォール街で不滅の存在にした不朽の傑作である。ここで展開されている割安な株式や債券のすぐれた発掘法にはいまだに類例がなく、現在も多くの投資家たちが実践しているものである。

「カニンガムは私たちの哲学を体系化するという
素晴らしい仕事を成し遂げてくれた」――ウォーレン・バフェット

「とても実用的な書だ」―― チャーリー・マンガー

「バリュー投資の古典であり、バフェットを知るための究極の1冊」―― フィナンシャル・タイムズ

「このバフェットに関する書は素晴らしい」―― フォーブス

ローレンス・A・カニンガム 著

定価 本体2,300円+税 ISBN:9784775971857

ジャック・D・シュワッガー

現在、マサチューセッツ州にあるマーケット・ウィザーズ・ファンドとＬＬＣの代表を務める。著書にはベストセラーとなった『マーケットの魔術師』『新マーケットの魔術師』『マーケットの魔術師［株式編］』（パンローリング）がある。
また、セミナーでの講演も精力的にこなしている。

ウィザードブックシリーズ 19

マーケットの魔術師
米トップトレーダーが語る成功の秘訣

定価 本体2,800円+税　ISBN:9784939103407

トレード界の「ドリームチーム」が勢ぞろい

世界中から絶賛されたあの名著が新装版で復刻！

投資を極めたウィザードたちの珠玉のインタビュー集！

今や伝説となった、リチャード・デニス、トム・ボールドウィン、マイケル・マーカス、ブルース・コフナー、ウィリアム・オニール、ポール・チューダー・ジョーンズ、エド・スィコータ、ジム・ロジャーズ、マーティン・シュワルツなど。

ウィザードブックシリーズ 201

続マーケットの魔術師
トップヘッジファンドマネジャーが明かす成功の極意

定価 本体2,800円+税　ISBN:9784775971680

『マーケットの魔術師』シリーズ 10年ぶりの第4弾！

先端トレーディング技術と箴言が満載。「驚異の一貫性を誇る」これから伝説になる人、伝説になっている人のインタビュー集。マーケットの先達から学ぶべき重要な教訓を40にまとめ上げた。

ウィザードブックシリーズ 28

ヘッジファンドの魔術師

スーパースターたちの素顔とその驚異の投資法

定価 本体2,800円+税　ISBN:9784775970553

13人の天才マネーマネジャーたちが並外れたリターンを上げた戦略を探る!

ヘッジファンドマネジャーは何千人もいるが、この10年間に、このスーパースターたちはほかのマネジャーとは一線を画す結果を残している。本書では、その投資戦略について、詳しく紹介している。

ウィザードブックシリーズ 152

黒の株券

ペテン師に占領されるウォール街

定価 本体2,300円+税　ISBN:9784775971192

バフェットとの昼食権を25万ドルで取得した、バリュー系ヘッジファンドの創始者の壮絶な戦い!

本書は、現在進行形の武勇伝を時系列でまとめたもので、60億ドルを運用するヘッジファンドのグリーンライト・キャピタルがどのように投資リサーチを行っているのか、また悪徳企業の策略とはどんなものなのかを詳述している。

ウィザードブックシリーズ 147

千年投資の公理

売られ過ぎの優良企業を買う

定価 本体2,000円+税　ISBN:9784775971147

1000年たっても有効な永遠不滅のバフェット流投資術！ 未曽有の金融危機に最適の投資法！

売られ過ぎた超優良銘柄を探せ！　バフェット流の「堀」を持つ優良企業の発掘法。

マーク・ダグラス

シカゴのトレーダー育成機関であるトレーディング・ビヘイビアー・ダイナミクス社の社長を務める。商品取引のブローカーでもあったダグラスは、自らの苦いトレード経験と多数のトレーダーの間接的な経験を踏まえて、トレードで成功できない原因とその克服策を提示している。最近では大手商品取引会社やブローカー向けに、本書で分析されたテーマやトレード手法に関するセミナーや勉強会を数多く主催している。

ウィザードブックシリーズ 32

ゾーン 勝つ相場心理学入門

MP3 音声データCD
オーディオブックあり

定価 本体2,800円+税　ISBN:9784939103575

「ゾーン」に達した者が勝つ投資家になる!

恐怖心ゼロ、悩みゼロで、結果は気にせず、淡々と直感的に行動し、反応し、ただその瞬間に「するだけ」の境地…すなわちそれが「ゾーン」である。

「ゾーン」へたどり着く方法とは?

約20年間にわたって、多くのトレーダーたちが自信、規律、そして一貫性を習得するために、必要で、勝つ姿勢を教授し、育成支援してきた著者が究極の相場心理を伝授する!

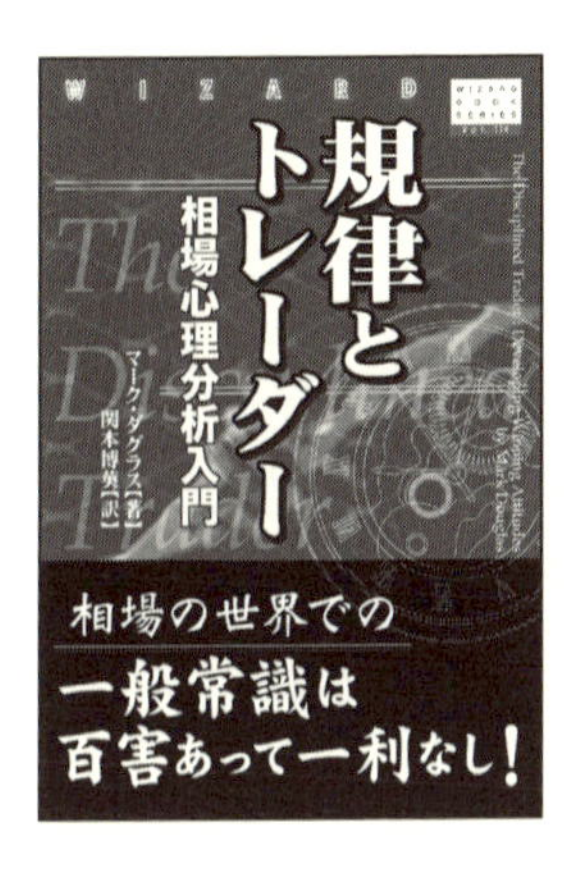

ウィザードブックシリーズ 114

規律とトレーダー 相場心理分析入門

定価 本体2,800円+税　ISBN:9784775970805

トレーディングは心の問題であると悟った投資家・トレーダーたち、必携の書籍!

相場の世界での一般常識は百害あって一利なし!

常識を捨てろ!手法や戦略よりも規律と心を磨け!

本書を読めば、マーケットのあらゆる局面と利益機会に対応できる正しい心構えを学ぶことができる。

アレキサンダー・エルダー

ウィザードブックシリーズ 9

投資苑 心理・戦略・資金管理

現在15刷

定価 本体5,800円+税　ISBN:9784939103285

世界12カ国語に翻訳され、各国で超ロングセラー！

精神分析医がプロのトレーダーになって書いた心理学的アプローチ相場本の決定版！成功するトレーディングには3つのM（マインド、メソッド、マネー）が肝心。投資苑シリーズ第一弾。

ウィザードブックシリーズ 50

投資苑がわかる203問

定価 本体2,800円+税　ISBN:9784775970119

ウィザードブックシリーズ 56

投資苑2

定価 本体5,800円+税　ISBN:9784775970171

ウィザードブックシリーズ 57

投資苑2 Q&A

定価 本体2,800円+税　ISBN:9784775970188

ウィザードブックシリーズ120

投資苑3

定価 本体7,800円+税　ISBN:9784775970867

ウィザードブックシリーズ121

投資苑3　スタディガイド

定価 本体2,800円+税　ISBN:9784775970874

ウィザードブックシリーズ 194

利食いと損切りのテクニック トレード心理学とリスク管理を融合した実践的手法

定価 本体3,800円+税　ISBN:9784775971628

自分の「売り時」を知る、それが本当のプロだ！

「売り」を熟知することがトレード上達の秘訣。
出口戦術と空売りを極めよう！
『投資苑』シリーズでも紹介されている要素をピンポイントに解説。多くの事例が掲載されており、視点を変え、あまり一般的に語られることのないテーマに焦点を当てている。

ウィリアム・J・オニール

証券投資で得た利益によって 30 歳でニューヨーク証券取引所の会員権を取得し、投資調査会社ウィリアム・オニール・アンド・カンパニーを設立。顧客には世界の大手機関投資家で資金運用を担当する 600 人が名を連ねる。保有資産が2億ドルを超えるニュー USA ミューチュアルファンドを創設したほか、『インベスターズ・ビジネス・デイリー』の創立者でもある。

ウィザードブックシリーズ 179

オニールの成長株発掘法【第4版】

定価 本体3,800円+税　ISBN:9784775971468

大暴落をいち早く見分ける方法

アメリカ屈指の投資家がやさしく解説した大化け銘柄発掘法！投資する銘柄を決定する場合、大きく分けて２種類のタイプがある。世界一の投資家、資産家であるウォーレン・バフェットが実践する「バリュー投資」と、このオニールの「成長株投資」だ。

目次

ウィザードブックシリーズ71

オニールの相場師養成講座

定価 本体2,800円+税　ISBN:9784775970577

キャンスリム（CAN-SLIM）は一番優れた運用法だ

何を買えばいいか、いつ売ればいいか、ウォール街ではどうすれば勝てるかを知っているオニールが自立した投資家たちがどうすれば市場に逆らわず、市場に沿って行動し、感情・恐怖・強欲心に従うのではなく、地に足の着いた経験に裏付けられたルールに従って利益を増やすことができるかを説明。

目次

- ■ステップ1 市場全体の方向性を見きわめる方法
- ■ステップ2 利益と損失を3対1に想定する方法
- ■ステップ3 最高の銘柄を最適なタイミングで買う方法
- ■ステップ4 利益を確定する最適なタイミングで売る方法
- ■ステップ5 ポートフォリオ管理——損を抑えて利益を伸ばす方法
- ■付録A CAN SLIMによる成長株発掘法
- ■付録B CAN SLIMのすべて
- ■付録C マーケットメモ
- ■付録D "ザ・サクセスフル・インベスター" たちの声
- ■付録E ベア相場には気をつけろ!

利益を増やすことができるルール

- ●最高の銘柄だけを最適なタイミングでだけ購入する
- ●上下への大きな値動きを示唆するチャートパターンを見きわめる
- ●売り時を心得る
- ●リターンを最大化するようにポートフォリオを管理する

相場が明日どう動くか見通しているわけではない——などと認めるのはオニールぐらいだろう。だがオニールは、相場が上げたらどうやって儲けるか、相場が下げたらその儲けをどうやって守るかを知っている。オニールは本書で、半世紀近くにわたって市場から学んできたノウハウを明らかにし、株式投資の厳しさにうろたえ、当惑している投資家たちを守るために編み出された、理性的で安定性のある投資法について説明している。

ウィザードブックシリーズ 93

オニールの空売り練習帖

定価 本体2,800円+税　ISBN:9784775970577

売る方法を知らずして、買うべからず
「マーケットの魔術師」オニールが
空売りの奥義を明かした！

正しい側にいなければ、儲けることはできない。空売りのポジションをとるには本当の知識、市場でのノウハウ、そして大きな勇気が必要である。空売りの仕組みは比較的簡単なものだが、多くのプロも含めほとんどだれも空売りの正しい方法を知らない。オニールは本書で、効果的な空売り戦略を採用するために必要な情報を提供し、詳細な注釈付きのチャートで、最終的に正しい方向に向かうトレード方法を示している。

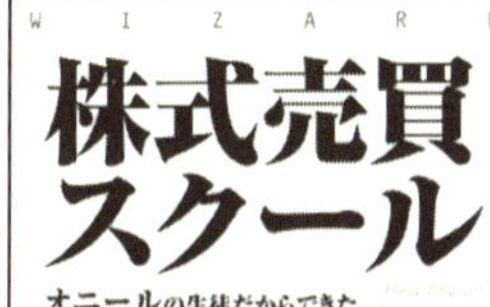

ウィザードブックシリーズ 198

株式売買スクール

著者　ギル・モラレス、クリス・キャッチャー

定価 本体3,800円+税　ISBN:9784775971659

伝説の魔術師をもっともよく知る２人による
成長株投資の極意！

株式市場の参加者の90％は事前の準備を怠っている。オニールのシステムをより完璧に近づけるために、大化け株の特徴の有効性を確認。

ギル・モラレス

ウィリアム・オニール・アンド・カンパニーの元社内ポートフォリオマネジャー兼主任マーケットストラテジスト。現在はモカ・インベスターズの常務取締役を務めている。オニールの手法をもとに、１万 1000％を超える利益を上げげた。また、オニールと共著で『オニールの空売り練習帖』（パンローリング）も出版している。スタンフォード大学で経済学の学士号を修得。

クリス・キャッチャー

ウィリアム・オニール・アンド・カンパニーの元社内ポートフォリオマネジャー兼リサーチアナリスト。現在はモカ・インベスターズの常務取締役を務めている。オニール手法をもとに、７年間で１万 8000％のリターンを達成した。カリフォルニア大学バークリー校で化学学士号と原子物理学の博士号を修得。